国際開発論

地域主義からの再構築

武石　礼司

幸　書房

はじめに

　グローバリゼーションの進展により産業の世界的規模での展開が進み，貿易と投資の拡大も顕著となっている。人とモノ，情報とマネーの移動も活発化してきている。その一方，世界的に，SARSを始めとした感染症等が広がる危険性も増しており，また，テロの世界的な拡大も危惧されている。さらに，地球環境問題，資源・エネルギー問題のように，新たな取り組みを必要とする課題も増大している。国際関係の秩序の枠組みを再編成する必要が生じていると言うことができる。こうした状況下では，諸科学間の役割の再考も求められることになり，政策研究を行う場合においても，その研究対象および内容の再定義が必要とされる事項も増える。

　本書では，以上のような問題認識の下，国際開発論という学問領域を，現在，いかに定義することができるかを考えるとともに，学問としての国際開発論の重要性が高まっている状況を確認することを目指している。

　従来，途上国の発展を目指すための学問としては，開発経済学が存在し，いかにすれば途上国の発展が可能かに関して活発な議論がなされてきた。第二次世界大戦後の経済発展の動向を見ると，敗戦国であった日本およびドイツ（旧西ドイツ）が目覚しい戦後復興を遂げており，それに続いて，アジア諸国におけるNIES，アセアン（ASEAN）諸国の急成長が生じている。これらアジア諸国の高度成長は，輸出指向の工業化政策の成功例としてもたらされたとの説明が多くなされてきた。ただし，初等中等教育の徹底を始めとして，官僚制度の充実等の人的資本の育成が早くから進められていた点の貢献も指摘されてきた。

　その後，東西冷戦の終結と共産圏諸国の移行経済としての市場経済への編入が開始され，NIES，アセアン等の東アジア諸国の成長を追うように，移行諸国の中から中国の急速な経済発展が生じている。

　こうして，経済のグローバル化，市場が国際的な広がりを持つ状況が進んできており，途上国の発展においても，従来型の先進国からの援助に頼る部

i

分はできるだけ少なくするとともに，自国の民間部門を育て，伝統文化を守りつつも，創意工夫を凝らし，技術革新を進めて発展することが期待される状況が出現している。

　つまり，現在では，途上国の発展は，経済分野での指標を踏まえつつも，開発のための経済学から範囲を広げ，政治・社会・文化がいかなる特色を持つかに配慮し，しかも世界的な市場動向に過度に依存せず，自律性を持った発展を指向していく学問としての「開発論」として再考される必要があると言うことができる。その上に，国境を越えた人的交流，情報通信，運輸交通の急速な発達があることから，「国際開発論」として，途上国および先進国を含めた各国間の相互の関係の比較検討も必要となる。

　今後も，途上国が発展を遂げ，先進国に対するキャッチアップを達成するためには，各国における歴史的な発展の経緯を深く研究した上で，それぞれの地域での特色に依存した発展の戦略が求められることになり，この点から本書が副題とした「地域主義からの再構築」という視点が重要となると考える。

　その上に，現在では，エネルギー・食料を始めとした資源問題，地球温暖化を始めとした地球環境問題，さらには工業化・都市化に伴う公害問題等の出現とともに，途上国の発展に対する制約要因となる多くの考慮すべき課題が出現している。本書では，民間企業を主体として環境産業をアジアで育成することが可能かについても検討しており，環境問題を援助の視点からだけ考えるのではなく，途上国が発展する段階に応じて，早目の対策が産業として採られていくことが，環境負荷の軽減と経済発展とを両立させる道であるとの立場をとる。

　さらに，今日では，環境負荷を減らすことを常に考えることが全ての人々に求められている状況がある。人々が全地球的規模での資源・環境問題の存在を意識しつつ，地域的な規模で行動することで，資源の採掘から加工・利用・消費，そして廃棄物の削減と再利用まで，自分の身の回りでできることには全て積極的に率先して取り組むことが必要となっており，こうした行動を人々がとることによる環境負荷の軽減効果が大きいと考える。

　この「持続可能性」を重視する観点から見ると，一人当たり GDP といった経済指標だけでは，途上国の発展は計測しきれないことは明白となる。確か

に，途上国においては，先進国にもまして，社会的なセーフティーネットの充実が必要なことは勿論であり，中央政府および地方政府の果たすべき制度作りと行政執行面での役割はきわめて大きい。

　ただし，筆者は，途上国の人々，一人一人の能力が最大限に引き出されて自律的発展が達成されることこそが最も重要な発展の成果であると考えており，そうした目標に到達するためには，人々が暮らす地域（あるいはコミュニティ）の単位において，持続可能性が確保され，アマルティア・センが言う「人間的発展」が確保されることが目指されるべきであると考える。しかし，人間的発展の指標としての国連の「人間開発指標」に関しては，多くの議論が続いており，このことからもわかるように，国際開発論の意義付け，および方向付けに関しては，今後，多くの実証的研究の積み重ねと，数多くの議論による詰めが必要となっている。

　本書が，こうした議論を整理するための一助となれば幸いである。本書を手にとられた皆さまからの様々なご意見・コメントをお送り頂けるようお願い申し上げたい。

2006年9月

武石　礼司

国際開発論　地域主義からの再構築◆目次

はじめに………………………………………………………………… i

第1章　国際開発論の課題 ── 1
第1節　開発および開発理論の枠組みの変化………………………… 1
第2節　国際開発論発展の必要性……………………………………… 10
第3節　グローバリゼーションと開発………………………………… 20
第4節　新興経済発展と開発論………………………………………… 25

第2章　経済発展理論 ── 31
第1節　経済発展理論の系譜…………………………………………… 31
第2節　構造主義と従属論……………………………………………… 33
第3節　新古典派理論…………………………………………………… 36
第4節　社会改革への取り組み………………………………………… 41

第3章　開発政策の吟味 ── 45
第1節　インドネシアの事例…………………………………………… 46
第2節　中東産油国の事例……………………………………………… 59

第4章　開発政策論の課題 ── 97
第1節　産業育成と政府の役割………………………………………… 97
第2節　構造調整政策と産業発展……………………………………… 101
第3節　アジア経済危機とマクロ調整………………………………… 102
第4節　市場化と地域統合の進捗……………………………………… 104
第5節　貧困問題への対応……………………………………………… 126

v

第5章　持続可能性と開発論 ― 135
　第1節　持続可能な開発の考え方 ･････････････････ 135
　第2節　環境・資源問題との関連 ･････････････････ 143
　第3節　環境産業の育成 ････････････････････････ 157
　第4節　持続可能な開発の再把握 ･････････････････ 203

第6章　グローバル化の進展と国際開発論の将来 ― 207
　第1節　モビリティの拡大と途上国経済 ･･･････････ 207
　第2節　社会問題としての途上国の発展 ･･･････････ 211
　第3節　地域主義からの再構築 ･･･････････････････ 216

参考文献 ･･ 221
索引 ･･ 227
あとがき ･･ 233

第1章
国際開発論の課題

第1節　開発および開発理論の枠組みの変化

　拡張を続ける国際的なマーケットに国民経済を統合させていくグローバリゼーションの動きが，世界中で進行している[1]。途上国においても，各国が市場を育て，世界との貿易・投資関係を強め，そうした中から自立できるだけの国の基盤を整備し，自国の民間企業を育てていく必要性が増している。つまり，民間活力の利用と企業家の輩出による国の発展を目指す必要性が高まっている。

　こうした状況から考えると，国際開発論が依拠すべき理論のベースとしては，シュンペーターが用いた経済発展論（Theory of Economic Development, 1912）が重視される必要が生じていると見ることができる。シュンペーターは時代を先取りしており，企業と企業者の役割にふれ，「即ち何人であれ苟くも彼が『新結合を遂行する』限りにおいてのみ原則的には企業者なること」（Schumpeter 1912 p. 192）と述べて，企業家精神の発露が経済発展においてきわめて重要な役割を果たすことを当時から見抜いていた。

　開発理論の歴史をたどると，そもそも経済学は，1700年代後半のアダム・スミスが国富論（1776）を出した時代から，各国間の成長率の差異を課題とするとともに，富の分配の問題も含んで議論が重ねられてきた。成長率の差異に着目するのは，国の発展が大きな課題であったためである。

　アダム・スミスは国富論の中で，重商主義に関して，「消費は一切の生産の唯一の目標であり目的である。生産者の利益は，ただ消費者の利益を増進す

るに必要な範囲においてのみ顧みられるべきである。この公理は自明であり，あえて証明を必要としない。しかるに重商主義においては，消費者の利益はほとんど不断に生産者のそれに犠牲に供せられている。そしてそれは，消費ではなくて生産をもって，一切の産業および商業の究極の目標および目的であると考えているように思われる。」(Smith 1776) と述べている。

重商主義の下での富の分配において，生産者の役割が大きかったこの時代の状況がわかる。

古典派，歴史学派のいずれにおいても，経済を発展させ富を増やし，そしてその富を誰が受け取るのか，その分配の問題を含めて検討することが経済学の課題に含まれた。こうした意味では，途上国における発展の問題を考える国際開発論は，経済学のそもそもの成り立ちと密接な関係を持っていたと言うことができる。古典派には，リカード，J. S. ミル，マーシャル，エッジワース，ピグーが含められる（ケインズによる定義）。歴史学派は，イギリスに遅れて工業化を進めたドイツのフリードリヒ・リスト（Friedrich List, 1789～1846年）が代表的理論家である。

ただし，その後登場した新古典派は，長期的な発展の問題よりも，短期的な均衡，静学的な課題を中心的なテーマとして考察することになった。1870年代に，ジェボンズ，メンガー，ワルラスの3人が，それぞれ独自に到達した限界革命と呼ばれる限界効用逓減法則の定式化を行う。新古典派の始期は，この限界革命以降とされるのが通例である。

ジェボンズは次のように言う。

「最終効用度を表現する関数の変動は経済諸問題上最も重要な点である。われわれは一般法則として，効用度は貨物の量とともに変動し，究極的にはその量が増加するとともに減少すると言うことができる」。ただし，「趣味品，学問または珍奇品に対する欲求がひとたび起こった場合には，これに対してほとんど限界というものがない。」(Jevons 1871 第3章「効用の理論」)。

このように，ジェボンズは，古典派のリカード，ミル等が採用した価値法則である労働価値あるいは費用価値以外に価値を認めない理論に対し，価値は効用 (utility) に依存するとの理論を提示した。経済発展論，そして開発論に対する関心は，新古典派の議論の中では重要度が低く置かれることになる。

効用理論の重要性を説く新古典派は，現在の経済学の基礎を提供していることは確かである。ただし，新古典派が経済理論として経済政策上で主導的な役割を果たすようになるのは，サミュエルソンが新古典派理論に基づいた教科書『経済学』を出版したのと同じ時期の1960年代以降のことである。

　歴史的にたどると，1929年には大恐慌が生じ，世界は経済の復旧に全力を上げる必要が生じる。ケインズは1936年に『雇用，利子および貨幣の一般理論』を出版し，大恐慌の発生と大量失業を有効需要理論により説明するとともに，政府の果たすべき政策上の重要な役割があることを示した。ただし，ケインズ経済学においても，所得の決定が中心課題とされ，乗数理論の提示，消費関数の定式化，流動性選好理論の提示がその功績とされた。

　その一方，ケインズは次のように述べて，古典派の考え方を批判しつつ，重商主義の考え方に理に適った部分があったことを指摘している。

　「貿易制限が特別の根拠によって正当化されえないかぎり，それに対しては一般的性質をもつ有力な反対理由がある。国際分業の利益は，古典派によって強調されすぎているけれども，本当のものであり，しかも重要なものである。われわれ自身の国が貿易収支の黒字から得る利益は，ある他国に対して同等の不利益をもたらす可能性があるという事実（重商主義者が完全に気づいていた点）は，一国が公平で妥当な割合以上の貴金属をひとり占めしないように大きな節度をもつことが必要であるということを意味するだけでなく，節度を欠いた政策は，貿易黒字を追求する無意味な国際的競争を招き，それによって全ての国が同じように被害を蒙るということを意味する。そして最後に，貿易制限政策はその表向きの目的の達成にとってさえ当てにならない手段である。なぜなら，私的な利益や行政能力の否定や仕事の固有の困難のために，それは意図したものとは正反対の結果を生み出すことがあるからである。」（Keynes 1936 第6編第23章）。

　ケインズが国際分業の利益に関してすでに発言していた点を重視したい。重商主義が主張する国際分業の利益をさらに推し進めて拡大し，貿易の活発化により，途上国も含めて，世界が貿易の利益を享受しながら発展が可能となることを目指す必要が，現在生じていると考えられるからである。

　ケインズが述べた重商主義のそもそもの精神と，貿易制限政策を排除する考え方は，途上国の開発政策が開放的な輸出指向の政策となることを求める

考え方に通じるものとなっており，さらに，GATT／WTO体制下での貿易自由化と貿易促進を促す考え方である国際的なルールの下での競争促進政策をも支える考え方とも共通する面があると言える。

ただし，1944年にブレトンウッズで開催された国際通貨基金（IMF）の設立に向けた国際会議である「連合国通貨金融会議」において，ケインズは，国際清算同盟案を提示し，信用創造機能をIMFは持つべきと考えたのに対し，最終的にIMF制度として承認されたのは，各国からの資金の拠出により基金が必要資金を貸し付けるという米国のホワイトの提案であった。

第一次世界大戦，大恐慌，そして第二次世界大戦と続く世界の大激動への対処に世界各国が追われる中，長期的な経済成長の可能性が，経済学の大きな課題として議論されるようになるのは，第二次世界大戦後まで待たねばならなかった。第二次世界大戦後，従来植民地とされてきたアジア，アフリカ地域が相次いで独立を果たし，これら諸国の発展がいかにすれば可能となるかが大きな問題として認識されるに至る。独立で意気上がる新興国ではあっても，独立国として行政を担い，国民への教育の普及を図り，さらに企業家精神を発揮して国の発展に尽くす人々を多数擁するに至ることは明らかに困難であった。こうした状況下で，国の発展を促進することはきわめて大きな課題となった。

困難な課題への取り組みとして出された一つの考え方としては，先進国の経済発展をたどるように，途上国も，先進国の後を追うことで発展できるのではないかという近代化論があった。一方，途上国側から多く出された議論は，途上国は先進国のために「周辺国化」されているか，また，支配される関係が続いているために，低開発のままの状態に置かれているとの悲観論であった。「貧困の悪循環」（vicious circles of poverty）の状態から脱することは，難しいとの考え方である。

近代化論の論者としてはロストウをあげることができる。途上国も近代化することで，先進国を追って経済発展が可能となると考える単線的な考え方であった。ロストウは，例えば日本に関しては，1868年以降に「跳躍」があり，「徳川時代の頃（1603〜1868年），権力から排除せられていた藩閥は，西洋の文化や応用科学にかなりの関心を示していたし，それらの若いサムライたちのある者が，この国における西洋文明研究の糸口を開いた。」と述べてい

る（Rostow 1952 第1部「経済成長の分析」）。

　第二次世界大戦後に，日本とドイツ（旧西ドイツ）が目覚しい復興を遂げるが，この日本の発展という点に関連して，ロストウは次のように分析する。「日本では，一つの大きな支配階級が，政治生活と私的経済部門の両者において，工業化への道を先導した。とはいえ，諸他の低開発地域における同じような展開は，新興の責任を負う階級で必要な政治的，社会的，経済的職能を遂行するのに適切な心構えのできているというものを，創出できるか否かにかかっている。」（Rostow 1952 第2部第10章「経済理論と公共政策」）。

　イギリス経済の発展を専門としてきた経済史家としてのロストウから見て，日本を除くアジア諸国の発展の可能性に関しては懐疑的な見方を持っていた。単線的な発展観を近代化論者が持っていたと言っても，先進国にキャッチアップできる国かそうでないかに関しては，選別が働いていたことになる。

　ところが，長らく経済停滞が大きな課題と見なされてきた東アジア諸国が，1960年代後半以降に，NIES諸国をはじめとして，日本を追うようにして高度成長を開始し始めることになる。さらにその後，アセアン諸国においても急速な経済成長が生じる。このように東アジア諸国が高い経済成長を遂げると，なぜそのような高成長が始まったのか，その成長の理由は何かが問われることになった。

　その一方，東アジアに先立って成長を遂げており，その後も経済発展を継続するかと思われた中南米諸国が，成長グループから大きく遅れをとる傾向が顕著となる。東アジアの成長に関しては，どのような前提が存在したために可能となったのかについて活発な議論が行われた。こうした状況の下，国連では1974年に「新国際経済秩序」（NIEO）樹立宣言が出されることになる。ただし，70年代には石油価格が高騰し，インフレ圧力が高まる中，経済停滞する国が多く出現してしまう。1970年代は，開発論にとっては「挫折の10年」（斉藤優 1995 p.27）と呼ばれることになる。

　その後，1993年には，世界銀行により「東アジアの奇跡」と題する開発経済学にとっての新たな転換点となる本が出版された。東アジアの高成長の結果は，従来の開発論の議論を乗り越えてしまい，開発支援のために従来行われてきた政策論の見直しが迫られることになる（World Bank 1993）。

先進国と途上国との間に厳然と存在する南北問題に加えて，南側の国の中からNIES，アセアン等，限られた数ではあるが，高度成長する国が出現する一方，大多数の停滞する国が残ったままという「南々格差」と呼べる状況が出現してしまうことになった。

　図1-1で，世界各地域別の一人当たりGDPの伸び率を見て，70年代以降，2000年代までの世界の各地域の経済発展の状況を数値で確認する。

　70年代，80年代，90年代，それに2000年以降のいずれの年代においても，東アジア・太平洋地域の一人当たりGDPの伸びが6％前後かそれを超える数値となっており，抜きん出た結果を示している。

　中東欧・中央アジアは，80年代は大きくマイナスであったが，その後は東アジア・太平洋地域に迫る勢いを見せている。2000年以降において，これら2地域を追うのが南アジアであり，4％近くの伸び率となっている。

　中東・北アフリカ地域も平均すると次第に成長率を上げてきているが，ほぼ世界平均と等しい伸び率となっている。サブサハラ・アフリカにおいては，70年代，80年代において平均してマイナスという苦境にあったことがわかる。90年代および2000年以降では，平均するとプラスにまで回復してきているが，依然として他の地域に比べると低い伸び率となっている。

図1-1　途上国の一人当たりGDPの年代別平均伸び率の比較（単位：％）

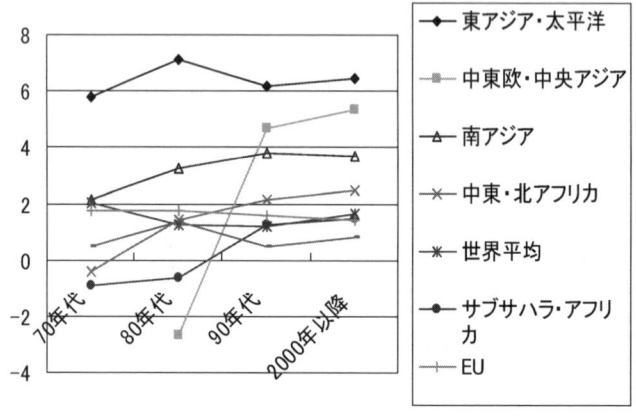

（資料）World Bank, Development Indicators 2005に基づき作成

図1-2で，世界の地域別の一人当たりGDPの推移（購買力平価換算：PPP）で見ると，OECD諸国，EU加盟諸国の値が大幅に上昇していることがわかる。続いて，非OECDの欧州諸国と中央アジア諸国，中南米諸国が8,000ドル前後で続いているが，OECD諸国との差は開く一方である。中央アジア諸国は旧ソ連邦の解体を契機として90年代初めに相次いで成立しており，独立当初の混乱から90年代後半に漸く立ち直り，実質所得の回復が達成された段階にある。

第3グループとしては，中東・北アフリカ諸国，および東アジア・太平洋の諸国がこれに続いている。これら諸国の値は5,000ドル前後となっている。東アジア・太平洋諸国の一人当たりGDPは途上国の中では順調に増大していると言うことができるが，ただし，OECD諸国およびEU諸国と比べると差は拡大している。

南アジアでは1975年の1,100ドルが，2004年には2,600ドルとなっており，ゆっくりとではあるが着実に増大を遂げてきている。問題なのは，サハラ以南のアフリカ地域であり，70年代から80年代初めに1,900ドル台を記録した

図1-2　世界の地域別の一人当たりGDPの推移（購買力平価換算：PPP, 単位：ドル／人）

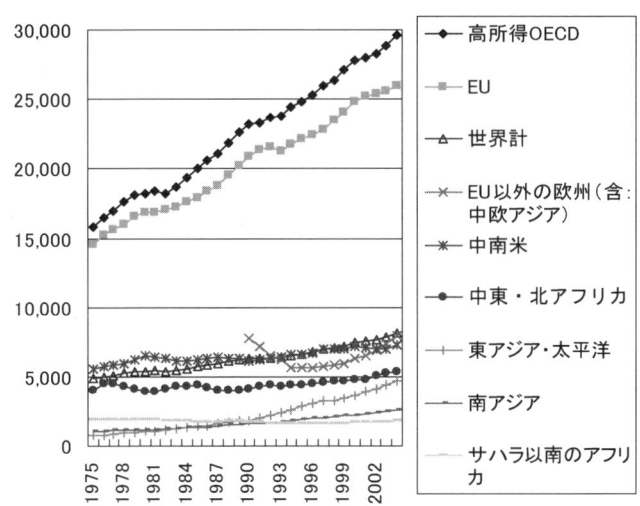

（資料）World Bank, Development Indicators 2005に基づき作成

GDPが，その後90年代には低下してしまい1,600ドル台を示し，その後，ようやく回復して2004年には1,800ドル台となっている。しかし，90年代の経済停滞の痛手は大きく，世界全体の成長が加速しつつある2000年以降の動向の中では取り残されている感が強い。

　世界各国の経済発展の動向を見ると，富める国はますます富み，その一方，サハラ以南のアフリカのように発展から見捨てられた地域が存在してしまっており，世界の豊かな国と貧しい国の一人当たり所得に関しては，絶対額で見て格差が広がってきているという状況がある。

　図1－2のデータの縦軸を対数目盛りとして図1－3で示すと，比率としてはどの地域が大きく伸びているかを知ることができる。2,000ドルが3,000ドルに伸びるのと，2万ドルが3万ドルに伸びるのとが，生活実感としては同等の意味を持つと見なすとすれば，東アジア・太平洋地域のGDP伸び率が最も大きいことがわかる。続いて大きいのは南アジアであり，高所得

図1－3　世界の地域別の一人当たりGDPの伸び率の推移
（購買力平価換算：PPP，単位：ドル／人）（縦軸は対数目盛り）

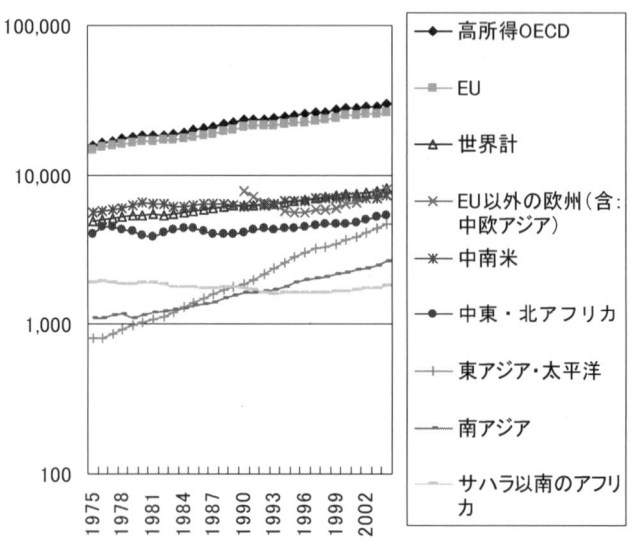

（資料）図1－2のデータに基づき作成，World Bank, Development Indicators 2005に基づき作成

OECD諸国およびEU諸国は着実に伸びているものの，伸び率としては新興のアジア諸国の伸びと比べると劣ることがわかる。

途上国の所得の引き上げを目指した援助は，世界銀行を始めとして，国際連合の諸機関においても多くの議論を重ねながら実施されてきた。しかし，絶対数値としての格差が広がるばかりという状況があることも事実である。こうした格差拡大という状況を前にして，この状況をどのように理解し，対応はどのようにされるべきなのか，明確な方針とその方向付けを達成するための対応策が見えてこないという，いささか混迷した状況が存在している。

インドを始めとした南アジア地域に関しては，自由化政策導入の成果が出て，従来見られなかった順調な経済発展が進んでおり，いよいよサハラ以南のアフリカの貧困と格差拡大の問題に集中して取り組むべきとの声も聞かれる。

しかし，自由貿易を拡大し，世界各国が互いの産品を輸出入し合うことで，どの国も成長できると楽観視することは難しく，このことは図1－2で示したように，先進国の一人当たりGDPが圧倒的に大きく，かつ絶対額では依然として大きく伸びている状況を見ても明白である。

今後は，GATT（関税と貿易に関する一般協定）により推し進められた貿易障壁の削減，そして1995年にGATTを引き継いで設立されたWTO（世界貿易機関）により目指されている早期の貿易自由化の達成度合いを見つつ，途上国の発展の問題を再度詳しく検討し直し，開発論に立脚する基盤を再度整備する必要が生じていると言うことができる。

さらに，本書が副題を「地域主義からの再構築」としていることからもわかるように，今後は，国単位で考えるばかりではなく，もう少し狭く地域単位での発展と相互依存の問題を考えていく必要性が高まってきている。地域の概念には都市も含まれる。多くの国において都市化人口が急増しており，一つの国の中においても都市間の競争が生じているからである。

ということは，先進国における多くの課題（都市間競争を含む）にも目配りをしつつ，途上国の開発の問題を考える必要があることを意味する。

アマルティア・センは次のように指摘する。「もっと豊かな国でも非常に不利な状況に置かれた人たちがいることが多い。医療，職業教育，収入になる働き口，経済・社会保障などの基本的機会を持たない人たちである。非常

に豊かな国においてさえ，かなりの人々の寿命は，いわゆる第三世界に属するずっと貧しい国の国民の寿命より長いわけではない」(Sen 1999 p. 14)。

現在では，地域間格差の問題も大きな課題となっており，従来は国家間の交易条件に関する検討に用いられた貿易理論が，地域間格差と地域間の人口移動の面でも応用されるようになってきている。

クルーグマンは，「地域と国家は同じでないため」，「初期人口の多い大国が小国の産業を奪ってしまう」状況は必ずしも生じない，と述べる。「最近の最も壮大な実例としてはソビエト連邦のケースがある。ソビエトは巨大な経済単位であったが，実は地域経済の集合体であった。もし，そしてこれは現実になりつつあるが，巨大なソビエト経済が地域的な構成単位に分割されるならば，旧東欧衛星国以上の大きさの単位にはならないだろう」。つまり世界は多地域モデルから構成されており，大国であっても「大きな地域ではなく多くの地域の構成物と考えることが正確であるかもしれない。」というのがクルーグマンの考えである (Krugman 1991 p. 101)。

開発論の枠組みを，グローバル化の進展を見つめつつも，さらに国単位のデータだけでは把握しきれない部分に対しても目を配りながら，しかも，途上国の発展の方向性のあり方に関して強く発言していくものとして再構築しておくことが必要となっていると考えられる。

第2節　国際開発論発展の必要性

1．構造主義と新古典派

現在においても経済学説の主流派の基盤をなす理論である新古典派の考え方は，市場の機能を最重要視し，市場メカニズムが働くように途上国においても手助けしていけば，先進国との格差を縮める経済成長は可能であるとする理論を基礎としている[2]。途上国が発展するための課題は，市場を育成で

きていない点にあると見なすのが，新古典派の考え方である。

　成熟した欧米諸国の経済を分析することを主要な関心事とした新古典派にあっては，途上国において重要な課題である資本蓄積の問題は分析の対象からはずれ，「一般均衡の条件，価格の決定，所得の要素間への配分」（西川 1976 p. 159）というような静学的な概念が重要視されるに至る。

　ケネス・アローは次のように言う。「完全に自己利益のレッセフェールの世界のモデルは10分間も続かず，実際にどのくらいそのモデルが続くかは，競争状態にある企業あるいは個人の間においても，互いの義務が働く複雑なネットワークに依存する。」（Arrow 1982 p. 271）。このように短期の均衡が働くかどうか，その仕組みがどのようになっているかが，新古典派における主要な関心事であったことは事実である。

　ただし，新古典派が景気循環，経済変動，経済成長の問題に取り組まなかったわけではなく，動態理論は，「ある体系の時間を通じての行動が汎関数方程式によって決定される場合，もしこの汎関数方程式が"異時点における変数"を"不可欠"なものとして含む」ならば，そのとき成立する概念として，フリッシュ＝サミュエルソン理論においては定義された（サミュエルソン 1967 p. 327）。つまり，新古典派の関心事はあくまでも先進諸国の経済の定常状態における変化であり，モデル化であって，歴史的要因に基づく分析は，新古典派の分析の中に基本的に含まれない。ヒックスは，「成長経済学」は「低開発国経済に特別な関係を持たない」と述べている（Hicks 1965）。

　特に，この新古典派の考え方を開発論の上で実践するに際して，国際通貨基金（IMF）の役割は大きかった。IMF は，第二次世界大戦が終了する前年の1944年7月に米国ニューハンプシャー州のブレトンウッズで開催された45カ国が参加した会議でその創設が決定され，翌1945年12月27日に，IMF 協定の締結によって正式に発足し，金融業務の開始は1947年3月1日から行われた。

　IMF 協定第1条は，IMF の目的について，「IMF は国際的通貨協力の推進，国際貿易の拡大とバランスのとれた成長の促進，為替安定の促進，多国間決済システム確立の支援，国際収支の困難に陥っている加盟国への（適切なセーフガードの下での）一般財源の提供をその責務とする」と規定している。

国際金融秩序の維持が IMF の最重要課題であることがわかる。先進国と途上国との経済格差が増大することは，そのこと自身が大きな国際金融上の不安定要因であり，IMF は，次第に世界銀行との連携を図りつつ，途上国経済の安定的な発展を達成するために，途上国の経済政策への介入の度合いを強めていくことになる。第1節で述べたように，ケインズは，IMF は信用創造機能を持つべきだとの考えを持っており，現在の IMF は，次第にケインズが述べたような，途上国の経済・財政の健全化も目指すという役割拡大の方向に向かってきていることを示している。

1940年代後半から1960年代前半までの期間に，開発経済学においては，構造主義と呼ばれる先進工業国と途上国との経済格差は拡大せざるを得ないとの考え方が主流を占めた（絵所 1997）。当時，南北問題が重要な問題として存在しており，成長の分け前の要求が，途上国から先進国に向けてなされ，途上国側からは，先進国側が自国の犠牲を強いても途上国に援助を行わなければ途上国は発展できないとの主張が行われることになった。代表的な議論は，ヌルクセによって行われ，途上国は「貧困の悪循環」に陥っており，この状態から脱するためには先進国側から途上国の側に向けた資本投下があらゆる産業に同時に行われるべきであり，こうして均整成長（balanced growth）を達成できるとの主張がなされた[3]。

W. A. ルイス，ローゼンスタインロダン，H. ミントも，途上国の側における低所得均衡と呼べるような「わな」に陥った停滞状況から脱出するためには，多くの部門が同時に進歩する均整成長を導く必要があると主張した。途上国の側においても，農業分野における労働の限界生産力がゼロの状態である偽装失業（disguised unemployment）の状態から，農業分野の余剰労働を動員して「資本蓄積への利用」（ヌルクセ 1952）を図ることが必要であるとの主張がなされた。ラテンアメリカ諸国においては，従属論に基づく開発政策の導入が指向されて，輸入代替工業化政策が実施されることになる。

ただし，この段階において，ビルマ出身のミントは，当初は均整成長論を唱えるものの，アジアの農業の状況に対する深い理解を持つことから，無制限労働供給源として農業労働者を捉えるのではなく，農業そのものの生産性向上こそが目指されるべきであると主張することになる（Myint 1980 p. 105）。さらにミントは，1980年には次のように述べている。「1950年から

1975年までの間に，開発途上国全体の一人当たり所得は，1950年代に可能と考えられていたよりもいっそう急速に――すなわち年率2.5%という急速な人口増加にもかかわらず，年平均ほとんど3.1%に達する率で――増大し」，したがって，「貯蓄供給を増加するという問題から，資本を吸収し資源の生産性を引き上げるにはどうしたらよいかという問題に移しかえていかなければならない。」(Myint 1980 p. i-ii)。

途上国の発展の可能性が次第に増大し，1980年の段階では，途上国の政策の巧拙によって，発展する国と発展しない国とが生じ得る状況が生まれてきたことを，このミントの発言は意味していると考えられる。

一方，1950年代において，均整成長論に対抗する議論として，不均整成長論 (unbalanced growth) が，A. O. ハーシュマン，P. ストリーテンにより唱えられた。ハーシュマンは，経済成長は産業部門間の補完性を特定の産業あるいは部門が持つことで生じると見て，成長を「経済の先導的部門から後続部門へ」伝播する過程であり，そうした主導部門を選び出すことが重要で，産業の連関効果に着目した不均整な成長こそが途上国において生じると主張した (Hirschman 1958)。

こうした構造主義と呼ばれる均整成長論および不均整成長論を含む考え方は，50年代から60年代において唱えられた南北間に構造的な課題が存在するとの見方に基づいていた。政府の政策に基づき計画的に経済構造を改革していくとの考え方は，インド，中国，ソビエト連邦等で重化学工業化の推進として実践に移されることになる。理論的な裏付けをしたのは，マハラノビスおよびプレビシュといった途上国生まれの経済学者であった。ただし，自力更生と輸入代替を進めようとしたこれら諸国においては，欧米諸国のその後の発展状況と比べると，むしろ経済格差が拡大するという結果を，50年代から60年代にかけて生じさせてしまうことになる。

2．アジアの新興経済

アジア地域においては，第二次世界大戦後，日本の目覚ましい経済発展が進み，先進国に対するキャッチアップの実例が達成される。1960年代後半からは，台湾，韓国においても輸出指向の外向きの輸出拡大政策が徐々に成功

を収めるようになっていく。

こうした時期において，1960年代後半から強く主張されるようになるのが，開発論における新古典派理論の有効性である。生産手段と富の蓄積を重視するアダム・スミスおよびリカードの古典派の理論とは異なり，新古典派においては，資本の蓄積が経済発展を規定するとは考えず，市場が機能し，価格メカニズムが働くかどうかという静学的な均衡条件が最も重視されることになる。

開発論の分野においては，シュルツ，ディーパク・ラル，バラッサ等が積極的に構造主義を批判するとともに，新古典派に即した途上国における市場の役割を重視した理論を展開した。農業の近代化をもたらす「緑の革命」を先導したのは，シュルツによる一連の研究であった（Schultz 1964, 1987）。

70年代に，バラッサは，自由貿易による途上国の利益の拡大を図る輸出指向工業化を唱えた。しかも，その後の東アジア諸国の順調な経済発展となって，この理論は実証されていくことになる（Balassa 1970, 1971, 1978, 1981）。

東アジアにおいて，NIES，次いでアセアン諸国が目覚しい経済発展を遂げた事実により，市場育成を重視する見方（マーケットフレンドリー・アプローチ）がいっそう世界中で重みを持つようになっていく。世界銀行が1993年に出版した「東アジアの奇跡」では，東アジアの8カ国・地域（日本，香港，韓国，シンガポール，台湾，インドネシア，マレーシア，タイ）を取り上げて分析している（World Bank 1993）。この当時，中国は高度成長を，広東省を中心とした南部地域で開始していたが，依然として，発展に向かうには多くの問題が存在すると考えられていた。東アジアの8カ国・地域が高成長を遂げるに当たっての条件としては，低インフレと競争的為替レートの確保，人的資本の構築，効果的かつ安全な金融制度の構築，価格の歪みの抑制，海外技術の吸収，農業に対する過度な保護（バイアス）の抑制の6項目が上げられている。これらの基礎的条件が確保された上に，成長促進のための機構としての行政組織・官僚制度が機能したとの評価がなされている。輸出振興政策も適切に実施されて効果があったと見なされている（World Bank 1993）。

3．移行経済

　中国では，70年代から農村の工業化への取り組みが始まり，次いで，70年代末から鄧小平による人民公社の解体，自由市場価格の部分的導入，さらに経済特区の導入が行われた。しかし，その後，1989年には天安門事件が生じて，外資の流入が著しく減少してインフレが進み，国際収支は大幅に悪化する。こうした中，1992年に鄧小平が南巡講和を行い，社会主義市場経済体制の導入に踏み切る。政治体制としては共産党の一党独裁が続くものの，中国は1992年以降に市場主義経済への移行を開始した。

　90年以降，旧ソ連邦における計画経済体制が崩壊する。新たに形成されたロシア，ウクライナ，中央アジア等の諸国の資本主義への移行に際しては，市場制度の徹底した導入と制度の整備が重視されることになった。東西冷戦期を経て，計画経済は時代遅れであると見なされてしまい，市場を重視する経済のみが生き残る時代へと世界は変化していくことになる。50年代から60年代に，中国およびインドで採用された国家発展のための重工業化に力点を置いた計画も，持続的な成長をもたらすことなく終了してしまう。

　こうして旧ソ連邦諸国，東欧，中国，ベトナム，モンゴルといった計画経済体制をもった諸国は，90年代に入り，相次いで市場経済化に移行を図ることになる。ただし，旧ソ連邦をはじめとする移行経済諸国においては，ショック療法と言われた急速な制度改革に起因したその後10年程度も続く政治・社会面での混乱が生じてしまった。

　移行経済における，計画経済から市場経済への転換という歴史上初めての試みには，多くの困難が伴うことになった。旧ソ連邦諸国中，特にロシアにおいては1998年8月に金融危機が生じた。金融危機に対処するためのIMFの政策は，従来から途上国一般に対して採用されてきた構造調整政策に基づくコンディショナリティの設定であった。通貨切り下げ，マクロ経済安定化，民営化の促進が図られることになったが，1917年のロシア革命以来続いてきた制度の改革を，金融危機時に一気に推し進めようとする政策は，国内の混乱をいっそう高める働きをしてしまうことになった。

　しかし，その後，2003年以降顕著となった資源価格の上昇は，石油とガスの輸出に依存するロシアにとって有利に働き，金融危機とそれに続く混乱は

漸く収拾に向かい，ロシアおよび東欧諸国においては，経済成長率も4％から5％台を記録する。ただし，資源輸出ブームに依存した好況が生じたことは，政治・経済面での改革を急ぐ必要性を当面は低下させる働きもしており，上昇しすぎた資源価格が低下する場合には，再度，移行経済諸国の構造的な問題が現れ，対応を迫られる可能性が存在している。

移行経済国はWTO加盟を徐々に果たしており，従来行ってきた国内価格統制の制度を破棄する必要が生じている。しかし，移行期間中においても，国民向けの民心安定政策として，中国等でも依然として価格統制が続いてきており，市場経済化に早期に国民を慣らす必要があるにも関わらず，ゆっくりとしたペースでしか，国内市場の外資への開放は進んでいない。真にグローバリゼーションに取り組む利益を国民が享受するためには，痛みを伴った改革を今後も続けていく必要が移行経済国においては存在している。

移行経済国間での格差も，中国，ロシアのように発展軌道に乗った諸国と，中央アジア諸国，モンゴル等のように，依然として経済の離陸に向けた整備の段階に止まる諸国があり，移行国間での格差も生じており，インフラ整備，制度整備，人材育成に向けた国際的な取り組みが望まれる状況にある。

4．南北格差と南南格差

先に示した図1－2の世界の地域別の一人当たりGDPを見ると明らかなように，絶対額で見たときには，先進国と途上国間の経済格差が拡大する傾向が見られ，世界的な格差拡大に対しては，いかなる対応が可能なのかが課題とされる状況にある。途上国の主張としては，先に発展した先進諸国からの発展の分け前を当然受けることができるはずだということになる。その一方，先進国側には，援助疲れと呼ばれる状況が生じてきており，サハラ以南のアフリカの諸国という平均の実質所得が年々減少するという傾向が生じている最も悲惨な地域の貧困問題に，集中して取り組むべきであるとの意見も強く出されている。先進国あるいは中進国から，途上国に向けた支援策はどのような方針として打ち出されるべきなのかが，再確認される必要が生じているのが現状である。

しかも，世界全体において，グローバリゼーションを生じさせる産業，通

信，運輸等の面での急速な技術進歩があったことで，遠隔地間においても瞬時に連絡をとることが可能となってきており，輸出入，通関，決済・送金等の従来は時間を要した煩瑣な手続きも，迅速化と簡略化が図られるようになってきた。直接投資額も増大しており，途上国に工場を設置する多国籍企業も多く出現するに至っている。

　グローバリゼーションと呼ばれる動きは，1980年代に英国と米国で相次いで保守政権が誕生することで促進されることになる。英国では保守党のサッチャー政権が誕生し，米国では共和党のレーガン政権が誕生し，いずれも新自由主義（Neo-liberalism）の考え方を取り入れて，経済成長と効率性の維持のために，政府の介入をできるだけ少なくし，小さな政府を作るとともに，市場の見えざる手の働きを最大限引き出すことを目指した。英国では，民営化が強力に推し進められることになった。この新自由主義は日本を始めとした世界各国で受け入れられて行き，途上国においても，経済発展を達成するためには，経済の自由化と民営化，それに政府の産業に対する保護を削減することが望ましいとの政策として，世銀・IMFにも取り入れられていく。世銀・IMFは構造調整政策を1980年代から導入し，途上国が融資を受ける条件として，コンディショナリティを課して，途上国における「自由化政策」の導入に努めていくことになる。

　ワシントンコンセンサスとの言葉が聞かれることがあるが，米国政府と世銀・IMFとの利害が一致しており，途上国までも含んだ世界経済を米国の意向で動かすことが目指されているとの見方が存在している（唐沢　1999　pp. 224-249）。

　IMFの政策は，市場が働くように，途上国において制度基盤を整備することが優先されてきた。また，世界銀行（World Bank）においても，その役割として，IMFと同じく途上国の発展を，産業基盤を整え，マーケットフレンドリーな環境を整備することにより達成することが目指されてきた。特に80年代以降，レーガン政権の下で顕著となった新自由主義の考え方は，世銀・IMFの構造調整政策の実施とタイアップして，世銀・IMFと米国政府が歩調を合わせること（つまりワシントンコンセンサス）が，明らかに米国政府の利益となる状況を生み出したと見なすことができる。

　東アジア諸国は，80年代以降の自由化政策の優等生であり，NIESおよび

アセアン諸国は高度成長を続けていくことになる。ただし，1997年にはアジア諸国では金融危機が発生し，制度整備が不備なままで高度成長が行われていたことが明らかとなってしまうことになった。

こうした発展に伴う多くの課題を残しながらではあるが，世界経済は全体としては比較的順調な拡大を，80年代以降続けていると見ることができる。世界の輸出入額は急増を続けており，GATTおよびWTOが目指してきた理念である，各国が保有する比較優位な産業を生かし，互いに貿易を促進することが世界全体の利益（経済学的には厚生）を高める，との考え方は実践されているということができる。GATTおよびWTOにおける交渉に加えて，二国間，多国間，さらには地域間の貿易促進に向けた貿易協定が世界各国により多数締結されていることにより，貿易自由化のスケジュールは着実に制度化されてきている。製造業品の輸出入に加えて，農産物，サービスの輸出入も増大してきており，グローバル化の影響はきわめて大きい。

このようにグローバリゼーションと呼ばれる動きは，着実に進行中であり，世界各国に大きな影響を与えている。このGATT／WTO体制の下，関税障壁を，先進国も途上国も一律に削減し，世界の貿易量の拡大を目指したときに何が生じることになるのか，先進国が有利となり，経済力が劣る途上国が一方的に不利とならないためにはどのような条件が必要となるのかに関して，注意深く検討しておく必要が生じている。ただし，この点に関しては，第4章第4節でより詳しく検討するように，日本においては，経済面では，WTO体制およびアジア経済共同体といった制度枠組みへの対応が次第に進んできており，経済の一体化に向けた動きが加速している状況がある。他方，東アジア全体として見たときには，先進国と途上国との間の格差が拡大する傾向を固定化してしまい，しかも，格差が存在することを正当化してしまう懸念も依然として存在しており，こうした懸念を払拭できるだけの準備が，東アジア経済共同体の議論を進めていく際には必要となる。

5．発展の制約要因としての資源・環境問題

現在では，世界貿易の発展とともに，必要とあれば，世界のほぼあらゆる地域から物品を輸入することが可能となりつつあるが，さらにこうした状況

に加えて，考察を加えなければならない大きな課題が発生している。それは資源・環境問題であり，明らかに経済発展の制約となる要因であるとともに，この問題に考慮を払わないと人類の生存が脅かされるという状況が生じてしまっている。

環境・公害問題に早くから取り組んだスイスのバーゼル大学のカップは，次のように述べる。

「環境破壊や社会的費用は，これまで長い間，無視されるか経済理論の範囲外とされてきた。すなわち，この問題は経済的現実を非常に攪乱する要因であるが，古典派以来の経済理論は，微視的経済決定を首尾一貫した合理的パターンと調和させることができる，きわめて自己調節的な均衡メカニズムという構築物の助けを借りて経済的現実を分析したのである。こうして，従来の理論体系は経済的自由主義の強力な弁護論になった。しかし，その理論的枠組みの核心である新古典派の効用理論や価格理論が，たとえその最初の形態のままではないにせよ，少なくとも現代厚生経済学のさまざまな発言によって自己の立場を守ってきたにもかかわらず，この理論体系は一歩また一歩と守勢に立たされざるをえなかったのである。」(Kapp 1975 p. 3)。

エネルギーを含めた自然資源の利用において，今までは，資源量の制約を意識せずに，人類は利用するために必要なコストのみを考えて生産し，そして消費してきた。しかし，昨今よく聞かれるピークオイル論[4]にあるように，使用できるエネルギー資源量そのものに，一部の国では明らかに限界が見えてきた状態がある。エネルギーばかりでなく，食料，水といった資源に関しても，供給不足が生じる可能性が指摘されるようになってきている。

その上に，大きな課題として出現したのが地球環境問題である。将来世代のことを考えて，取り返しのつかない温暖化，海水面の上昇といった人間の活動に起因する気候変動を生じさせないよう，将来世代に悔いを残さないで済むように，現在時点から温室効果ガス排出量の削減に取り組む必要があると指摘されている[5]。経済が発展し，産業が興り，エネルギー消費量が増えることは，化石燃料消費量の増大を意味しており，即ち温室効果ガスの排出量が増えることを意味している。

2005年2月に京都議定書が発効し，議定書締結国のうちの附属書Ⅰ国のうち，EUはマイナス8％，米国はマイナス7％，日本はマイナス6％を，それ

それ基準年排出量に対して2008年から2012年の5年間（第一約束期間）で排出量の削減を行う義務を京都議定書上で負うこととなった。ただし，2006年現在，米国は京都議定書を批准しておらず，7％の削減義務を負っていない。

発展途上にある国に仮に温室効果ガス排出量の枠を設定し，化石燃料消費量の抑制を強制すると，今後経済発展を行おうとする国に対して，一人当たりエネルギー消費量が，先進国と比べると圧倒的に少ないままに，経済成長を抑制する効果が生じる。途上国から見れば，発展する権利を放棄するように，先進国が促していることを意味してしまい，豊かになろうとすることを先進国は妨げるのか，という抗議につながっていく。

地球全体での物質循環，資源循環，食料生産と消費，エネルギー消費のあり方を総合的に考え，次いで，個別の国および地域における産業のあり方，食料自給の可能性，エネルギー生産と消費のあり方に立ち返って合意を形成していく必要が生じている。部分最適を考える前に，全体最適を考える必要があることを意味している。しかし，世界全体での最適化を達成するための合意形成は，実際にはきわめて難しく，従って，現実には，各国が最善と考える策を採用することを期待するしかないことになる[6]。

開発論を考え，途上国の発展を考える際にも，地球全体の視点から考察を行い，次いで，国および地域の問題に落とし込んで最適なあり方を考えなければならなくなっていることがわかる。最終的な到達点には必ずたどり着くとの予定調和的な考え方が強い，一般均衡理論を重視する新古典派開発論に対する見直しが必要となっていることがわかる。国際開発論は，グローバリゼーションの進行と地球環境・資源問題という大きな制約要因を考慮しつつ再構成される必要が生じていることがわかる。

第3節　グローバリゼーションと開発

グローバリゼーションと呼ばれる各国の通商を活発化させ，貿易と投資を

促進させる動きは，途上国の経済に対してもきわめて大きな影響を与えている。これは，途上国の産品が，先進国および他の途上国も含めた輸出競争にさらされることを意味しているからで，開発輸入と呼ばれる先進国からの農産物を始めとした産品の製造の委託を受けて輸出を行う場合も，増大してきている。

さらに現在では，直接投資の役割が拡大しており，多国籍化した先進国の民間企業を通じて資本が途上国にも投下され，これら多国籍企業が工場・物流拠点を展開するようになってきている。

1950年代に，ミント（H. Myint 1958）は，余剰の捌け口（vent for surplus）論を途上国に当てはめて，農産物等の一次産品を輸出することで途上国が発展する可能性を指摘した。そもそも国内の一次産品市場が育成段階にある途上国では，余剰農産物の有効利用も図られておらず，輸出が可能となる状況が生じて初めて，今まで存在しなかった農産物の生産増が出現して，国内需要量を超えた輸出が可能となることを意味している。

確かに米国とカナダに関しては，新大陸として綿花，小麦などを欧州に輸出し，収入が増大したことで新大陸側の消費も活発化した好循環が生じた。このように一次産品（staples）に対する外国からの需要増大が好循環をもたらす例が，歴史的には存在したことが知られており，一次産品に依存した発展という点からは，ステープル理論と呼ばれている（山澤 1993 p. 108）。

ただし，図1－4を見ると明らかなように，世界経済の成長を牽引してきたのは製造業品の輸出入であり，80年代前半において1兆ドルを超える程度であった輸出入額は，2004年には7兆ドルに達している。続いて多いのがサービス貿易であり，パテント料，ノウハウ料等の輸出入額が2004年では2兆ドルを上回るに至っている。一方，伝統的な貿易商品である燃料，食料関連製品の貿易額は，各々1兆ドルに達しておらず，数字的には増大しているものの，製造業品の貿易額の急伸と比べると圧倒的に少ないことがわかる。こうした貿易高の推移を見ると，途上国政府においては，何としても輸出できる製品を作る製造業を，先進国あるいは中進国よりの直接投資を受けることで誘致し，とりあえず輸出主導で経済活動を活発化させたいと考えるのはきわめて自然な選択となる。

ただし，低賃金労働に依存する労働集約的な組み立て産業，繊維関連，日

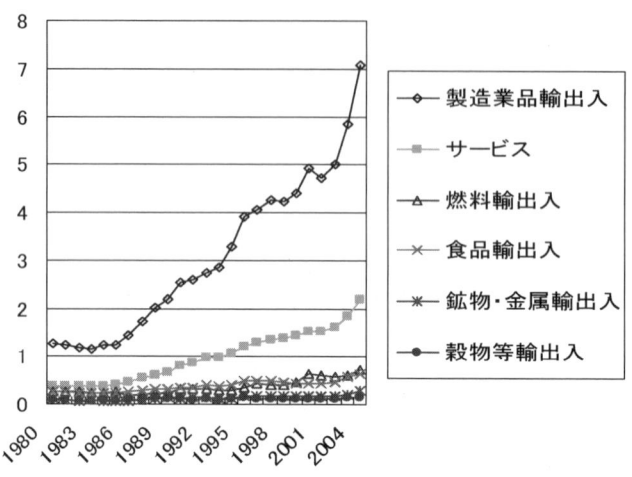

図1－4 世界の輸出入額合計の推移（名目価格，単位：兆ドル）

（資料）World Bank, Development Indicators 2005に基づき作成

常雑貨品製造産業，食品関連産業等が途上国に進出しても，そうした産業を支えるサポート産業が途上国では十分に育っておらず，基礎化学品，窯業，金型産業，石油化学関連産業，機械電子電気産業等が製造する部品等は，そのほとんどを輸入に頼らざるを得なくなる場合が多くなっている。輸出するためには輸入が増えざるを得ないという構造が定着してしまい，しかも，途上国の国内での労賃が次第に上昇すると，多国籍企業はより労賃が安い国を求めて，他の途上国に工場を移すという動きが生じることになる。

途上国における人材の不足という問題から脱却することはなかなか容易ではなく，途上国においても，人材の引き抜き合戦が多国籍企業の進出先で生じることもよく見られる。

図1－5で，一人当たり所得に基づき世界の国をグループ分けした場合の輸出入額の推移を見ると，高所得国（一人当たりGNIが＄10,066以上）が輸出額を急増させていることがわかる。特に，OECDに属する高所得国の伸びが大きい。非OECDの高所得国には産油国が多く含まれるが，OECD高所得国と比べると輸出額の伸びは小さい。

高所得国に続いて輸出額を伸ばしているのは中所得の下位国（一人当たり

図1−5　一人当たり所得に基づいた世界の国のグループ化した輸出入額の推移
（名目価格，単位：兆ドル）

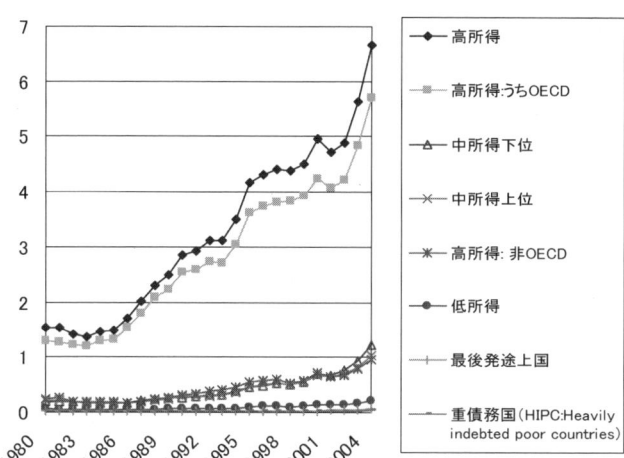

（注）各国の分類は，2004年の一人当たり GNI（gross national income）に基づいており，低所得（low income）は＄825以下，中所得下位（lower middle income）は＄826〜3,255；中所得上位（upper middle income）は＄3,256〜10,065；高所得（high income）は＄10,066以上と分類。
（資料）World Bank, Development Indicators 2005に基づき作成

GNI が＄826から3,255）および中所得の上位国（一人当たり GNI が＄3,256から10,065）である。中所得の下位国と上位国と二分した場合に，ほぼ等しい数値を1980年以降とってきたことがわかる。また，産油国が含まれる非OECD の高所得国も，中所得の下位国と上位国とほぼ等しい数値をとっており，2004年で１兆ドルを超えた水準となっている。

伸びがきわめて少ないのは低所得国，最後発途上国，および重債務国（HIPC：Highly indebted poor countries）である。2004年の輸出額は，低所得国で2,100億ドル，最後発途上国で600億ドル，重債務国で500億ドルという水準となっている。

このような貿易額の推移を見ると，貿易の利益を一身に受けているのはOECD に属する高所得国であると言わざるを得ない状況が存在していることがわかる。

人々が貧困であると感じるか否かは，相対的な所得の差に依存する面が強

く，富裕な国の存在が，貧しい国における貧困の問題を際立たせてしまう傾向がある。OECDに属する高所得国が圧倒的に輸入額を増大させ，また先に図1－2で見たように一人当たり所得を急増させていることは，世界的に見た場合に格差が増大していることを意味してしまう。統計数値から見て，途上国は，後発の利益と呼ぶことができる急速なキャッチアップを達成できているのではなく，先進国がハイスピードで発展する現状から，おこぼれとしての部分的な配当を受けているだけであるのが実際のところである可能性が高い。

　アマルティア・センは，経済成長のためには，競争の開放性，国際市場の活用，識字能力と学校教育の水準の向上，農地改革の成功，投資誘因としての公的整備，輸出と工業化が重要であると指摘する（Sen 2002 p. 67）。

　ただし，グローバル化が進展してきたことで，アジアNIESが順調な発展を遂げた80年代から90年代までの時期とは異なり，2000年以降においては，途上国の発展に向けてのスタートラインが従来とは異なってしまい，しかも途上国にとっては，求められる水準と言う意味でハードルが高くなってしまった。途上国においても不断のイノベーションが求められることにならざるを得ないとの見解も聞かれる（末廣 2000）。この点は，例えば日本の製造業においても，途上国に移した工場を再度日本に移す動きが見られることからも推測できる。勿論，労賃，土地代，ユーティリティ代等が高く，コストが高くつく日本に，製造業が再度工場を立地する動きが生じているということは，それだけの競争力を日本のもの作りの現場が再度持ち始めたことを意味し，他方，途上国においては，単純労働力が安価に提供できるというだけでは製造業の競争力を維持できない状況があることがわかる。

　そのほか，途上国内において存在する経済格差も，個々の国で所得の向上を目指し，政策を打ち出していく際に大きな問題となる。フィリピンのマニラ，インドネシアのジャカルタ，タイのバンコク，カンボジアのプノンペン等，いずれの国の主要都市においても高級住宅地は存在し，富裕層が居住する。国全体としての発展を目指したときにも，富裕層にばかり恩恵が行ってしまう可能性も高い。こうした貧富の差という問題は，実は先進国内においても存在する。例えば，2005年に米国のルイジアナ州ニューオリンズで，ハリケーンによる人的被害が貧困層に対して集中的に生じてしまったことで，

米国内にも大きな所得格差が存在していることがわかった。高所得国の中での貧困という問題として，所得配分の問題を意識しつつ，国の発展を考えていく必要も生じていることがわかる。

ただし，H. ミント（1980）が述べるように，所得分配問題を強調しすぎると，なぜ，いくつかの開発途上国が他の開発途上国よりも急速に成長したのかを説明することができず，開発論が経済発展過程の十分な分析を行うことができないままとなってしまう危険性が存在する。60年代の開発論，あるいは80年代の開発論とは異なり，2000年以降のグローバル化が技術進歩を伴って急速に進むという環境の変化がある中で，時代環境に合致した開発論が新たに検討される必要が生じていると言うことができる。

第4節　新興経済発展と開発論

NIES（韓国，香港，シンガポール，台湾）およびアセアン諸国が目覚しい発展を遂げたのに続き，現在ではBRICsと呼ばれる新興の人口豊富な諸国（ブラジル，ロシア，インド，中国）が順調な経済発展を見せており，今後世界経済に占める役割を拡大させていくと予測されるに至っている。

図1－6でBRICsの一人当たりGDPの伸びを見ても，中国が高い伸びを示しているほか，ロシアも99年以降は高い成長率を記録している。またインドも90年代の初めに自由化政策を導入して以降，安定した成長率が維持されていることがわかる。ブラジルにおいても，年々の変動はあるものの80年代および90年代と比べると次第に安定した成長が見られるようになってきていることがわかる。

BRICsは各国とも個人所得に関しても順調に増大してきており，図1－7で示すように，2004年でロシアが9,101ドル，ブラジルは7,531ドル，中国は5,419ドル，インドは2,885ドル（いずれも2000年価格，購買力平価換算）の平均所得に達していると推計されている（World Bankデータ）。

図1－6　BRICsの一人当たりGDPの伸びの推移（1980～2004年）（単位：％）

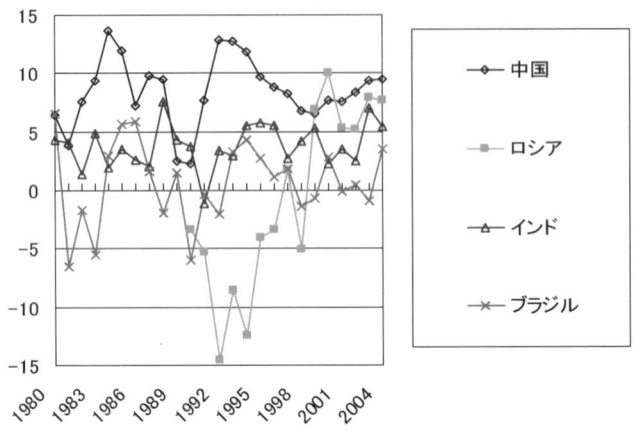

（資料）World Bank, Development Indicators 2005に基づき作成

図1－7　BRICsの一人当たりGDP額の推移（1980～2004年）
（単位：購買力平価による2000年価格での数値，ドル）

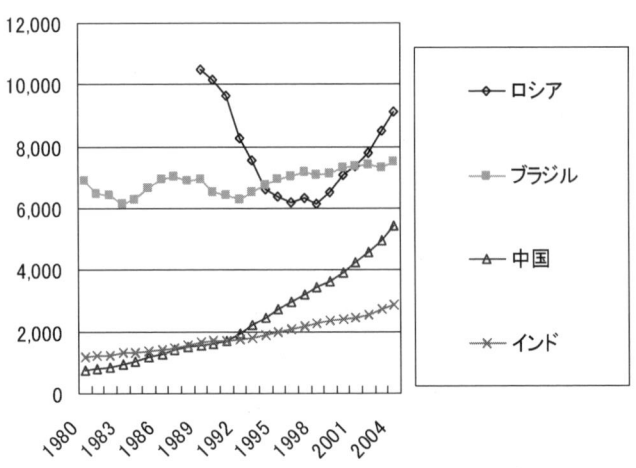

（資料）World Bank, Development Indicators 2005に基づき作成

ロシアは89年，90年時点で1万ドルを超えていたが，その後の経済停滞期に6,000ドルまで低下し，その後回復してきたことがわかる。かつて東西冷戦下で米ソ対立を生み出し，米国と張り合ってきた歴史があるロシアは，一部産業においては依然として競争力を維持しており，今後の発展の可能性は大変大きい。ロシアを始めとした移行経済諸国のうち，東欧諸国において比較的早く成長軌道に乗った国が出現しており，市場経済システムの導入に一定の時間を要するものの，移行期間を過ぎた後には，豊富な資源と人材を生かした分野で，世界市場での競争に次第に参入できる可能性が高い企業も存在している。

各国の年代別の成長率の推移を見ると，ロシアでは，90年代がマイナス4.4％であったものの，2000年以降は6.8％と順調に推移している。ブラジルは80年代が0.1％であり，90年代が0.3％，2000年以降が1.1％となっている。中国は80年代が8.4％，90年代が8.9％，2000年以降が8.2％となっている。インドは80年代が3.7％，90年代が3.7％，2000年以降が4.1％である。中国が20年以上にわたり8％台の伸びを維持しており，きわめて順調に一人当たりGDPを増大させている。インドも，中国と比べると低いものの，年率では4％前後の伸びを見せており，購買力平価単位では2004年で3,000ドルに迫る数値となっている。

BRICsのように新興の経済発展を遂げる国が出現してきたことで，新たな視点から見た開発論の構築が必要となってきている。人口大国であるこれらBRICsが今後も順調に発展を続けていくと，国別のGDP合計を見たときには，欧州諸国および日本を抜く経済規模を持つ超大国が出現することを意味する。今後は，途上国の中から抜け出して，既存の先進国と対等に競争できる国々が出現すると予測して，それらの国が政治的に活躍し，また経済的にも大きな影響力を持つ際に，どのような主張を途上国側としては持つことになるのか，世界全体の秩序ある交渉の場を確保する構想力を働かせる必要が生じていることになる。

次章以下では，経済発展理論の歴史をたどり，また，個別事例としてインドネシアと中東産油国の経済発展の経緯と特徴を検討しながら，新たな開発論の拠って立つ基盤について考察を進めることにする。

注

1) グローバリゼーションの定義は Todaro and Smith "Economic Development," Ninth edition, 2006, p. 814 に基づく。
2) たとえば，経済学の教科書として広く用いられている N. Gregory Mankiw の教科書 (Macroeconomics, Fourth Edition, 2000) では，ナイジェリアの一人当たり所得が米国のそれの3％しかないことを取り上げて，こうした格差がなぜ生じているかの検討から経済成長に関する考察に入る導入の順番を採用している。
3) ラグナー・ヌルクセの主張した途上国における低水準均衡 (low income equilibrium) あるいは低開発均衡 (underdevelopment equilibrium) が継続してしまう『貧困の悪循環』(vicious circles of poverty) の状態は，構造的な課題が発展途上国に存在することを示した代表的な議論である (Nurkse 1952および1953)。ヌルクセは，「企業家利潤の再投資は，歴史的には西欧の経済発展における資本蓄積の主要な源泉であった。したがってシュムペーターの発展の理論では中心的部分を占めている。」(Nurkse 1953 p. 256) と述べて，シュムペーターの考えを踏襲しながら，国内において資本を形成していく努力がもっとも重要である点を強調している。
4) 従来，石油技術者が行ってきたピークオイルの議論は，個々の油田に関して，残存埋蔵量と累積生産量が重なる部分である埋蔵量の半量を生産したことになる時点をピークオイルと呼び，この時点に個別の油田および各国ごとの生産量が達したかを問題としてきた。ピークオイルの時点を過ぎると，減少を始める生産量を何とか食い止め，生産の減退量をできるだけ減らすために，生産コストの増大が避けられなくなる。
5) 気候変動に関する政府間パネル (IPCC: Intergovernmental Panel on Climate Change) の第3次報告書 (2001年) は，過去50年間に観測された温暖化のほとんどが人間活動によるものであるという，新たな，かつより強力な証拠が得られたとするとともに，21世紀中の地球の平均気温の上昇の予測を1.4～5.8℃と第2次評価報告書に比べて上方に修正している。なお，温室効果ガス (Greenhouse Gases: GHG) とは，京都議定書で定められた六つのガス，すなわち，二酸化炭素 (CO_2)，メタン (CH_4)，亜酸化窒素 (N_2O)，ハイドロフルオロカーボン (HFCs)，パーフルオロカーボン (PFCs)，および六フッ化硫黄 (SF6) をいう。
6) 京都議定書に関しては，米国およびオーストラリアは批准しておらず，「全体最適」を求めることが難しいことは，こうした動向からも明らかである。
　米国上院は京都会議の開催に先立ち「バード・ヘーゲル法案」を採択しており (賛成95票，反対ゼロ票)，京都会議で途上国の削減義務が盛り込まれない場合は，

京都議定書は批准しないとの立場を明確にしていた。したがって米国は，当初から議会（特に上院）が批准する可能性は全くなかったことになる。事実，クリントン大統領（当時）は京都議定書に署名をしたものの，そもそも上院に批准手続きを求めることすら行わなかった。

第2章
経済発展理論

第1節 経済発展理論の系譜

　人類がよりよい生活を望んでいるかぎり経済発展が目指されることになる。ただし，世界をとりまく課題は，時代時代により変遷してきている。このため，経済発展をいかに進めるべきかに関する理論的裏づけも時代ごとに変わらざるを得ない。

　経済発展には大きく分けると二つの観点が存在している。一つはマクロからの経済発展という観点であり，国が経済発展することの意味と効果，各国間の差異を分析する視点である。他の一つは産業の発展という観点からのミクロな分析であり，農業，工業，サービス業という産業分類を用いた産業発展の動向を検討していくことになる。

　国の発展の問題に関しては，様々な議論が行われてきている。古くはアダム・スミス（1776）が『国富論』のなかで，購買力の重要性を指摘している。国の富というものは，国民の購買力の大きさによって決まると述べている。このアダム・スミスの考え方は，より古くはヒューム（1739）が指摘した，輸出の多寡ではなく，いかに多く消費できるかという消費の重要性に着目した視点と共通する点がある。重要な点は，これらの古典派と呼ばれる人々の考え方が，現代の開発論において再度，きわめて重要な視点として甦ってきていることである。古典派が見た，国により保護された貿易（重商主義）が行われる状態から，規制緩和を行いつつ，小さな政府を持つ中で，国および地域の発展を図ることは，古典派と共通の視点を持つことを意味している。

1760年に英国で始まった産業革命は，その後1800年代には欧州各国に波及し，従来行われてきた保護貿易主義を捨て，工業化を目指すことが国の発展のために重要となる状況を生み出した。比較生産費説を唱えたリカード（1821）は，生産要素として労働を考え，2国間が貿易するとした際に，貿易のパターンは比較生産費（労働投入係数の比率）を主要素として決まるとすることを証明した。比較生産費に従ってどの国も貿易を行えば，世界各国は効率的な貿易パターンを形成できるとするリカードの考え方は，現在のGATTおよびWTO体制下での貿易自由化促進の考え方に通じる面があり，これら古典派の考え方は現在においても重要である。

　なお，欧州各国に産業革命の影響が及ぶに従い，発展の制約が存在するのではないかという危惧がもたれるようになってきた。特に途上国に関しては，資金供給が十分でなく，投資資金が回らないことから，いつまでも発展への道筋に至れないのではないかと考えられた。

　例えばマルサス（T. R. Malthus 1798）は，人口増により食料増産の余地はなくなると予言した。マルサスの考え方の核心は，天然資源への需要は，幾何級数的に増大する人口と収入に依存するが，資源の供給には限界があり，増大しても線形（算術級数的）にしか伸びないとするものであった。需要は，一定比率でしか伸びない供給を，いつかは追い越すに違いないと考えた。このマルサスのわなを人類は，何とか克服してきたことは事実である。例えば，科学と技術により土地等の生産性を高める，という手法は有効であった。また，資源が枯渇に近づけば，代替物を見つけるという方法をとって，現在までのところは資源逼迫までには至っていない。

　なお，経済学理論の系譜の中では，古典派に対抗し，政府の役割を説く理論としてのケインズ経済学が出現する。ケインズは有効需要の考え方を重視し，先進工業国で見られた不況への対策としての政府の役割を重視しており，開発論の分野に対しても，市場の失敗という考え方を示すことで多大の影響を与えることになった。

第2節　構造主義と従属論

　開発理論の系譜においては，古典派とケインズ学説の論争が続く中，構造主義と呼ばれる考え方が第二次世界大戦終結に前後する時代に出現する。IMF，世界銀行体制がこの時期に形成される一方で，途上国においては，先進国とは異なり，発展のための契機が訪れず，南北問題は固定化せざるを得ないとの見方が持たれるようになった。いつまで経っても力強い経済発展に向かわない途上国の状況を悲観しつつ，先進国の責務を説くのがこれらの議論の特徴である。

　米ソの2大強国が覇を競う東西冷戦が生じた中で，マルクス主義の影響を強く受けた「従属論」の考え方が，途上国において大きな意味を持った。従属論は，資本主義の課題としての途上国の置かれている状況を固定的に捉える考え方であり，南北問題は途上国にとり不利なままに，途上国の比較劣位構造が固定されてしまうとの見方をとった。

　その一方，米国を中心とした欧米諸国においては，近代化論と呼ばれる，途上国はいずれの国においても，一定の段階を経て発展に向かう可能性を持つとの考え方が出されることになった。最も有名な理論は，ロストウが述べたもので，①伝統社会の時代から，②「離陸」による自立成長へ向かう段階，③離陸期，④成熟社会期，⑤大量消費社会，というように，現代社会においては，世界のどの国もこうした各段階を経ることで最終的には大量消費社会に到達するとしている（Rostow 1960）。

　ロストウの考え方に従えば，途上国は離陸の段階に至るためには，国内貯蓄を動員し，さらに不足分については国外からの援助等の資金を注入することで離陸に至ることは可能とされた。

　この考え方を推し進めるとハロッド・ドーマーの考え方にたどり着く（Harrod 1939, Domar 1946）。ハロッド・ドーマーは，成長継続の均衡条件を次式により求める。

　Yは国民所得とし，国民所得の一部が貯蓄されることから，貯蓄率をsとすると，$S=sY$が成り立つ。

投資Iの変化率が ΔK であると定義し、貯蓄Sが投資Iにまわるとすると、$\Delta K = I = S$ が成立する。

投資係数を k とすれば、$K/Y = k$ が成り立つ。

また、ここで変化率についても次式が成り立つとする。

　　$\Delta K/\Delta Y = k$

従って、$S = sY = \Delta K = I$ が成立することになる。

したがって、$\Delta Y/Y = s/k$ も成立する。

成長率がどの程度の数値になるかを決定するのは貯蓄率 s と投資係数 k であるとすると、できるだけ多く貯蓄して投資に回せば、投資率を表す I/k は大きくなり、一方、K は大きくなり、したがって成長率 $\Delta Y/Y$ は高くなることを意味している。

　発展途上国の経済成長率は、様々な分析がなされ、提言がなされる中、1960年代に入っても、全般的には、依然として「離陸」に向かう兆しは見られず、低調なままであった。1964年に開催された国連の貿易開発会議（UNCTAD）において、プレビシュ報告として知られる報告書（UNCTAD 1964）が提出され、後にプレビシュ・シンガー命題（Prebisch-Singer Thesis）として引用されることになる「途上国は交易条件の悪化をもたらされてしまう構造的な課題を負っているとの主張」が出されることになった。

　一方、ヌルクセは貧困の悪循環と呼ばれる理論を提示し、途上国の方が、先進国と比べた場合に投資の乗数効果は大きいと考えられるにも関わらず発展に至らないのは、一次産品に対する世界的な需要の停滞が原因であり、途上国は輸入代替政策を導入するしか選択肢はないと述べた（Nurkse ウィクセル講演 1959）。

　ヌルクセは次のように述べる。

　「低開発諸国が現代設備の大規模生産の経済から利益を得たいと願うならば、現在、その資本財必要額のもっと大きな部分を輸入しなければならない。資本財が工業地域からの総輸入の中で恒常的にその割合を高め、いまやほとんどその半ば近くになってきたことは、不思議ではない。これこそ、20世紀貿易の最も目立った特徴の一つである。先進諸国は概して、製品輸出をほとんど相互に輸出し合っているけれども、資本財の範疇で見れば、その輸出は

主に低開発国に向かっている。百年前には，世界経済の中心地と外隔部分との間の貿易は，繊維製品と食糧や繊維原料との交換でその大部分が構成されていたが，今日では，それがますます資本設備の流出と鉱物資源の流入とから構成されるようになってきている。主として"水平的"であることが普通であった国際分業はますます"垂直的"となってきている。」(Nurkse 1959)。

途上国の発展に関する多くの見方が輸出悲観論をとる中，国内産業の発展を図るとしても，農業分野には多量の人間が携わっており，マルサスの罠と呼ばれる，最低生存費に等しい段階で長期安定していると見なされた。さらに構造主義を唱える人々は，偽装失業（disguised unemployment）という概念を提示し，労働の限界生産性がゼロである失業状態に自分があるとは自覚がない人々が途上国の農村には多く存在すると述べた[1]。ただし，このように最低生存費で暮らす人々が多量に存在する社会は，ほぼ「無制限に労働供給が可能」な社会であると見なすことができ，発展の可能性がきわめて大きいとの理論も成立し得ることになる。代表的な議論はアーサー・ルイスにより提示された（Lewis 1954）。農村の余剰労働力がなくなるまで工業部門の実質賃金が上昇しないとの議論は，90年代以降の中国の急速な発展と「世界の工場」と呼ばれるに至る状況を彷彿とさせる分析内容であり，ルイスの先見性が立証されたことになる。

また，途上国の発展のためには，政府の介入と計画の作成の必要性が主張され，特に幼稚産業保護論が大きな役割を果たすことになった。政府による産業支援のあり方をめぐっては，ヌルクセは均整成長（balanced growth）を説き，ハーシュマンはこれに異を唱えて不均整成長（unbalanced growth）を説いている（Nurkse 1953, Hirschman 1958）。ミントは，これら両方の説に異を唱え，途上国に関する悲観的見通しが持つ輸出一次産品に対する需要の所得弾力性が全ての産品において低いとの見解を否定するとともに，輸出の増加は世界市場の需要の所得弾力性よりは，価格弾力性に左右されるとの主張を行っている（Myint 1964）。途上国においては，世界の中からみればニッチな分野であっても，参入することに大きな意義があり，しかも途上国が競争力を維持できる分野が多くあるとのミントの指摘は，途上国の政策に関する重要な，現在でも通用する見解である。

35

構造主義が全盛であった1950年代から60年代においては，途上国の発展のために必要となる資金をどこから得ることができるかに関して，ツーギャップモデルと呼ばれる資金の制約条件に関する議論がさかんに行われた。途上国は国内貯蓄が不足する状態にあり，その上に海外からの輸入をまかなうだけの外貨も不足する。
　一般的には，途上国はまず国内での貯蓄不足に直面し，仮にわずかずつでも輸出を拡大できたときには，輸出製品を製造するための資本財，あるいは良質な製品を製造するための中間財の輸入が増大し，こうして外貨ギャップに直面することになると考えられる。
　海外からの援助はこうしたギャップを埋めるために提供されることが望ましいが，ただし，援助が途上国において本当に有益であったかどうかに関しては，バウアーが政府の介入を強く批判し，商人の役割を重視した議論を行った（Bauer et. al. 1982）。援助の効果の存否に関しては，依然として議論が続いている状況がある（秋山 1999 p. 254）。

第3節　新古典派理論

　すでに第1章第1節で述べたように，新古典派は，1870年代にジェボンズ，メンガー，ワルラスの3人が，それぞれ独自に到達した限界革命と呼ばれる限界効用逓減法則の定式化を行った時期を始期としている。新古典派は，その特徴として，長期的な発展の問題よりも，短期的な均衡，静学的な課題を中心的なテーマとしてきた。新古典派の経済理論は，市場原理主義とも呼ばれることがあり（原 2000），最も特徴的な点としては，市場で完全競争が実現できれば，先進国でも途上国でも，同一の市場原則が働くはずとの考え方をとる。
　新古典派の成長理論の基礎となるのは，ソローによるモデルである（Solow 1956）。ケインズ派に分類されるハロッドとドーマーにより提示された

ハロッド・ドーマー・モデルは，投入係数（貯蓄率，労働力成長率，資本・産出量比率の三つとも）を固定させたモデルであった。ハロッドは，静学分析の貢献に関して次のように述べる。
　「確かに静学はいまなお全体系の重要部分であることを失わない。最も広い範囲で「自由貿易」が行われている一般的な場合は，なお静態分析に依存して行われるであろう。生産資源の使用を支配するものは，平均生産費ではなくして，限界生産費であるという原理もまた，静態分析の上に置かれる。」(Harrod 1948 p.5)。
　この静態分析のハロッド・ドーマー・モデルに対して，ソロー・モデルでは資本と労働が可変でしかも代替的となる。
　ソローは，次のように述べている。
　「ハロッドとドーマーは，経済がどのような場合に一定率での恒常成長を保っていけるかという直截な問いに答えようとしていたと思われる。彼らはいちじるしく異なった道を経由して，いまは古典となった次の単純な答に到達した。すなわち，一国の貯蓄率（所得のうち貯蓄に回される割合）が資本・産出量比率と（有効）労働力成長率の積に等しくならなければならない，というのがそれである。そのときに，そしてそのときのみ，経済は工場および設備のストックと労働供給量とのバランスを維持することができ，一方において労働不足が発生することもなく，また他方において労働の過剰と失業の増大が生じることもない恒常成長を続けることができるのである。彼らはこの一般的結論そのものについては決して誤っていなかった。」(Solow 1970)。
　ソロー・モデルは次のように表すことができる。
　資本をK，労働をLとし，所得（＝生産）をYで表すと，
　Y＝F(K, L)と定義できる。
　ここで生産関数が一次同時の関係があるとすれば，
　　$\alpha Y = F(\alpha K, \alpha L)$
　つまり，資本と労働をα倍すると，生産量もα倍となる関係（1次同時）が存在することになる。
　ここで$\alpha = (1/L)$とおくと，
　　Y/L＝f(K/L, 1)あるいはy＝f(k)が成り立つ。

この y=f(k) の関数形は，収穫逓減を示すことが知られており，さらに，新古典派の定常解（steady state solution）と呼ばれる安定的な状態が成り立つとの解が一定の仮定の下で得られる。

次に技術進歩を考慮することにし，技術水準を A で表すと，
Y＝F(K, L, A) が成立する。

上記式を用いて，資本と労働では捉えきれない残渣部分（ソローの残渣と呼ばれる総要素生産性の成長率）を計測することで，技術進歩が成長に及ぼした程度を明らかにすることが可能となる。

また，労働部門が技術進歩を担うと考えると，
Y＝F(K, AL) と表すことができる。

ここで，規模に関して収穫一定の特徴を持つコブ・ダグラス型の関数を仮定すれば，次の式が成り立つ。

$$Y = K^{\alpha}(AL)^{1-\alpha}$$

上記式をさらに展開し，経済発展の要因分解を盛んに実施したのが新古典派開発論の特徴である。

ソローの多大の貢献により確立された新古典派モデルは，それまで用いられてきたハロッド・ドーマー・モデルの資本と労働を一定の比率に固定する考え方から大きく進歩し，今までの経済成長をデータによりたどるとともに，今後の発展の可能性を検討することが可能となった。1960年代まで大きな影響力を持った構造主義と呼ばれる南北問題としての開発論の考え方に，新たな議論を挑むことになる。

資本と労働が代替的であるとして分析をスタートした以上，資本への投資とその内容，労働への投資とその内容を新古典派が問うことになるのは当然であった。有効な投資とは何か，財の輸出入の内容とその効果の検討が行われた。輸入代替か輸出指向工業化かという成長戦略をめぐっても，多くの議論が行われることになった。

米国 MIT の教授であったキンドルバーガーは，貿易促進策の途上国での導入可能性について，次のように述べる。

「比較優位説は主として静態的な理論である。比較優位説の修正が必要となるのは，この説が危険性，不安定性，および需要の増大傾向という欠点を持つためである。さらに比較優位説の廃棄が必要となるのは，輸出品におい

てではなく，輸入競合品において外部経済と規模の利益が存在する場合である。低開発諸国が抱く重大関心の一つは，長期交易条件が第一次産品に対しては長期間永続して不利に働くということである。別の国産品保護論がその論拠としているのは，低開発諸国における要素市場が不完全であるということ，あるいは，経済発展との結びつきは輸出品よりも輸入競合品の方が強いという可能性である。

　貿易と経済成長とを結びつける三つのモデルを吟味する。すなわち，貿易が成長を主導するモデル，貿易が経済成長に遅滞し，国産品による代替を必要とするモデル，そして貿易が経済成長に適切に均衡するモデルである。開発途上の特定国の状況にどのモデルが合致するかということは，その開発途上国における諸資源のゆがみも含めた種々の状況によって左右される。すなわち，開発途上国が比較優位を保持する商品の性格，それら商品に対する需要の特質，およびそれら商品の他部門に対する結びつきの強さ，そして最後にその国の刺激に対する応答能力によって左右される。輸出が無視され，輸入が促進されているかどうかという問題は，特にインドで議論されている。」(Kindleberger 1965 第16章「外国貿易と経済自立政策」p. 409)。

　また，キンドルバーガーは，途上国に対する援助のあり方に関して，次のように述べる。

　「低開発国の経済発展を援助する役割をになう先進諸国に関する議論は，経済的，かつ短期的な政治的基盤に基づくというよりも，むしろ長期的な政治的基盤に基づいている。国民の期待感が高まることは，その充足についてかなり見通しが明るいことを必要とする。あるいは，もし急激な結果を求めるならば，低所得諸国は，経済的・政治的・社会的な挫折に悩むのが普通である。その純粋な形においていえば，援助というものは，先進諸国にとっては，利益ではなくて犠牲を伴うが，被援助国とっては，犠牲ではなくて利益を伴うものである。もし被援助国が自らの諸資源を構造転換することができるならば，たとえその援助の目的が制約されていても，その援助を他の諸目的に転換することが可能である。

　一定額の援助を開発途上諸国の間で分割し，そして，その諸出費を供与諸国の間で分担するという最適の工夫をすることは，かなり難しい問題である——もっとも，援助額の分担に関しては，援助供与国の租税制度を利用する

ことができる。経済学的に言えば、援助供与を受けるのに最も説得力のある条件は、その援助が最適の効率で利用されるということである。実際には、土地改革ならびに税制改革のような特別の法令が、経済発展の問題に真正面から取り組むことの試金石になることが多い。外国援助に反対する者が疑問とすることは、外国援助は社会主義あるいは経済の政府支配を促進しないというけれども、それが本当であるかどうかということである。

援助の国際的管理については、いろいろと意見も耳にするが、しかし、援助供与国と援助受取国との間で援助を配分することに関して、一般に異論のない原則が存在するまでは、それを利用することはかなり政治的に困難なことである。」(Kindleberger 1965 第19章「先進諸国との諸関係」p. 490)。

以上のキンドルバーガーの記述から見ても、米国では孤立主義的な政策が選択肢として存在する一方、新古典派に属する人々の中においても、その援助論に関する議論において、途上国の立場に配慮した比較的バランスのとれた議論がなされていた事実があることがわかる。

農業部門においては、新古典派のシュルツが偽装失業の考え方（農村の過剰人口の限界生産性をゼロとする）を批判し、途上国の農民も合理的に行動しているとの多くの論文を発表することになった（Schultz 1961, 1964）。農業部門の開発が促進できるとの考え方を示した点で、シュルツの開発論に対する貢献は大きい。1960年代半ばには、フィリピンの国際稲作研究所（IRRI）での高収量品種の開発が進み、農業分野での「緑の革命」が東南アジアを始めとして起こり、農業国の発展につながっていくことになった（Hayami & Ruttan 1985）。

また、労働部門への投資という意味では、教育への投資も必要であるとの指摘が行われることになった（Schultz 1961）。

東アジアで韓国、台湾、香港、シンガポールのNIES（4匹の龍とも呼ばれた）が輸出指向工業化により急成長を遂げると、構造主義よりも、新古典派の考え方が妥当性が高いとの意見が圧倒するようになる。ただし、1973年に第一次石油危機が発生すると、今度は、先進国を含めた世界全体が新たな長期低成長の時代に入ってしまったとの意見が出されることになった。このように、世界の経済環境の変化にしたがって、開発論の主流となる考え方が変遷を繰り返してきたことがわかる。

途上国が長期構造不況に陥ったと考えられた1970年代には，途上国の開発・援助機関である世界銀行に加えて，国際金融の安定のための機関であるIMFも途上国の国内制度への関心と関与を強めることになった。構造調整プログラムと呼ぶ制度が導入され，途上国が世界銀行の支援を受けるためにはIMFのコンディショナリティ（政策変更条件）を受け入れることが必要とされた。途上国政府は，補助金の削減，市場自由化とその対外開放，民営化の促進を図ることを約束させられることになった。

　ただし，発展段階も異なり，産業基盤も千差万別な途上国各国に対して，世銀・IMFが受入れを迫ったコンディショナリティはステレオタイプな内容であり，途上国のニーズに合致していないとの批判を浴び，次節で述べる改良主義，制度学派，内生的成長論，潜在能力アプローチといった多様な新しい考え方の提示を受けることになる。

第4節　社会改革への取り組み

　ノース（North 1990）が語るように，米国を始めとして，各国の経済は伝統的な制度の仕組みを生かしながら，その中で発展を遂げてきた経路依存性を持つものであった。東アジア地域においても，あるいは中東，さらにはアフリカ地域においても，歴史的に積み重ねられてきた制度に大きく依存・依拠しながら，経済発展は進んできており，経済発展は歴史の産物と呼ぶことができる。例えば服部（1972, 2001）は，中央銀行総裁として赴任したルワンダで，現地の人々が，お雇い外国人技術顧問が話すのとは異なり，合理的な行動をとっていることを発見するに至る記述は大変興味深い[2]。

　世銀・IMFが提示したコンディショナリティは，新古典派理論に依拠してはいるものの，多分に政治経済学的な観点からの判断が加わって行われており，途上国の側からは押し付けと受け取られた部分も多く存在した。事実，1970年代において，国連，ILO（International Labor Office：国際労働機関）

あるいはマクナマラが総裁を務めた時代の世界銀行等では，最低限の充足を目指す「ベーシック・ニーズ」アプローチの重要性が指摘され，取り組みも行われた (ILO 1972)。ただし，こうした貧困問題への取り組みの必要性に関する主張は，80年代において世界各国で債務危機が拡大する中で大きな力を持つには至らず，途上国は目前にある金融危機に対応するために構造調整を実施したのが実情であった。

80年代の国際通貨危機は，世銀・IMF による政策支援借款の効果もあって終息していくことになるが，この過程で再度経済成長を続ける諸国と，成長を鈍化させてしまう諸国とが出現する。前者が東アジア諸国で，後者は中南米，中東，アフリカ諸国であった。しかも，成長する東アジアの韓国，台湾といった諸国が，開発独裁とも呼べるような産業育成政策を続ける中で成長を遂げていることが研究により明らかになるにつれて，新古典派が述べた市場主義を徹底しなかった諸国のパフォーマンスがよいとの結果が導かれてしまうことになった。

こうした事実に依拠して，そもそも途上国では市場は育っておらず，しかも不完全であるとの認識に立ち，開発のミクロ経済学と呼ばれる，情報の経済学あるいは制度論に立脚した新たな視点が提示されることになった (Akerlof 1970, Stiglitz 1986, North 1981)。

経済モデルの検討という点では，ポール・ローマーが収穫逓増を考慮した内生的成長モデルを提示し，IT 化が進展する産業のあり方を分析する試みを行った。

内生的成長モデルでも技術水準を A で表すと，新古典派のモデルと同じく，

Y＝F(K, L, A)が成立し，さらにこの A をさまざまな定義を行って収穫逓増を表現している。例えば，次のように A は K と L で表される関数であると定義される。

$Y = A(K, L)K^{\alpha}L^{1-\alpha}$

学習の効果（Learning by doing）を組み込む工夫（Romer 1986），人的資本を組み込む工夫（Romer 1994, Lucas 1988），公共投資の効果を組み込む工夫（Barro 1990）等が施されることになった。

ただし，現実の経済は，先進国との間で，東アジアではキャッチアップ過

程にあり，収斂が生じている一方，アフリカ，中南米諸国では，逆に格差が拡大している状況がある。こうした現実をもれなく説明することに，内生的成長モデルは新古典派モデルと同じく成功していない。依然として現実に起こっている現象の解明に向けた途中段階にあると言わざるを得ない。

　開発理論の発展に根本的な問いかけを行うことで，新たな展開を生じさせることになったのは，アマルティア・センである。センは，厚生経済学と社会的選択理論の単純化・透明化，そして深化と適用を進め，多大の功績をあげており，1998年にノーベル経済学賞を受賞している。特に選好（preferences），利害（interests），厚生（welfare），選択（choice）という，本来的には全く異質な概念を，なんら区別できない「合理的な愚か者（rational fool）」を理論の中枢に据える新古典派（いわゆる正統派）の考え方を，厚生経済学の根本的な問題として指摘する（鈴村・後藤 2001 p. 23）。

　センは，個人の最小限度の自由に対する社会的尊重を図るために，固有の価値としての個人の権利の概念化が必要であることを説く。また，福祉は，個人にとって追及する価値があるばかりでなく社会にとっても追及する価値があると評価し，福祉実現のための援助と保障のあり方を考えるにあたって，機能（functionings）および潜在能力（capability）という二つの考え方を重視した。機能は「個人の多様な活動の基礎となる自立的な生き方・あり方」，「ひとがなしえること，あるいはなりえるもの」を意味する。潜在能力は個々人の潜在的な選択能力のことであり，「個人が自己の主体的意思に基づく選択を外的に妨げられないのみならず，実際に達成可能であるような諸機能（生き方・あり方）の集合」を意味する（鈴村・後藤 前掲 p. 25）。

　センは，人間的発展という言葉を重視して，次のように述べる。

　「人間的発展とはいったい何の役に立つものなのだろうかと疑問に思われるかもしれないが，それは，人々の生をさまざまな方法で支援してくれるものといえる。その支援が果たす役割のひとつが『人的資本』の形成であると一般に考えられている。しかしながら，人間的発展が実現しようとしているのは，この『人的資本』の狭い枠組みで捉えられているものをはるかに超えている。

　まず，社会的チャンスの創出は，人間の潜在能力と生活の質の飛躍的発展を可能にしてくれる。教育や医療制度などの普及は，生活の質とその向上に

直接的貢献をもたらしてくれる。たとえ所得水準が相対的に低くても，教育と医療をすべての人に保障している国では，国民全体の寿命の長さと生活の質の向上に関して，驚くべき成果をあげることができる。」(セン 2002 p. 26)。

センの考え方から多大の示唆を得て，UNDP（国連開発計画）は1990年から『人間開発報告』と題する年次報告書を作成するようになっており，人間開発指数（HDI：Human Development Index）を発表している。なお，国連は2000年に国連ミレニアムサミットを開催しており，ミレニアム開発目標（Millennium Development Goals：MDGs）を設定している。

これを受けてUNDPは，MDGsの達成に向けてプログラムを組んでおり，2005年版の『人間開発報告』では，人間開発，貧困の削減，不平等の是正への取り組みに重点を置いている（UNDP 2005）。

現在は，依然として人間開発指数（HDI）の内容に関して試行錯誤が続いている段階にあるが，指数の良否を問うよりも，センの思想を生かすよう，「国，地域，社会階層，性差，それぞれのレベルで，どのような潜在能力が欠如しているのかを具体的に分析」し，その原因を探ることこそが重要となっているとの指摘があり（絵所 1997 p. 216），センの思想を具体化して成果を出すまでにはまだまだ課題が多いことがわかる。

注

1) 絵所（1997 p. 17）によれば，偽装失業という言葉を最初に用いたのはジョーン・ロビンソンであるとされる（Robinson 1936）。
2) 服部（1972 pp. 130-131）は，「私は，ルワンダ人は官吏や家事使用人はなるほど怠け者が多いが，ルワンダ人の大部分を占める農民は働き者であるとの印象を受けた。いや官吏でも役人として働く時間は怠け者であっても，時間後自分の畑に帰ればたちまち本来の働き者になるのである。考えてみれば，後進経済の厳しさは怠け者の存在を許すわけはない。流通機構が整備されておらず，政府の財政力も乏しく，かつ行政能力も低い自活経済の農民は，働かなければ餓死するのである。」と記述している。

第3章
開発政策の吟味

　本章では，第1章および第2章で検討した国際開発論の動向を踏まえつつ，今まで実際に開発政策がどのような方向性を持って導入されてきたのかを，インドネシアおよび中東産油国の経済発展の動向を検討しながら考えることにする。両地域とも依然として大きな課題を抱えており，政策実施の是非という課題を抱えている。

　インドネシアに注目し本書で分析対象として取り上げるのは，世界銀行の「東アジアの奇跡」の中で力強く成長する8カ国のうちの一国として，インドネシアは産業政策の成功事例として紹介されたものの，1997年のアジア金融危機に遭遇するとともに，その後も国内制度の整備に時間を要しており，多民族国家として地域融合の課題をインドネシア一カ国で背負ってしまっていると言えるほどの困難な状況があるためである。本書がテーマとする地域からの問題定義と経済の建て直しと言う課題に関して，インドネシアを課題として取り上げておくことが有益であり示唆に富むと考える。

　次に第3章では，従来あまり研究されてこなかった中東地域の経済に関して分析する。近代化論の狭間として辺境化（marginalization）の可能性が指摘される中東地域の発展を，どのようにして確保するかを考えておくことが，地域統合が世界各地で進む中できわめて重要な意味を持つと考えられるからである。

第1節　インドネシアの事例

1．インドネシアの産業政策

　インドネシア経済は，80年代および90年代の高成長の後，97年および98年に発生した経済危機の影響を受け，成長率を大幅に低下させることになった。90年代においては，経済危機発生までの期間では，インドネシアは7％から8％という高成長を遂げ，特に工業部門が10％を超える成長率となっていた。サービス部門も高い成長を続け，一方，農業部門は成長率が5％以下と相対的に低く，見劣りする産業となっていた。

　ところが，97年に経済危機が発生すると，好調と見えた工業，サービス部門が15％にも達するマイナス成長となり，インドネシア経済の停滞の原因となり，他方，農業部門がマイナス1％程度で踏みとどまったことで，都会で生じた失業者の受け皿となるという傾向が見られた。

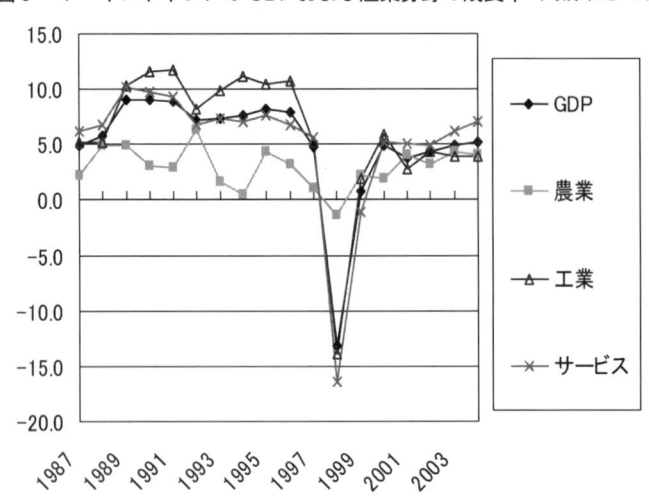

図3－1　インドネシアのGDPおよび産業分野の成長率（対前年比：％）

（資料）アジア開発銀行，Key Indicators 2005より作成

インドネシア経済の発展過程は，何度か大きな方針転換をたどってきており，政権交代と絡んだ混乱の時期を何度か経ている。Pangestu（1994）の分類によれば次の通りとなっている。
　　1949年の独立以後65年まで　強い内向きの経済政策
　　65年から74年　緩やかな内向きの政策（国際資本の投資も実施される）
　　1974年から82年　ナショナリズムへの回帰，内向きの政策（オイルブーム期）
　　82年から85年　強い内向きの政策
　　86年以降　外向きの政策が強まる

　また世界銀行によれば，インドネシアの貿易政策は，以下のように区分けできるとされる（World Bank 1994 p. 123, p. 134）。
　　1948年から66年　民族主義と政府主導型開発
　　1967年から73年　対外指向の新秩序政府，外国投資法制定，外資導入・対内投資促進（第一次輸入代替）
　　1974年から81年　石油・一次産品ブーム（高度成長）と非石油輸出の促進，輸入代替工業化政策は抑制へ
　　1982年から85年　外部ショックへの調整（債務累積，投資資金不足，外資導入激減）
　　1986年以降　規制緩和と対外指向，外国投資への開放

　歴代の政権の在位期間を見ると，1945年から67年がスカルノで，その後，スハルト政権は98年まで続いた。スハルトの後は，ハビビ（1998〜99年），ワヒド（1999〜2001年），メガワティ（2001〜04年）と短期政権の交代が続き，2004年にユドヨノ政権が成立している。
　スカルノが民族主義的な立場が強く，政府主導の開発政策を実施するという傾向が強かったのに対し，後を継いだスハルト政権は，対外的な開放政策を採用するという差異があった。インドネシアの経済政策は，当初の石油輸出に依存しつつ，輸入代替あるいは国内投資を促進する政策から次第に転換していく。
　産油国であるインドネシアは，70年代にはオイルブームにより多額の石油

輸出収入を得るが，広大な国土と豊富な人口を持つために，インフラ整備も途中段階に止まった。その後，80年代に入ると，原油価格が下落するとともに，対外援助への依存度が高まらざるを得なくなる。インドネシア政府は，輸出指向工業化政策に踏み切り，順調に工業化を進め輸出額が急増したと見えたときに，97年の金融危機が発生した。

インドネシアは，石油価格が順調に増大した70年代から80年代初めまでは，財政政策面での抑制が効いていた。1982年までのインドネシアにおける財政政策は，国債の発行は行わず，「政府経常収支と経常支出との差である政府貯蓄と外国からの援助・借款との合計内に政府の資本支出をおさえるという原則」(原 1992 p. 252) が採用されてきた。

しかし，1982年から始まった石油価格の下落傾向により，インドネシアでは財政に余裕がなくなり，1983年3月にはルピアの切り下げを実施せざるを得なくなる。また政府プロジェクトの延期が行われた (Far Eastern Economic Review, 1983. 8. 18)。1986年には新包括経済政策 (1986 May Package) が発表され，ルピアの再度の切り下げ，外資参入範囲の拡大，輸出振興策の導入が行われた。こうした一連の緩和策導入の効果は大きく，その後インドネシア経済は外資企業の進出が相次ぎ，輸出指向の経済発展が続くことになる。

2．輸出入動向

インドネシアは1997年の経済危機発生までは，輸出を大きく伸ばすとともに輸入額も増大しており，貿易収支はプラスを維持し，そのほかサービス収支はマイナスであることから，経常収支はマイナスとなっていた。ところが97年に経済危機に陥ったことで，輸入を削減する政策をとり，輸入額が大幅に減少する状態を生むことになった。輸出額と比べると輸入額の落ち込みが大きく，貿易収支はプラスとなり，経常収支もプラスとなった。しかし，こうした輸入抑制政策は，結果としてみてもインドネシア経済の全面的な回復をもたらしていると言うことはできない状況がある。

インドネシアでは，輸出額の変動を常に上回るように輸入額が変動してきた。図3－3で示すように，輸出額が伸びると，その伸びを上回って輸入額

が伸び，そのために貿易収支はマイナスの伸びとなった。90年代後半における経済危機に際しても，いったん輸入抑制を図り貿易収支は黒字化したものの，そうした抑制策は長くは続かず，輸出が増大した際にはその輸出の伸びを上回って輸入が伸び，貿易収支は赤字となってしまっている。その後も，

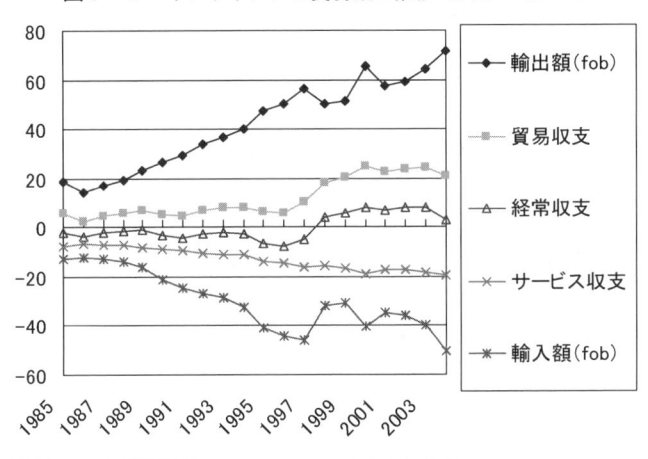

図3－2　インドネシアの貿易額の推移（単位：10億ドル）

（資料）アジア開発銀行，Key Indicators 2005より作成

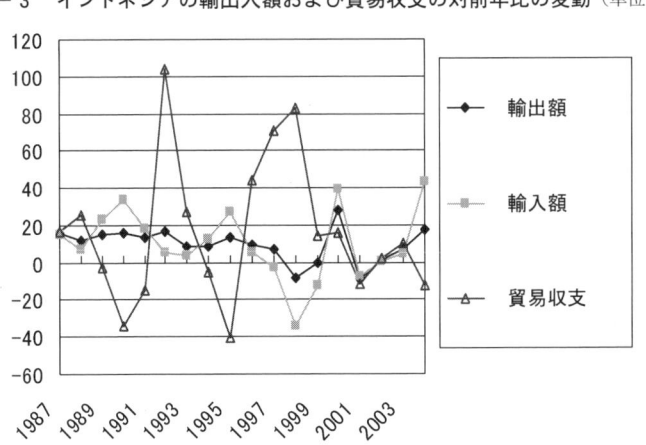

図3－3　インドネシアの輸出入額および貿易収支の対前年比の変動（単位：％）

（資料）アジア開発銀行，Key Indicators 2005より作成

輸出の増大は生じてもやはり,輸入の伸びの方が輸出の伸びよりも大きいという状況が生じてしまっている。

3．雇用状況

図3－4で示すように,90年代前半に3％を下回っていた失業率は,いったん上昇した後,再度上昇に向かい,2003年で9.9％に達してしまっている。失業なき景気回復というインドネシアが真に必要な状態に向かうことができていない。

図3－5は,インドネシアの産業分野別の雇用者数と失業者数を示すが,現在でもインドネシアでは農業従事者数が4,000万人を上回っており,大きな比重を占めていることがわかる。しかも,農業従事者数は近年,増大傾向にある。「その他」に分類されるのは,第3次産業従事者が多いが,その人数は80年代以降,傾向としては増大する方向にあるが,2000年以降においては,むしろ減少する傾向が見られる。インドネシア経済が発展するにあたり大きな役割を果たしてきている製造業に従事する人数は1,000万人を上回っているが,2000年以降においてはむしろ減少する傾向にある。大きく増えているのが失業者数で,製造業従事者数と並ぶ1,000万人に達している（2003年）。

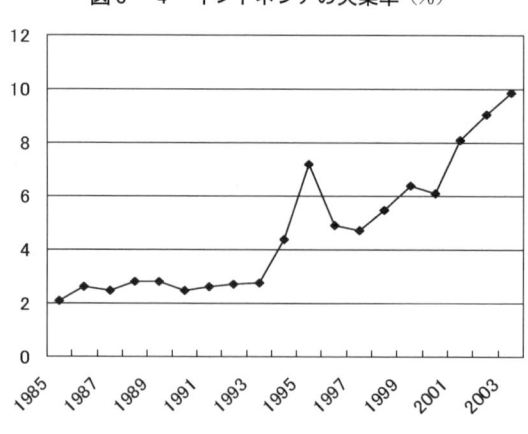

図3－4　インドネシアの失業率（％）

（資料）アジア開発銀行,Key Indicators 2005より作成

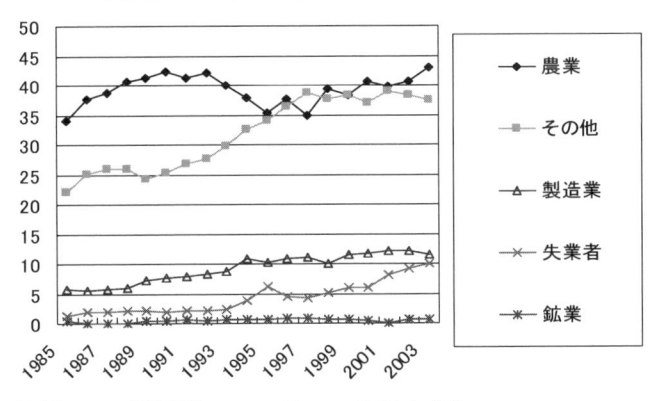

図3-5　産業分野別の雇用者数および失業者数の推移（単位：100万人）

（資料）アジア開発銀行，Key Indicators 2005より作成

　インドネシアはOPEC加盟国として，石油および天然ガス輸出産業が国の発展を支えてきたが，鉱業に従事する人数は少なく70万人前後に止まっている。資本集約的な産業である鉱業（特に石油産業）は，雇用面ではインドネシアの経済に対する貢献が大きくないことがわかる。

　インドネシアでは，80年代の2％台の人口伸び率から，2000年以降では1.3％程度の人口伸び率まで低下が見られる。ただし，失業者数の増大は現在のインドネシアの最大の問題の一つとなっている。

4．経済成長と貿易の内訳

　インドネシアのGDPを図3-6でその内訳として見ると，工業部門がサービス産業部門を1995年に追い抜いており，製造業が順調に発展することで工業部門が今後のインドネシア経済を牽引していくかに見えた。ところが97年の経済危機が発生してしまい，工業部門のみではインドネシア経済の成長を担うことはできず，サービス部門等の第三次産業の役割が拡大するに至っている。一方，農業部門は，傾向としては年々その役割を縮小しつつあるが，ただし，97年以降のインドネシアの経済危機の中では経済の安定化機能を果たし，不振に陥った工業部門を一時的に支える役割を果たしたことが

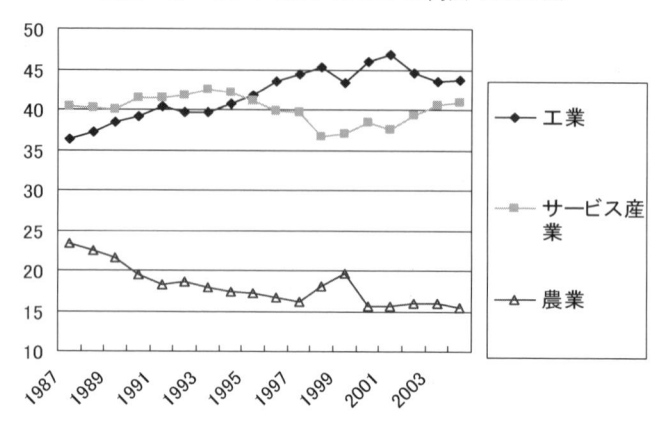

図3－6　インドネシアのGDPの内訳（単位：％）

（資料）アジア開発銀行，Key Indicators 2005より作成

図3－6から読み取ることができる。

　インドネシアにおいて，他の東アジア諸国と同じく輸出主導の経済成長が生じたが，産油・産ガス国であるインドネシアでは，図3－7で示すように，輸出品としては石油・ガス・石炭という炭化水素製品が第1位を占めるが，第2位としては，2000年以降では機械・電気製品となっており，90年代における第2位を占めた繊維製品を金額で追い抜いている。第4位以下は，2004年では動植物油，プラスチックおよびゴム製品，基礎金属，木材関連製品，化学製品が続いている。注目されるのは，97年の経済危機の影響がインドネシアの輸出にどのような影響を与えているかという点であるが，石油・ガス等の輸出が減少するという傾向が生じるとともに，その他の輸出額も減少ないしは停滞する傾向が出てしまっている。

　輸入額の推移を図3－8で見ると，1997年まで大きく伸びてきた輸入額が経済危機後に急減しており，2004年に至っても90年代のピークまで回復していない点が最も大きな特徴である。インドネシアは2004年には石油の純輸入国となっており，石油輸入額が急増している。石油等鉱物資源が2002年より輸入品目の第一を占めるに至っている。2000年代に入るとともに，輸入額が機械・電気製品，化学製品，基礎金属等で急拡大している。今後の雇用全般への波及効果が生じることが期待される状況となっている。

第 3 章　開発政策の吟味

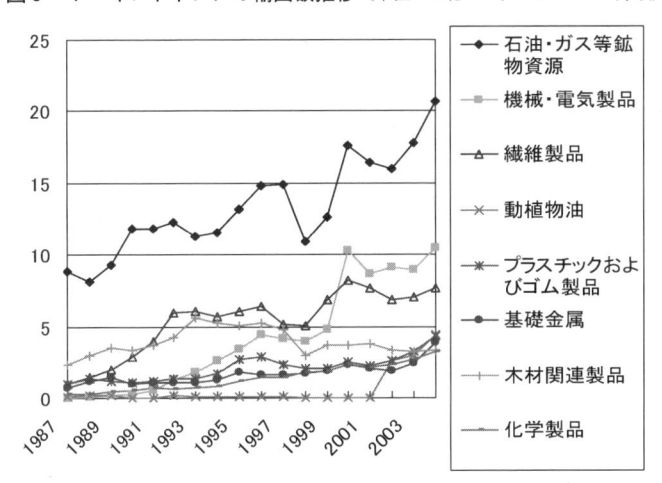

図 3 − 7　インドネシアの輸出額推移（単位：10億ドル，HSC コード分類）

凡例：石油・ガス等鉱物資源，機械・電気製品，繊維製品，動植物油，プラスチックおよびゴム製品，基礎金属，木材関連製品，化学製品

（資料）アジア開発銀行，Key Indicators 2005より作成

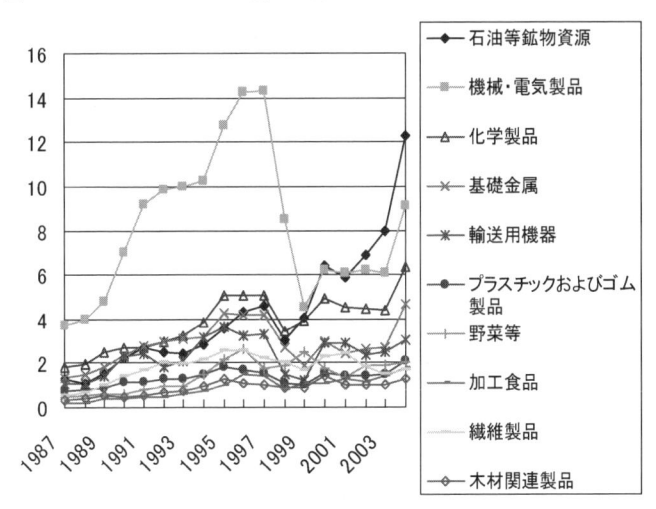

図 3 − 8　インドネシアの輸入額推移（単位：10億ドル，HSC コード分類）

凡例：石油等鉱物資源，機械・電気製品，化学製品，基礎金属，輸送用機器，プラスチックおよびゴム製品，野菜等，加工食品，繊維製品，木材関連製品

（資料）アジア開発銀行，Key Indicators 2005より作成

5．国別の輸出入推移

　インドネシアの国別の輸出先を図3－9で国別に見ると，日本が第1位で米国が第2位，その後にシンガポール，中国，韓国，マレーシアが続いている。中国への輸出額が急増しており，日本向けの輸出額が97年の危機以降に急減したことがわかる。米国，シンガポール，韓国向けの輸出にも影響が出たものの，日本向けの輸出額の急減の影響が大きく，インドネシアの輸出総額の減少を招いたことがわかる。

　図3－10で輸入先を国別に見ると，輸出と同じく，日本からの輸入が図抜けて大きく，2004年現在では中国からの輸入が急増していることがわかる。90年代においては，輸入先は日本，米国の順位であり，第3位以下はシンガポール等の東南アジア諸国が続いていた。日本からの輸入額がピーク時の90億ドルから30億ドル程度と3分の1に急減したことがわかる。日本からの輸入額は機械類の部品等が多くなっており，インドネシアがさらに加工して日本，米国等に輸出することができないことで，輸入の減少が輸出の減少を招くという悪循環が生じてしまうことになった。

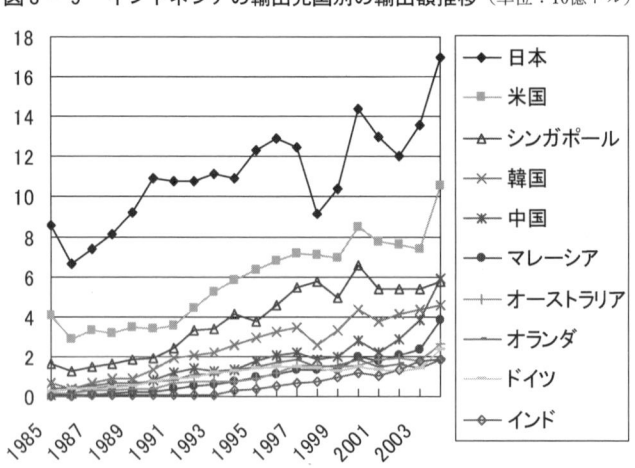

図3－9　インドネシアの輸出先国別の輸出額推移（単位：10億ドル）

（資料）アジア開発銀行，Key Indicators 2005より作成

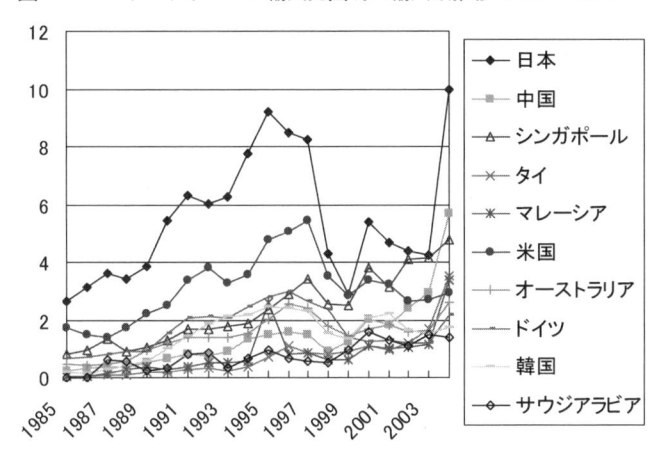

図3−10 インドネシアの輸入先国別の輸入額推移 (単位：10億ドル)

(資料) アジア開発銀行，Key Indicators 2005より作成

6．金融・財政状況

　経済危機の発生により，インドネシア経済に大きな影響を与えたのが為替の暴落である。図3−11で示すように，1997年に1ドルが2,909ルピアであった通貨価値が，1998年には1ドルが10,014ルピアと3分の1以下の価値となってしまった。その後もルピアの価値は上昇しておらず，輸出産業にとってはチャンスが拡大する効果はあるものの，輸入物価が，現地通貨のルピア建てで見ると急騰する効果を生んでしまい，購買力が激減した。

　インドネシアでは，経済危機とともに為替は急落，金利は急騰，インフレが国民を直撃し，2年ほどで物価は現地通貨で見て2倍程度に上昇した。インドネシア政府は，通貨価値の下落に従い，流通通貨量を急増させる必要があり，マネーサプライも急増した。

　財政難を乗り切る必要が生じ，またIMFからの指導もあって，インドネシア政府は補助金の削減を図るとともに，ガソリンのようなインドネシアにおいて贅沢品である石油製品については大幅な価格引き上げを図った。一方，軽油・灯油・LPG，電力価格のような必需財の価格は，ガソリンとは別に，

時間をかけて値上げするという方策をとることになった。

なぜインドネシアで経済危機が発生したのか，危機からの回復に他の危機が狙い撃ちにしたタイ，韓国等の諸国と比べると回復に時間がかかってしまっているのかを検討する必要がある。

図3－11　インドネシアの為替レートの推移（単位：1 US ドル＝ルピア：Rupiah）

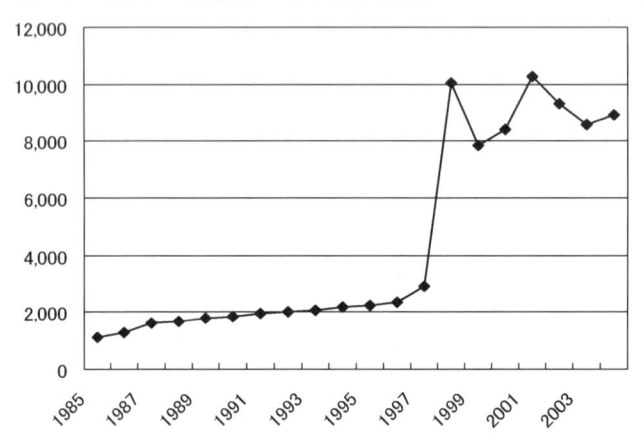

（資料）アジア開発銀行，Key Indicators 2005より作成

図3－12　インドネシアの対外債務額の推移（単位：10億 US ドル）

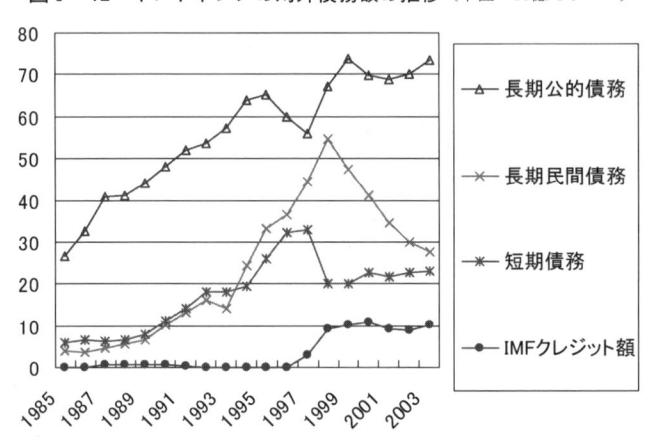

（資料）アジア開発銀行，Key Indicators 2005より作成

図3-12を見ると明らかなように，インドネシアは経済発展を遂げると同時に，対外債務額も急増してきていた。日本を中心とする対外援助額が対外公的借り入れとして積み上がり，長期公的債務額が増大していた。
　一方，毎年のインドネシア政府予算は，石油輸出収入の多寡に応じて変動しており，不安定な状態が続いていた。予算の不足分は援助頼みとなっていた。
　債務残高の累積は年々の金利支払いを増大させ，金利返済額は1996年のみでも，長期債務分が51億ドル，短期債務分が15億ドルに達していた。また債務元本の返済額は1996年には149億ドルであった。
　このように長期公的債務の累積が重荷となるとともに，それに加えて，長期民間債務と短期債務がいずれも急増してきていた。97年の経済危機発生後は，短期債務をIMFクレジットで支えるとともに，短期債務から長期債務への振替を行う動きもみられたことが図3-12からわかる。また，長期公的債務の減免も実施されている。
　輸入を抑制することで経常収支を黒字化するとともに，債務返済を進める政策がIMFの指導の下で採用された。ただし，東アジアの他の諸国と同じく，インドネシアも輸入を増やしつつ輸出を増大させるという双方向の貿易を積み重ねる中で産業の発展を遂げてきており，輸入抑制は，輸出の伸びの鈍化を招いてしまうことになった。特に日本との関係では，輸入が減少したことが，そのまま輸出額の減少に結びつくこととなった。石油・ガス・石炭等の輸出量と輸出額に大きな変化がない中，日本との貿易量の激減が生じたのは，輸入しつつ輸出するという双方向の取引ができなくなったためであると考えられる。
　インドネシアはルピアの引き下げをたびたび行ってきており，クローリングペッグ方式と呼ばれる毎年の為替レートの調整を80年代において実施した。関税引き下げ，輸入規制の緩和も逐次実施されており，日本を始めとした各国からのアウトソーシング（海外調達）型の投資受入れも80年代においては順調に進んでいると評価された。
　それでも広大な国土と人口，それに島嶼国であるという特徴を持つインドネシアは，国内の基礎的インフラを整備することに多大の時間と投資を要した。また，ジャワ島のみに投資と開発が集中することを分散させる必要も

あった。80年代後半以降のインドネシアの投資ブームは、バブルの様相を呈してしまい、それだけにいっそう97年の金融危機の影響が大きく、回復にも手間取ってしまう結果となったと言うことができる。

7. 80年代の構造調整政策の評価

97年の金融危機の発生は、80年代における石油価格の急落、その後の世銀・IMFの指導を受けた構造調整政策の実施、さらに外資誘致による投資ブームの中で準備されてしまったと見ることができる。

インドネシア国内の制度の基盤強化は遅れていたことは事実である。80年代においても国内向けの補助金の支出は依然として続いており、また非効率な国営企業も多く存在したままとなっていた。70年代の石油価格高騰の下、インドネシア政府は国内投資を増やし、自国産業の育成を図ったが、国内の需要を喚起することには成功せず、「石油収入と外国援助のもたらす購買力に依存して成長した経済は、GDP推計において示される付加価値生産の実質成長が必ずしも所得増大による購買力の拡大を実現しない、というパラドックスをもたらしてしまった」と指摘される（小黒 1987 p.242）。労働集約的な産業に強みを持つはずのインドネシアでの産業立地が、実はハイコストエコノミーと呼ばれる国内障壁の多さにより妨げられるという状況が存在した。政府が熱心に輸入代替産業の育成を図っても、内需の規模が小さいために生産を縮小せざるを得ず、低操業率となり、そのため製造コストは上昇するという悪循環が生じた。完成品で輸入した方が、部品輸入をして国内で生産するよりも安いという負の付加価値が生じる事例も見られた（世銀1986）。板ガラス、カラーテレビでこうした逆転現象が顕著となっていた。

インドネシア政府は5カ年計画を策定し、79年から84年が第3次5カ年計画、84年から89年が第4次5カ年計画、89年から94年が第5次5カ年計画と作成されてきた。

オイルブームが終息に向かい、原油価格が下がる中、1983年から世銀・IMFの下で、インドネシアでは構造調整政策が導入され、まずルピアの切り下げが行われた。

84年から実施予定の第4次5カ年計画では、国内における重工業化、資源

加工，資本財，中間投入財の生産を目指すとの内容で計画がいったん作成されたが，1985年からは，国家による投資，政府指導，輸入代替という政策は皆，輸出指向政策にとって替わられることになる（Hill 1992 pp. 204-257）。

国内においても民間依存を高める必要があるとの判断から，構造調整政策を実施しつつ金融規制緩和も急速に進められ，国内商業銀行の利子率規制の緩和，融資上限の撤廃等も実施されてしまう。構造調整政策がGDPで表される経済指標を優先して進められており，内需の拡大，既得権益者への一定の痛みを伴った改革へと進むことができなかった点が大きな課題として残り，結果として国内制度の整備とセーフティーネット構築が足りず，97年の金融危機を招いてしまうことになったと考えられる。

国民に分かりやすく，合意を求めることができる指標を準備することは，国民がいっそうの発展と所得の向上を望んでいるインドネシアでは，なかなか難しかったことも事実である。1997年の金融危機後に続くことになった経済停滞の原因は，構造的な要因として，インドネシアの発展の過程において以前から組み込まれていたと見ることができる。

第2節　中東産油国の事例

中東諸国の経済成長率は，2003年以降の原油価格の急騰により引き上げられ，70年代のオイルブームを凌ぐほどの高成長が達成されている。ただし，90年代の中東産油国の状況を見ると，中国および東南アジア諸国等の高い成長率と比べ，低位に止まり，好況と不況は石油価格次第という状況が生じていた。財政を安定的に推移させるだけの石油価格が維持された際にのみ，中東産油国の経済が石油収入により下支えされた状況が生じており，中東産油国における石油依存経済からの脱却は容易ではない状況が存在した。

2003年以降の中東産油国は，原油価格高騰の下で，産油国経済が持つ構造的な課題は一時的に見えなくなっているが，今後，原油価格の揺り戻しが

あったときには再度，大きな課題として出現せざるを得ない。原油価格高騰以前の状況を分析することで，中東産油国が保有する強さと弱さがどこにあるのか，原油価格の高騰がいずれ調整され，原油価格が低下する場合に，中東経済が再度直面することになると考えられる状況が何かを検討する。

1．中東経済の動向

　90年代から2000年代初めにかけて，中東諸国が成長から取り残されるのではないかと危惧する研究が発表された。世界のグローバリゼーションの動きから取り残されて，周縁化（マージナライゼーション）されてしまうのではないかとの危惧である。中東諸国は貿易自由化を始めとする経済改革を進めているが，中国や東欧諸国における90年代から2000年代初めにかけての経済の好調さと比べると，「停滞」と呼ばざるを得ない状態にあると評価された（Hoekman 2000 p.1以下）。

　表3－1で示すように，1970年以降，2001年までの実質経済成長率の推移を見ると，中東諸国の経済成長率は90年代以降に入ると概ね5％前後，あるいは5％を下回る程度となっており，低位安定化してきていた。

　1970年以降の時期を10年ごとに区切ると，1970年代は平均で7.6％の成長率，1980年代（イラクを含めない数値）は3.0％，1990年代は3.9％，2000年と2001年の平均では3.4％となる。ただし，1980年代にイラクを含めると成長率は1.8％に低下する。

　表3－1で示した7カ国のうち，世界最大の産油国であり，世界の石油需給の調整役（スウィングプロデューサー）を果たすサウジアラビアを取り出して経済成長率の推移を見ると，図3－13で示すように，1993年以降2000年までの間では，明らかに成長率が低位に止まっていた。1982年に生じたように，10％を上回る大幅なマイナス成長を記録するような経済の停滞は，90年代には生じていないが，安定的に推移する傾向が生じていた。

　このように90年代に成長率の低下傾向が生じた理由としては，悲観的解釈をするとすれば，一次産品の輸出依存経済の限界という理由が上げられた。一方，楽観的な解釈をするとすれば，石油価格に左右されないところまで経済規模が拡大した結果ということができる（例えば，2003年3月におけるサ

第3章　開発政策の吟味

表3－1　中東諸国の経済成長率の推移 (1970～2001年)

	70	71	72	73	74	75	76	77	78	79	80	81	82	83	84	85
Saudi	14	15	20	15	0	9	15	6	7	10	8	2	-11	1	-3	-4
Kuwait	3	8	4	-5	-10	-8	9	0	7	14	-21	-19	-12	10	5	-4
UAE					14	6	15	17	-2	25	26	3	-8	-5	5	-7
Oman	14	1	10	-14	11	24	21	1	-4	4	6	17	12	17	17	14
Syria	-4	10	25	-9	24	20	11	-1	9	4	12	10	2	1	-4	6
Jordan							24	7	21	9	19	5	7	2	9	3
Iraq	3	8	-5	17	4	10	14	6	10	37	-18	-40	-13	42	0	-14
Iran						5	17	-1	-11	-8	-13	-3	15	13	1	2
Egypt	6	3	2	1	2	9	15	13	6	6	10	4	10	7	6	7
	6.0	7.5	9.3	0.8	6.4	9.4	15.7	5.3	4.8	11.2	3.2	-2.3	0.2	9.8	4.0	0.3

	86	87	88	89	90	91	92	93	94	95	96	97	98	99	00	01
Saudi	6	-1	8	0	9	10	3	-1	0	0	1	2	2	-1	5	1
Kuwait	9	8	-10	26				34	8	5	-3	1	3	-2	4	-1
UAE	-19	6	-2	14	18	0	3	-1	2	6	10	2	-6			
Oman	2	-3	6	3	8	9	7	7	4	3	3	6	3	0	5	
Syria	-5	2	13	-9	8	8	13	5	8	6	4	2	8	-2	1	3
Jordan	7	3	-2	-13	1	2	19	5	5	6	2	3	3	3	4	4
Iraq	-19	-1	-10	7	-31	-51										
Iran	-9	0	-4	4	11	11	6	2	1	3	6	3	2	2	6	5
Egypt	3	3	5	5	6	1	4	3	4	5	5	5	5	6	5	3
	-2.8	1.9	0.4	4.1	3.8	-1.3	7.9	6.8	4.0	4.3	3.5	3.0	2.5	0.9	4.3	2.5

(資料) World Bank データより作成

ウジ中央銀行エコノミストに対するインタビューにおいて，この楽観論に基づく説明が先方よりなされた）。

次に，中東諸国の一人当たり実質 GDP の推移を，1975年から2001年まで，データが揃う8カ国について見る。1995年の実質価格で示した図3－14では，35,000ドルを超えていたアラブ首長国連邦（UAE）の一人当たり実質 GDP が，その後2万ドルを下回るまでいったん数値が低下した。世界的に見ても，UAE ほど大幅に所得を減らした例は少なかった。クウェイトでも，90年代にいったん回復に向かったものの，その後再度低下する傾向が見られた。サウジアラビアもかつては1万ドルを上回ったが，その後長期低落傾向が見られた。中東諸国内で唯一堅調に一人当たり GDP を伸ばしているのは

図3−13　サウジアラビアの経済成長率推移（％）

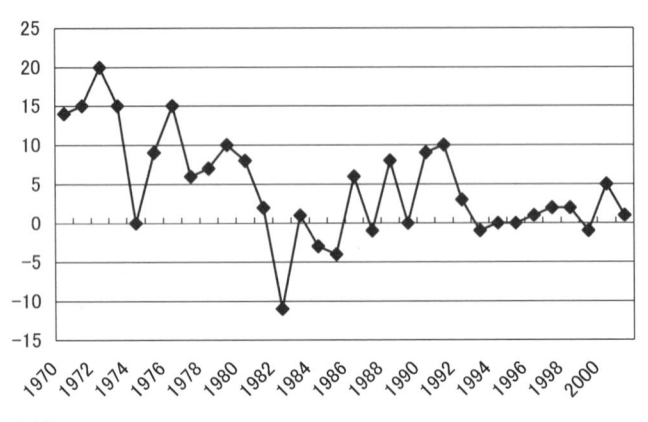

（資料）World Bank

図3−14　一人当たり実質GDPの推移（1975〜2001年）（constant 1995 US＄）

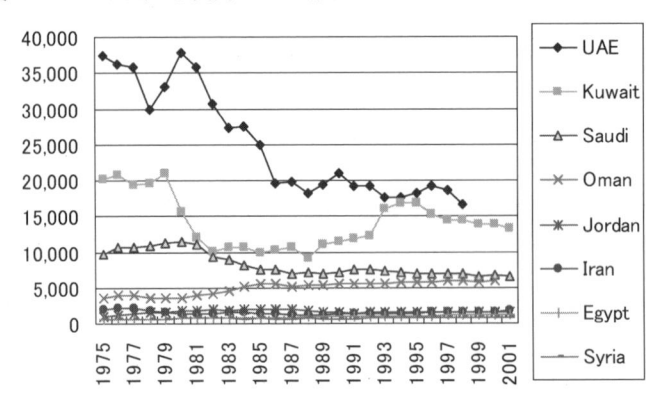

（資料）World Bank

オマーンである。

　次に，図3−15で購買力平価で見た一人当たりGDPの推移を見ると，UAE，クウェイト，サウジといった諸国で，特に90年代には伸びが見られない一方，オマーン，ヨルダン，エジプト，シリアといった非OPECの諸国で，一人当たりGDPの伸びが生じていることが読み取れる。

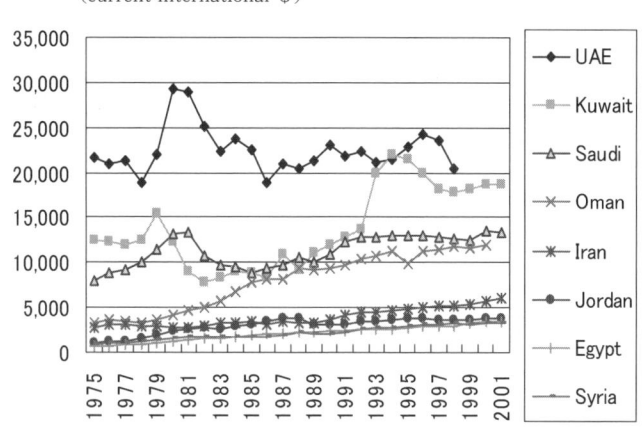

図3−15 一人当たり実質GDP（購買力平価：PPP）の推移（1975〜2001年）
（current international ＄）

（資料）World Bank

　OPEC産油国経済の伸びの鈍化，あるいは停滞する傾向が生じている一方，非OPEC諸国あるいは非産油国における一人当たりGDPの堅調な伸びが見られることで，中東域内では，経済が停滞する中で，格差の是正あるいは成長の収斂の傾向が生じていることになる。

2．石油価格と中東経済

　中東産油国の今後のエネルギー供給者としての役割に，変化が生じるかどうかについて次に検討する。世界のエネルギー需要を2030年まで予測したIEA World Energy Outlook 2005によれば，エネルギー需要の伸びは，2003年から2030年の間で年率で見て，石炭が1.4％，石油が1.4％，天然ガスが2.1％，原子力が0.4％，水力が1.8％，バイオマスが1.4％，その他の再生可能エネルギーが6.2％で伸びると予測されている。

　エネルギー需要量全体のうちで石油は現在のところ最も需要量が多いが，この石油の需要の伸びが今後も1.4％程度で続くと予想されている。石油は需要の絶対量が他のエネルギー源と比べて大きいため，ガスの需要量が今後年平均2.1％で伸びても，石油を需要量において逆転することはないと予測

される。このように石油需要に関しては，堅調な伸びが予測されている。このため図3－16で見るように，2030年において石油とガスの消費量を比べると，石油が55億トンであるのに対して，ガスは39億トン（石油換算）であり，石油が4割近くも多いとの予測となっている。石油需要が今後も着実に伸びるために，埋蔵量が潤沢な中東諸国への依存は今後も続くことが予測できる。石油依存が可能な状態が中東では続くことが予測できるために，むしろ危機感が不足して経済改革が遅れる可能性が存在している。

なお，現在では，シェル社のように2025年ですでに石油の使用量にガスの使用量が追いつくとのシナリオを発表しているところもあるが，環境を重視する会社の姿勢を意図的に強調する狙いがあってこのようなシナリオを作成している可能性がある。実際には，途上国の現状から考えても，ガスよりコスト的に安価に供給できる石油需要は堅調に伸び，2030年における石油消費量のうち，中東依存度は依然として現状の28％程度は維持すると予測できる。中東諸国の一次エネルギー供給先としての重要性は，今後も減ることはないと考えられる。

石油は，輸送がガスおよび石炭と比べても容易であり，しかも国際商品であるために，販売価格も指標となるドバイ等の原油の価格に基づいて容易に透明性のある価格が算出できる。つまり，産油国は石油収入額を予め一定程

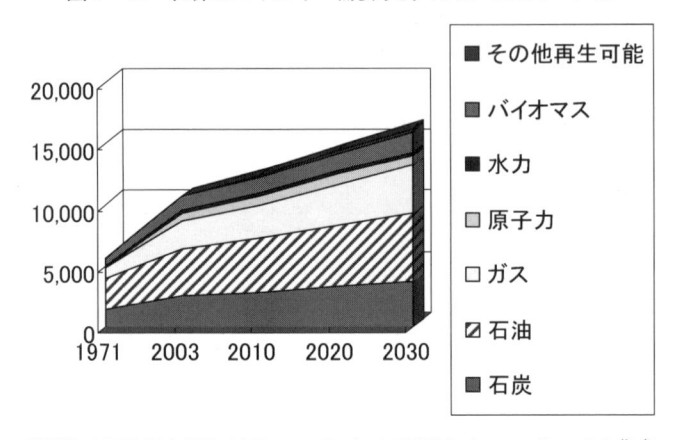

図3－16　世界のエネルギー需要予測（単位：100万トン／年）

（資料）OECD IEA "World Energy Outlook 2005" Reference Case より作成

表3-2　国際収支パターン（△赤字，＋黒字）

	貿易収支	投資収益収支	援助	経常収支	長期資本収支
未成熟債務国	△△	△	＋	△△	＋＋
成熟債務国	△〜＋	△△		△	＋
債務国から債権国へ	＋	△		△〜＋	△〜＋
未成熟債権国	＋＋	△		＋	△
成熟債権国	＋〜△	＋＋	△	△〜0	△〜0
債権国から債務国へ	△△	＋		△	
中東産油国	＋	＋	△	＋〜△	△〜＋

（筆者作成）△△は大幅な赤字を示す。△〜＋は赤字と黒字の両方があり得ることを示す。

度毎年見込めることになる。

　表3-2で国際収支の標準的なパターンを示すが，中東産油国の発展パターンは下段に示すように，ゆっくりと産業を育てながら先進国入りを目指す他の一般的な途上国の発展のパターンとは大きく異なっている。突然の石油ブームにより，たなぼたの利益が入るために，途上国としてインフラ整備，資本財の輸入が，輸出の増大と同時に生じて，貿易収支はあまり大幅な黒字とはならず，海外への投資を熱心に進める傾向がある。中東産油国は貿易収支の黒字に加え，投資収益が純流入となり，これもプラスとなる。ただし，石油収入の最貧国，近隣の非産油国，イスラム諸国への還流に務めることから，援助のための支出は大きい。こうして経常収支は，石油価格が高騰するとプラス，石油価格が暴落した場合にはマイナスと，明らかに石油依存で浮沈が分かれることが多い。長期資本収支も，投資収益の多寡に従い，プラスの場合とマイナスの場合とが生じることになる。

　図3-17は中東諸国を含めた途上国への資金流入の状況の推移を，1950年代から順に追って作成したものである。50年代から60年代は公的資金にのみ依存する状態が続き，続いて70年代には，オイルマネーの還流が大きな課題となった。80年代の逆オイルショックの中で債務危機が途上国で発生し，その債務を処理するために公的資金化という動きが生じたことを示している。90年代には民間資金への依存が生じたが，ただし，短期資金への依存度が高くなりすぎたアジア諸国では，通貨危機が発生してしまった。

図3－17　途上国への資金流入状況

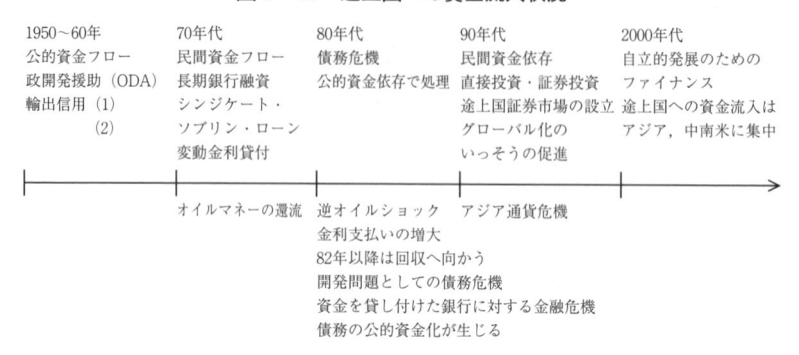

1950～60年代	70年代	80年代	90年代	2000年代
公的資金フロー 政開発援助（ODA） 輸出信用（1） 　　　　　（2）	民間資金フロー 長期銀行融資 シンジケート・ ソブリン・ローン 変動金利貸付	債務危機 公的資金依存で処理	民間資金依存 直接投資・証券投資 途上国証券市場の設立 グローバル化の いっそうの促進	自立的発展のための ファイナンス 途上国への資金流入は アジア，中南米に集中
	オイルマネーの還流	逆オイルショック 金利支払いの増大 82年以降は回収へ向かう 開発問題としての債務危機 資金を貸し付けた銀行に対する金融危機 債務の公的資金化が生じる	アジア通貨危機	

（筆者作成）

2000年代に入ると，アジア通貨危機への反省と打撃から立ち直るために，自立的発展のためのファイナンスが行われるとともに，途上国においても，資金流入が比較的順調に進む地域と，そうでない地域との選別が進むことになった。資金が豊富に流入する傾向があるのは，中南米諸国とアジア諸国であり，資金の流入が細る結果が生じたのは中東諸国である。アフリカに対しては依然として資金が回らないという状況が続いた。

2000年代初めまでの中東諸国に投資資金が回らない状況は表3－3で確認できる。中東とアフリカを合わせた直接投資資金額は，2000年において世界の0.9%を占めるに過ぎず，中国が3%を占め，アジアNIES（新興工業経済地域）が6.7%を占めるのと比べても大変に少なかった。しかも，イスラエルが中東とアフリカの合計の0.3%を占めており，イスラエルへの直接投資額を除くと，中東アフリカ向けは0.6%に過ぎない。

2001年においては，イスラエルへの投資額はIT不況で大幅に減少しており，中東アフリカの比率はさらに低下していると見られる。しかも2001年には，トルコおよびサウジへの投資も減少したと報告されており，中東が世界経済の中で占める役割はさらに小さくなった（UNCTADレポートより）。

世界の投資資金が中東諸国に回らないという状況を改善していくためには，多様な施策を採用する必要がある。例えば貿易を活発化させ，輸入障壁を撤廃することが重要である。物資・資材の輸入が国内産業の保護のために

表3－3 中東への直接投資額推移（国際収支ベース，単位：100万ドル，％）

	97年	98年	99年	2000年	シェア：％
世界計	477,918	692,544	1,075,049	1,270,764	100.0％
中東アフリカ計	12,641	14,293	9,908	11,625	0.9％
サウジ	3,044	4,289	△782	1,000	0.1％
UAE	232	253	△13	100	0.0％
カタール	418	347	144	303	0.0％
バハレン	329	180	448	500	0.0％
クウェイト	20	59	72	16	0.0％
イラン	53	24	33	36	0.0％
エジプト	891	1,076	1,065	1,235	0.1％
イスラエル	1,628	1,760	2,889	4,392	0.3％
日本	3,200	3,268	12,308	8,277	0.7％
中国	44,237	43,751	38,753	38,399	3.0％
アジアNIES	29,428	26,726	44,043	85,035	46.7％
ASEAN	16,307	11,946	7,573	6,387	0.5％
米国	105,590	178,200	301,020	287,680	22.6％
EU	130,338	259,429	486,728	782,801	61.6％

（資料）UNCTAD, World Investment Report

スムーズに行われない場合には，海外からの投資資金の流入にも課題が存在していることを意味する。

　国際貿易が活発化することは，国内産業の育成と活性化のためにも重要である。国際貿易と経済発展の達成との間には，きわめて緊密な関係が存在していると考えられるからである。一般的な議論としてだけでなく，中東諸国の経済発展を考える際にも，この議論は当てはまると考えられる。中東諸国の経済発展において最も重要となるのは，生産性の向上である。生産性の上昇が生じると，そこから生産拡大が生じ，生産の拡大は所得の増大とさらに生産構造の高度化をもたらす。また，所得の増大は即ち消費構造の高度化に結びつき，経済発展がこの要因に基づき発生する。所得が増大すると消費も増大し，消費の増大は消費財輸入の増大をもたらす。消費財輸入の増大は，国内市場における競争の拡大を生じさせ，国内での競争の激化は生産性の上昇をもたらす。

　一方，生産性の上昇によりもたらされた生産拡大および生産構造の高度化

図3-18 中東諸国の経済発展のための経路

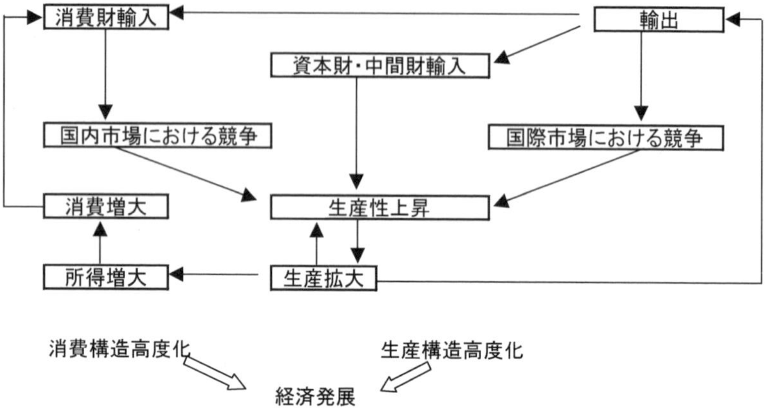

```
消費財輸入 ← ──────────── 輸出
    ↓  ↖ 資本財・中間財輸入 ↗   ↓
 国内市場における競争        国際市場における競争
    ↓         ↘      ↙          ↓
 消費増大  →   生産性上昇   ←
    ↑              ↓
 所得増大  ←    生産拡大
```

消費構造高度化 ↘   ↙ 生産構造高度化
　　　　　　経済発展

（資料）朽木ほか（1997）に基づき筆者作成

は，輸出競争力の向上をもたらす。こうして輸出が実際に増大し，国際市場での競争に国内輸出企業がさらされることは，やはり国内企業の生産性の向上をもたらす。輸出の増大はまた国内における資本財および中間財の輸入の増大をもたらし，この資本財および中間財の輸入の増大にもとづいて，生産設備の高度化，さらには生産性の向上が生じる。

　貿易理論と中東の発展との関係をここで確認しておくことにする。そのためには，中東諸国の比較優位産業が何かを考えておく必要がある。中東の産油国において，絶対優位産業として石油産業を位置付けることができるかが課題となる。石油埋蔵量の保有高においては，中東諸国は圧倒的な優位さを確保しており，スーパーメジャーと呼ばれる国際石油企業がいずれも10年分をわずかに上回る程度の石油およびガスの埋蔵量を各々保有しているのと比べ，中東諸国は100年分を超えるような膨大な生産可能な石油・天然ガス資源を保有している。ただし，生産可能年数が多いことは，例えば利潤をあげるという立場で考えた場合には，必ずしも優位さを意味しているわけではない。100年先には炭化水素に依存せずに水素が製造され，しかも水素が効率的に利用できる技術が確立している可能性がある。炭化水素資源は，残存量があっても使用されなくなっている可能性すらある。ということは，膨大な埋

蔵量の保有を誇っても，それは退蔵されている不良在庫の存在を意味してしまう可能性がある。むしろ安易に資源の販売に依存する経済構造を採用することは，装置産業等の労働生産性に劣り，資本生産性が優る産業のみを育成してしまう。劣位産業を保護してしまうことは，産油国にとり負担となる。ヘクシャーオリーンの定理によれば，資本と労働という生産要素の構成比により，各国の輸出と輸入の構造は決定されるとされる。労働集約財と資本集約財の輸出の決定は，効率性に依存すると考えられる。そうである以上，比較劣位をもたらす可能性が高い国内産業の保護政策は極力削減する必要がある。

次に，ポール・ローマー等により主張された内生的経済成長理論においては，経済活動により引き起こされた学習効果により持続的な経済成長が可能となるとされる。産業が発展するとともに生じる収穫逓減の効果は，この学習効果が働くことで回避は可能と判断された。このように発展のための機会を自己目的化するような機能を取り込んだ産業を育てるためには，規制あるいは保護政策の存在は，むしろ障害となる。

このように考えられる以上，中東の特に産油国においては比較優位である可能性が高い石油産業において，自立した産業としての石油産業が育つように政策を再構築する必要がある。

中東産油国における自立した石油産業の育成が，一つの課題であることがわかった。ただし，石油産業は原油価格の変動により収益が大きく変動し，石油価格にまさに翻弄されてきた歴史がある。図3－19は，原油価格の変動を1990年以降，月ごとに示している。石油価格は，石油の大消費地である北半球の北米，欧州，極東の需要が増大する冬季に向けて在庫を積み増しながら価格も徐々に上昇し，2月から3月にかけての不需要期入りを前にして，価格が低下するのが一番標準的な値動きであると言うことができる。こうした季節的な値動きに加えて，1990年から91年にかけての湾岸戦争，イラクへの攻撃を前にした動き，2001年の9.11同時多発テロでの需要の急減に伴う価格下落，さらには2003年のイラク攻撃を境にした急騰というように，様々な世界経済上の要因を織り込みながら変動している。こうした価格変動次第で，産油国の経済成長率が大きな影響を受けてきたのが従来のパターンである。

図3-19　原油価格の推移（ドル／バレル）

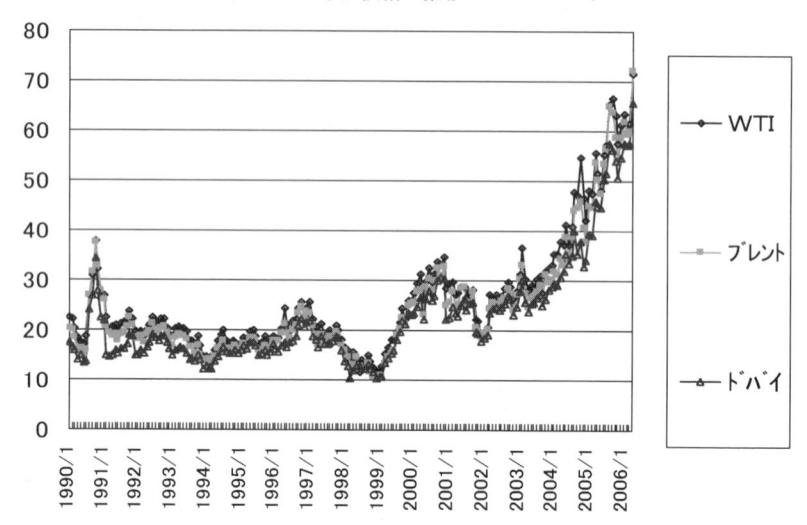

（資料）OECD IEA, Platts, PIW, MEES

図3-20　中東諸国の経済成長率（左軸：％）と石油価格（左軸：ドル／バレル）

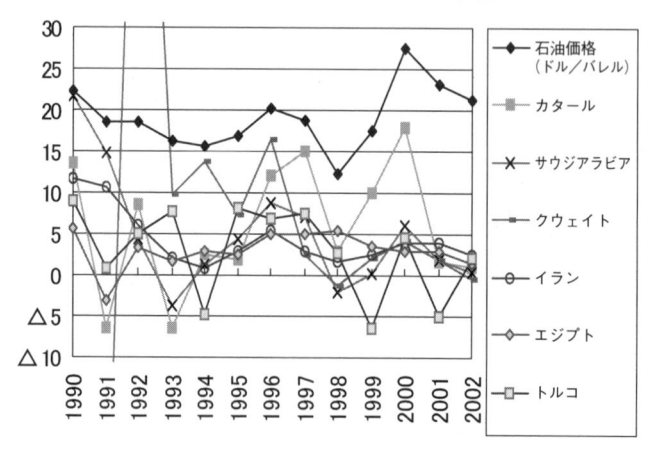

（資料）IMF および OECD IEA

図3-20で示したカタール，サウジアラビア，クウェイト，イランの産油国4カ国は，クウェイトを除いては，石油価格変動に追随して経済成長率が変化する傾向がある。一方，非産油国のエジプトとトルコは，これら湾岸の産油国とは異なった動きをとっている。この点は，表3-4で示すように，経済成長率と原油価格との間で相関係数をとってみると明らかとなる。

表3-4で示す相関係数の数値から，経済成長が石油価格の変動に追随していると判断できる国は，カタール，サウジ，イラ

表3-4　相関係数（原油価格と経済成長率）

	相関係数
サウジアラビア	0.41
クウェイト	△0.11
UAE	0.32
カタール	0.48
オマーン	0.26
バハレン	0.32
イラン	0.36
エジプト	△0.02
トルコ	0.08

（出所）筆者試算

ン，UAE，バハレン，オマーンである。一方，トルコとエジプトは，数値が0に近く，石油価格の動向に影響を受けていないことがわかる。注目されるのはクウェイトで，石油価格の変動に逆行した経済成長が生じていることになる。金融立国を目指し，国外に資産を保有し，投資収益が石油収入に並ぶほどの水準に至っているクウェイトでは，石油価格の動向に左右されないだけの資本蓄積とその運用が行われるに至っていることがわかる。

図3-21でサウジの石油生産量と原油価格の推移を1999年以降，月ごとにとると，原油価格の動向を追うように，サウジの生産量が増減していることがわかる。現在，世界の石油需要の調整役をOPECが引き受けており，そのOPEC内での最大の需給調整役を果たしているのがサウジであるために，明らかにサウジはOPEC内でのスウィングプロデューサー役を果たして生産量を増減させていることが，この図3-21からわかる。このことは，石油生産量と原油価格との間の相関係数をとると，0.43とかなり当てはまりがよいことからも確認できる。原油価格の高騰を冷ますための増産を実施するとともに，価格引き上げのための減産も実施してきたことになる。

図3-21 サウジの石油生産量(左軸)と原油価格(右軸)との関係

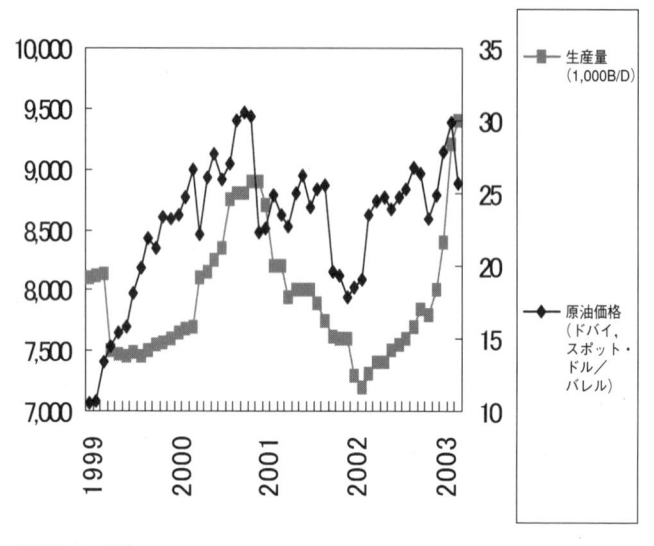

(資料) BP統計

3．中東経済の特徴

　2003年に米英軍のイラク侵攻によりフセイン政権が崩壊し，将来的にはイラクが石油市場に復帰することが予測できる。イラクでは，2010年あるいは2015年といった時期に至れば，外国企業の石油開発への参入の一部容認も，参入条件は厳しくなると考えられるものの，実施される可能性は存在している。こうした動きは，石油消費国にとっては望ましく，イラクの生産が開始されれば，アラビア湾岸に向けて出荷ターミナルを持つイラクからアジア方面に向けての輸出量が増大することが期待できる。欧米に比べるとアジア向けの原油価格が割高であると言われるいわゆるアジアプレミアムの低下も，イラク原油が多量に生産されるようになると，若干緩和する可能性が出てくる。

　イラクの原油はトルコを経由した地中海向けの輸出も行われてきたものの，過半はアラビア湾からの輸出であり，仕向地は主としてアジアであるた

めに，アジア向けの原油輸出が増えることはアジアの消費国にとっては望ましい。

　中東では常に紛争が継続してきており，何か起こるのではないかとの不安感が持たれてきたことで，石油価格には，常に変動する要因が中東地域から提供されてきた。将来的に，もしイラクに安定した親米・親西欧の安定政権が成立すれば，それは中東での紛争懸念が大幅に解消されることを意味する。

　2003年以降原油価格が急騰したが，上がりすぎた価格は是正されざるをえないと考えることが必要である。中東産油国においては，今後，原油価格が低下し，政府歳入が不足し，そのため投資が不足し，民間資金へ依存せざるを得ない事態が生じることも考慮に入れておく必要がある。そのためには，民間企業の育成策を積極的に採用することが必要となっていると考えられる。

　ただし，民間企業の育成を考える際に中東諸国において考察しておくべき課題となるのは，イスラームという宗教がこの地域で大変に大きな力を持っているという点である。西欧流の経済発展に対して，無制限な民間資金を導入することに対しては，中東では当然抑止力としてのイスラームに根ざした動きが生じると考えられる。

　中東地域での経済発展を考える際に，問題設定の仕方として，宗教と文化が異なる地域での発展はどのような意味を持つのかという，根本的なところから考察することが必要とされる（Rodney Wilson 1995）。さらに，中東の発展段階はどこに当たるのかが，西欧社会との比較で考察される必要がある。表3－2で見た発展段階において，中東産油国が，普通に見られるステップを踏まずに，突如，成熟債権国であるかのように振舞うことは，実際には政府，企業等の社会的な組織の整備が不十分なまま，背伸びをした矛盾をはらんだ成長段階にたどり着いている可能性が高い。初期条件の整備が圧倒的に不足であるに違いないことは確かである。初期条件が整わないままに，自律的成長が可能となるための条件が満たされているかを考えると，この点でも明らかに不足があると考えられる。このように経済的離陸の条件を満たしているとは考えられないが，それでも，中東内における経済協力関係の強化に否応なく取組まなければならない状況が，中東域外から促されていることは確かである。

現在では，資源主権を確立しないと途上国の発展はあり得ないとする「従属論」は，その効力を失っている。むしろ積極的に国を開き，グローバル化の中での発展を目指す貿易立国，外国からの投資の誘致を競うという状況が生まれている。したがって，アジアの雁行形態論は中東でも適応可能かが議論されており，先行して飛び地的に工業化を達成した地域をさらに広げていくことが可能か，輸出企業として育てることができるかが大きな課題となっている。

　その一方，中東諸国では，昔から商人の伝統が根付いており，いわゆるバザール・エコノミー論，あるいはスーク（Souks）エコノミー論として知られている商業を主体とする産業の発展の可能性を探る研究が多くなされてきた。このように，中東では国家の役割は何かという点が議論されており，産業を育てることを国の目的とすること，経済政策の担い手となる国というものの役割に対する評価の低さが，中東諸国では生じてきてしまっている。発展の担い手となる産業の育成，そうした産業を地域に根ざした産業として連携させ，サポート産業を育てていくという点で，中東諸国では多くの時間を要しているのが現状である。

　新古典派開発理論の適応可能性という点から見ると，地続きの周辺諸国からの人口移動には昔から比較的寛容であり，したがって労働供給が豊富であり，都市化の中で産業の発展を目指す2セクターモデルを当てはめることが可能な状況が生じている。ただし，イスラーム教の教えが存在するために，西欧流の意味での男女同権は存在しておらず，消費，労働供給においても，歪みが生じる不均斉成長と呼ばざるを得ない経済発展が生じてしまっている。利子の禁止というイスラームの教義は，実際には投資とその利益の還元と，実務処理とで乗り越えられており，資本取引市場の育成と貯蓄と投資に関するデータの捕捉も，現在では大きく進展している。こうした行動様式にきわめて大きな特徴を持つ，いわば「イスラームモデル」と呼ぶことができる経済成長の動向が，データに基づいて検討できる状況が生まれつつあることがわかる。とすれば，石油と経済発展の関係，国際化と地域内貿易の動向，そしてイスラーム教を信奉する人々の比率が圧倒的に高い中東諸国における国家の役割の検討，今後の発展の展望を検討することは，一次エネルギーの重要な供給源であり続ける中東の今後を占う上でも重要なことがわかる。

4．域内貿易の動向

　ここでは，中東地域内での貿易の動向を検討する。どれほど対外開放が進んでおり，貿易に依存する経済となっているかは，{(輸出＋輸入)÷GDP}×100で表される貿易開放度という指数で考察することができる。中東各国につき1975年から2001年まで，この指数を計算すると図3－22の通りである。数値が大きいほど対外開放度は高いことを示す。

　図3－22からわかるように，ヨルダン，UAE，クウェイト，イスラエルが貿易開放度指数の上位を占める。ヨルダンが一貫して100を超える高い比率となっている。UAEも70年代から100を超える値を続けてきたことがわかる。クウェイトも貿易（石油輸出とそれに基づく輸入）に依存する比率が高いことがわかる。イスラエルも，70年代，80年代に比べると徐々に比率を落としながらも，高い貿易開放度指数を維持してきている。シリアは数値を上昇させてきており，貿易量が増大している。サウジ，イラン，それにエジプトは，貿易依存度が低くなっている。人口が多く，国内に一定程度の市場を擁するこれらの諸国では，内需が経済動向を占う上で重要な役割を果たしていると考えることができる。

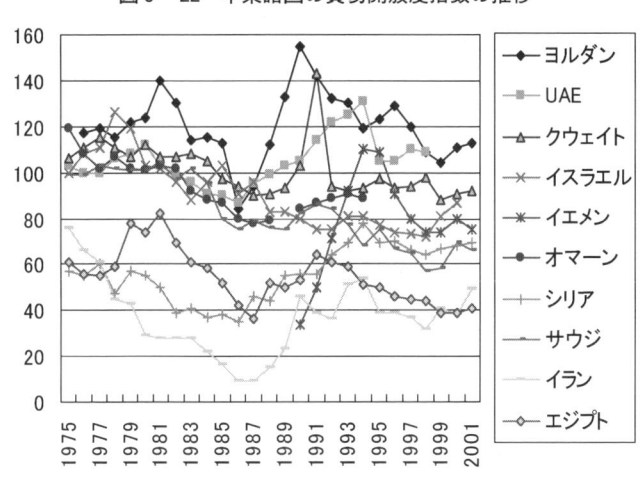

図3－22　中東諸国の貿易開放度指数の推移

（資料）World Bank の数値に基づき算出

次に，中東諸国での貿易の動向を OECD の Direction of Trade Statistics を用いて検討する。
　2001年において，輸出額の総額が大きいのはサウジで700億ドルを超えている。続いて UAE が400億ドル，イスラエルが290億ドル，イランが264億ドル，クウェイトが187億ドル，その他，100億ドルを超えているのがイラク，リビア，カタール，オマーンである。
　輸入額について見ると，総額としては，サウジ，UAE，イスラエルが突出しており，300億ドルを超えている。その他，イランが172億ドル，エジプトが117億ドルと続いている。
　次に，表3－5から中東域内の貿易額を見ると，輸出では，サウジと UAE の域内輸出額が40億ドルを超えていて大きい。続いてイランの域内輸出額が25億ドル，オマーンが13億ドルとなっている。
　輸入額について見ると，UAE の域内輸入額が55億ドル，オマーンが20億ドルとなっている。その他，10億ドルを超えているのはバハレン，エジプト，イラン，ヨルダン，クウェイト，サウジである。輸入額に関しては，比較的均等な横並びの数値となる傾向が生じている。
　域内貿易への依存度（2001年）は，中東全体では，輸出で7.0％，輸入で9.4％となっている。中東全体でのこの貿易依存度の比率を別途計算してみても，約7％から8％台程度の数値で安定的に推移してきている。
　図3－23および図3－24は，表3－5で見た中東域内との輸出比率および輸入比率が高い順に並べたものである。
　輸出比率は，図3－23で示すようにヨルダンとレバノンが高い。シリア，エジプト，オマーン，UAE が10％を超えている。一方，イスラエルは0.3％，リビアは0.7％ときわめて低く，その他，クウェイトも2.9％と低くなっている。
　輸入比率は，図3－24で示すようにイエメン，バハレン，オマーンが群を抜いて高く，一方，イスラエルはきわめて低く，その他，サウジ，リビアおよびイランも低い。
　図3－25は，2001年における中東諸国の域内輸出額（単位：100万ドル）と，域内輸出比率（％）を示している。輸出額ではサウジ，UAE，イランの順となっているが，域内への輸出の比率はヨルダン，レバノンが30％台と高

表3－5　中東諸国の貿易マトリックス（2001年）（単位：100万ドル）

輸入＼輸出	バハレン	エジプト	イラン	イラク	イスラエル	ヨルダン	クウェイト	レバノン	リビア	オマーン
バハレン	0	3	0	0	0	18	16	7	0	16
エジプト	15	0	11	1	19	21	50	23	40	4
イラン	59	5	0	0	0	5	15	1	0	0
イラク	0	100	0	0	0	155	0	31	0	39
イスラエル	0	20	0	0	0	42	0	0	0	0
ヨルダン	8	28	9	736	60	0	19	43	0	10
クウェイト	62	18	130	0	0	30	0	29	0	25
レバノン	54	58	30	1	0	0	17	0	10	3
リビア	3	50	0	0	0	28	0	7	0	11
オマーン	28	5	50	0	0	14	25	4	2	0
カタール	40	5	22	0	0	12	17	8	0	17
サウジ	187	162	76	0	0	105	104	47	0	87
シリア	4	62	49	0	0	28	21	31	26	0
UAE	136	65	2,194	0	0	80	143	89	0	995
イエメン	3	20	4	0	0	18	117	2	0	79
中東計	599	601	2,575	738	79	556	544	322	78	1,286
域　外	8,069	3,539	23,807	10,349	28,939	1,019	18,110	599	11,171	9,013
合　計	8,668	4,140	26,382	11,087	29,018	1,575	18,654	921	11,249	10,299
中東比率	6.9%	14.5%	9.8%	6.7%	0.3%	35.3%	2.9%	35.0%	0.7%	12.5%

輸入＼輸出	カタール	サウジ	シリア	UAE	イエメン	中東計	域　外	合　計	比　率
バハレン	19	1,117	12	126	0	1,334	2,348	3,682	36.2%
エジプト	12	679	49	111	9	1,044	11,676	12,720	8.2%
イラン	6	55	0	968	3	1,117	17,216	18,333	6.1%
イラク	0	0	0	0	4	329	4,419	4,748	6.9%
イスラエル	0	0	0	0	0	62	33,257	33,319	0.2%
ヨルダン	10	162	49	53	2	1,189	4,062	5,251	22.6%
クウェイト	11	594	84	303	78	1,364	6,492	7,856	17.4%
レバノン	8	0	312	52	1	546	5,819	6,365	8.6%
リビア	0	26	34	30	0	189	4,165	4,354	4.3%
オマーン	8	200	21	1,655	2	2,014	3,811	5,825	34.6%
カタール	0	178	25	218	0	542	2,710	3,252	16.7%
サウジ	72	0	202	572	60	1,674	37,833	39,507	4.2%
シリア	6	134	0	47	0	408	5,944	6,352	6.4%
UAE	547	1,155	80	0	44	5,528	34,187	39,715	13.9%
イエメン	4	345	5	249	0	846	1,477	2,323	36.4%
中東計	703	4,645	873	4,384	203	18,186	175,416	193,602	9.4%
域　外	12,195	65,808	4,596	35,729	3,315	236,258		236,258	
合　計	12,898	70,453	5,469	40,113	3,518	257,962	175,416	429,860	60.0%
中東比率	5.5%	6.6%	16.0%	10.9%	5.8%	7.0%		45.0%	

（資料）Direction of Trade Statistics 2002

図3-23 中東域内輸出比率（%）

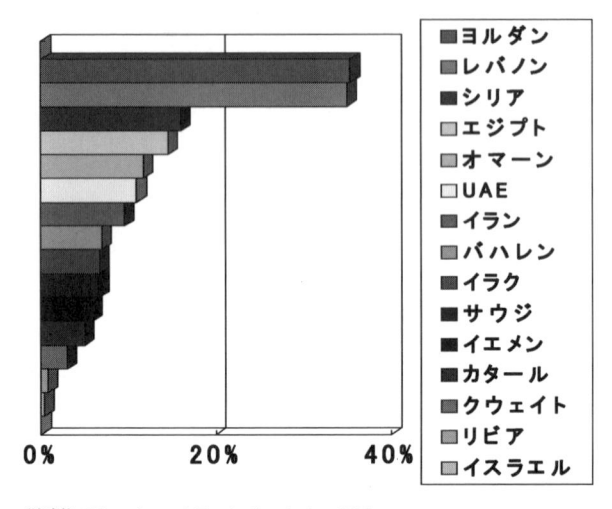

■ヨルダン
■レバノン
■シリア
□エジプト
■オマーン
□UAE
■イラン
■バハレン
■イラク
■サウジ
■イエメン
■カタール
■クウェイト
■リビア
■イスラエル

（資料）Direction of Trade Statistics 2002

図3-24 中東域内輸入比率（%）

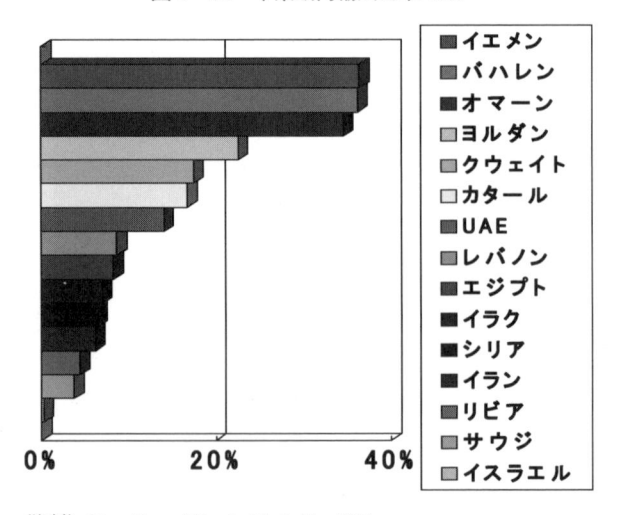

■イエメン
■バハレン
■オマーン
□ヨルダン
■クウェイト
□カタール
■UAE
■レバノン
■エジプト
■イラク
■シリア
■イラン
■リビア
■サウジ
■イスラエル

（資料）Direction of Trade Statistics 2002

第3章 開発政策の吟味

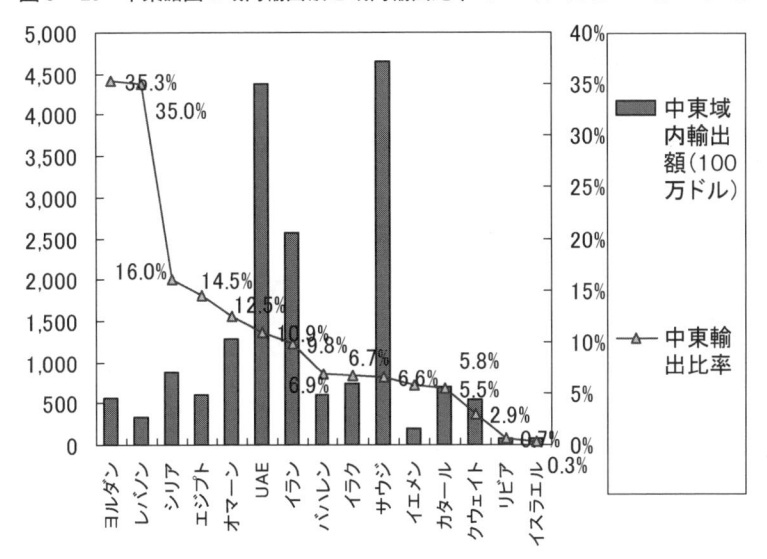

図3-25 中東諸国の域内輸出額と域内輸出比率（2001年）（単位：100万ドル，％）

（資料）Direction of Trade Statistics 2002

いことがわかる。

図3-26は，中東諸国の域内輸入額と域内輸入比率を示すが，中東域内からの輸入額はUAEの5,500億ドルが突出して多いことがわかる。比率で見ると，中東域内からの輸入比率はイエメン，バハレン，オマーンが30％台と高くなっている。

図3-27は，2001年における中東諸国の域内輸出額と輸入額および輸出入差額を示している。サウジは域内輸出が多く，域内輸入の方が少ない。UAEでは，域内輸入額の方が域内輸出額を上回っており，輸出入差ではマイナスとなっている。

その他，イランではプラス，オマーンではマイナス，シリア，イラクではプラスであり，全体として見ると，マイナスの国の数が多くなっている。

時間的な変化をたどるために，今まで見た2001年の数値と1995年の数値とを，図3-28と図3-29を用いて比較検討する。

図3-28では中東諸国の中東域内輸出の比率を1995年と2001年との比較で

79

図3－26　中東諸国の域内輸入額と域内輸入比率（2001年）（単位：100万ドル，％）

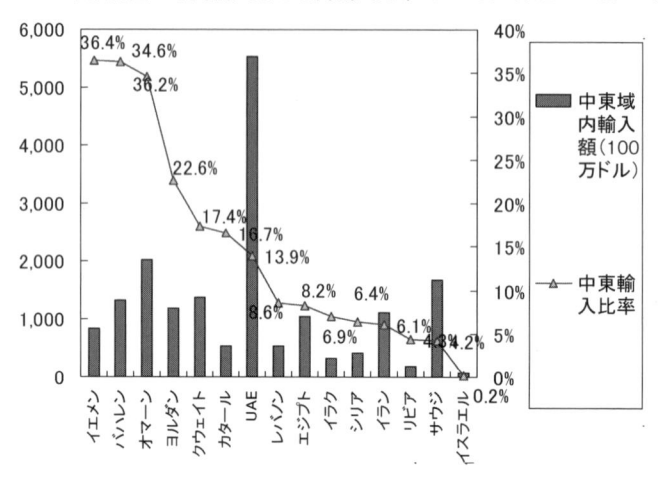

（資料）Direction of Trade Statistics 2002

図3－27　中東諸国の域内輸出額と輸入額（左軸）および輸出入差額（右軸）
（単位：100万ドル）（2001年）

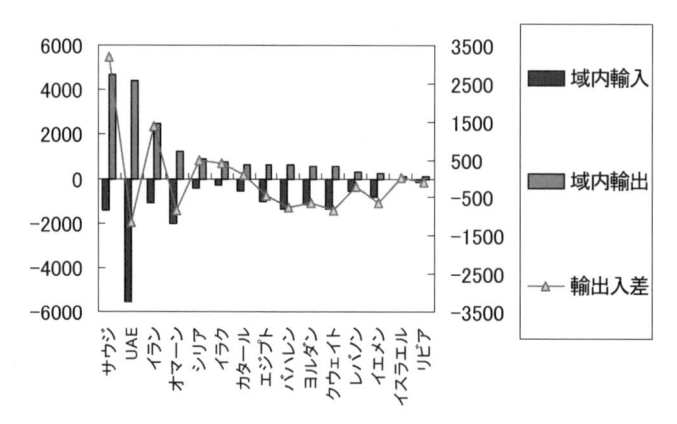

（注）域内輸出額はプラスの数値で表示，域内輸入額はマイナスの数値で表示。
　　　折れ線（右軸）は，中東域内向け輸出－中東域内よりの輸入額により算出
（資料）Direction of Trade Statistics 2002

示す。1995年と2001年とを比べると，上昇した国と下降した国との両方が存在している。

ヨルダンとレバノンは1995年よりは低下したものの，2001年でも30％台を維持している。中東全体の加重平均は7.0％であるのと比べると，これらの諸

図3－28　中東諸国の中東域内輸出の比率（1995年と2001年との比較）（単位：％）

（資料）Direction of Trade Statistics 2002

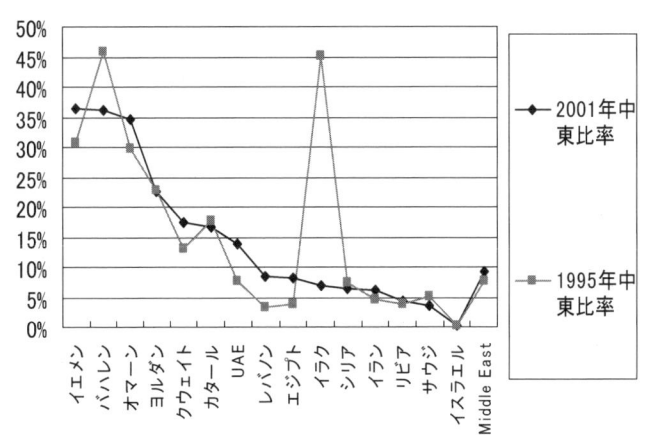

図3－29　中東諸国の中東域内輸入の比率（1995年と2001年との比較）（単位：％）

（資料）Direction of Trade Statistics 2002

国のパフォーマンスの違いは際立っている。イラクは石油輸出再開により6％台へ戻ったことがわかる。一方，イスラエル，リビア，クウェイトにおいて，中東域内輸出比率が一貫して低いことがわかる。

図3－29は，中東諸国の中東域内輸入の比率を1995年と2001年との比較で示している。イエメン，バハレン，オマーンが35％を超えて高くなっている。1995年と2001年とを比べると，エジプト，レバノン，UAE，クウェイトにおいて域内輸入比率が増大していることが読み取れる。中東平均は9.3％であるが，イスラエル，サウジ，リビアが一貫して低いことがわかる。

5．貿易結合度に基づく分析

ここでは，輸出入貿易結合度を示す輸出結合度指数および輸入結合度指数を用いた分析を行う。それぞれの指数の算出式は以下のようになっている。

輸出結合度指数：i国からj国への輸出結合度指数
$(X_{ij}/X_i)/(M_j/(W-M_i))$……分子はi国の輸出市場の構成比，分母は世界の輸入市場の構成比

輸入結合度指数：i国のj国からの輸入結合度指数
$(X_{ji}/M_i)/(X_j/(W-X_i))$……分子はi国の輸入市場の構成比，分母は世界の輸出市場の構成比

ここで，X_{ij}はi国からj国への輸出額，X_{ji}はj国からi国への輸出額，X_iはi国の総輸出額，M_iはi国の総輸入額，M_jはj国の総輸入額，Wは世界輸出額，とする。

データはOECD, Direction of Trade Statistics Yearbook 2002より入手した。

以上の算式に基づき中東諸国における輸出および輸入の結合度指数を算出すると，表3－6および表3－7が作成できる。輸出額全体としての世界の貿易額全体に対する各国の輸出および輸入の重み付けを計測できたことか

表 3 - 6 中東諸国の輸出結合度指数（縦方向が輸出，横方向が輸入を示す）(2001年)

	バハレン	エジプト	イラン	イラク	イスラエル	ヨルダン	クウェイト	レバノン
バハレン	0	1.25	0.00	0.00	0.00	19.74	1.48	13.13
エジプト	0.87	0	0.21	0.05	0.33	6.67	1.34	12.48
イラン	2.36	0.42	0	0.00	0.00	1.10	0.28	0.38
イラク	0.00	32.32	0.00	0	0.00	131.82	0.00	45.08
イスラエル	0.00	0.92	0.00	0.00	0	5.09	0.00	0.00
ヨルダン	1.12	8.18	0.41	80.41	2.49	0	1.23	56.54
クウェイト	5.79	3.52	3.98	0.00	0.00	15.42	0	25.49
レバノン	6.23	13.98	1.13	0.09	0.00	0.00	0.91	0
リビア	0.51	17.62	0.00	0.00	0.00	25.97	0.00	11.10
オマーン	3.53	1.32	2.06	0.00	0.00	9.71	1.46	4.74
カタール	9.03	2.36	1.63	0.00	0.00	14.90	1.78	16.98
サウジ	3.47	6.29	0.46	0.00	0.00	10.73	0.90	8.21
シリア	0.46	14.98	1.86	0.00	0.00	17.80	1.13	33.69
UAE	2.51	2.51	13.29	0.00	0.00	8.13	1.23	15.47
イエメン	0.95	13.21	0.41	0.00	0.00	31.29	17.16	5.94

	リビア	オマーン	カタール	サウジ	シリア	UAE	イエメン
バハレン	0.00	2.68	2.55	27.24	3.79	5.40	0.00
エジプト	1.78	0.19	0.47	4.79	4.48	1.38	1.28
イラン	0.00	0.00	0.16	0.27	0.00	8.33	0.30
イラク	0.00	5.07	0.00	0.00	0.00	0.00	1.52
イスラエル	0.00	0.00	0.00	0.00	0.00	0.00	0.00
ヨルダン	0.00	1.18	0.94	2.77	10.85	1.59	0.69
クウェイト	0.00	1.96	0.69	6.79	12.43	6.08	17.96
レバノン	0.89	0.29	0.62	0.00	56.99	1.29	0.28
リビア	0	1.56	0.00	0.54	9.08	1.09	0.00
オマーン	0.19	0	0.68	3.08	4.19	44.80	0.62
カタール	0.00	3.23	0	4.91	8.94	10.57	0.00
サウジ	0.00	1.36	0.90	0	5.94	2.28	2.75
シリア	2.31	0.00	0.47	1.89	0	1.17	0.00
UAE	0.00	15.47	6.79	2.61	2.34	0	2.00
イエメン	0.00	21.00	0.85	13.33	2.50	16.90	0

(注) 算式は，(Xij/Xi)/(Mj/(W－Mi))
(資料) Direction of Trade Statistics 2002

表3－7　中東諸国の輸入結合度指数（縦方向が輸出，横方向が輸入を示す）（2001年）

	バハレン	エジプト	イラン	イラク	イスラエル	ヨルダン	クウェイト	レバノン
バハレン	0	0.41	0.00	0.00	0.00	5.92	3.52	1.90
エジプト	2.04	0	0.30	0.11	0.29	2.00	3.18	1.81
イラン	5.54	0.14	0	0.00	0.00	0.33	0.66	0.05
イラク	0.00	10.52	0.00	0	0.00	39.50	0.00	6.52
イスラエル	0.00	0.30	0.00	0.00	0	1.52	0.00	0.00
ヨルダン	2.63	2.67	0.59	187.86	2.18	0	2.93	8.19
クウェイト	13.60	1.14	5.73	0.00	0.00	4.62	0	3.68
レバノン	14.66	4.56	1.64	0.21	0.00	0.00	2.16	0
リビア	1.19	5.74	0.00	0.00	0.00	7.78	0.00	1.60
オマーン	8.30	0.43	2.98	0.00	0.00	2.91	3.47	0.69
カタール	21.22	0.77	2.34	0.00	0.00	4.46	4.23	2.46
サウジ	8.09	2.03	0.66	0.00	0.00	3.19	2.11	1.18
シリア	1.09	4.88	2.68	0.00	0.00	5.34	2.68	4.88
UAE	5.88	0.81	19.06	0.00	0.00	2.43	2.90	2.23
イエメン	2.23	4.31	0.60	0.00	0.00	9.39	40.78	0.86

	リビア	オマーン	カタール	サウジ	シリア	UAE	イエメン
バハレン	0.00	4.74	10.09	48.81	3.26	5.48	0.00
エジプト	4.59	0.34	1.85	8.59	3.86	1.40	1.94
イラン	0.00	0.00	0.64	0.48	0.00	8.43	0.45
イラク	0.00	8.96	0.00	0.00	0.00	0.00	2.30
イスラエル	0.00	0.00	0.00	0.00	0.00	0.00	0.00
ヨルダン	0.00	2.08	3.73	4.97	9.35	1.62	1.04
クウェイト	0.00	3.47	2.73	12.15	10.68	6.16	27.13
レバノン	2.30	0.51	2.46	0.00	49.11	1.31	0.43
リビア	0	2.76	0.00	0.96	7.81	1.10	0.00
オマーン	0.50	0	2.68	5.52	3.61	45.46	0.94
カタール	0.00	5.70	0	8.80	7.69	10.72	0.00
サウジ	0.00	2.38	3.53	0	5.07	2.29	4.12
シリア	5.98	0.00	1.85	3.40	0	1.18	0.00
UAE	0.00	27.20	26.79	4.66	2.01	0	3.02
イエメン	0.00	37.14	3.37	23.91	2.16	17.17	0

（注）算式は，(Xji/Mi)/(Xj/(W－Xi))
（資料）Direction of Trade Statistics 2002

ら，この数値を検討することで中東各国間の相互依存の関係を知ることが可能となる。

表3－6および表3－7で算出した数値を用いて，地理的配置を考慮しながら各国間の緊密度を記載したものが図3－30から図3－31である。

図3－30では，輸出結合度指数を地図上にプロットし，数値の大きな順に記載を行った。数値が大きい点，および矢印の数が多い国が中核となる国であり，地域の中で重要性が高いことを意味している。

このように考えると，中東地域においてはヨルダン，レバノンおよびUAEが核となる国であることがわかる。一方，イスラエルが明らかに孤立状態にあることもわかる。しかも，リビア，バハレン，カタールのように，一方的に輸出を受ける関係の国が多いことも図上から判明する。

図3－31は，中東諸国の輸入結合度指数を示す。重要な輸入先として，イラクとヨルダンとの間には相互依存の関係があることがわかる。その他，クウェイトにとってのサウジ，バハレンおよびシリアが重要であることが判明した。また，UAEにとってのオマーン，イランおよびカタールが重要であることがわかる。その他，バハレンにとってのサウジ，イエメンにとってのオ

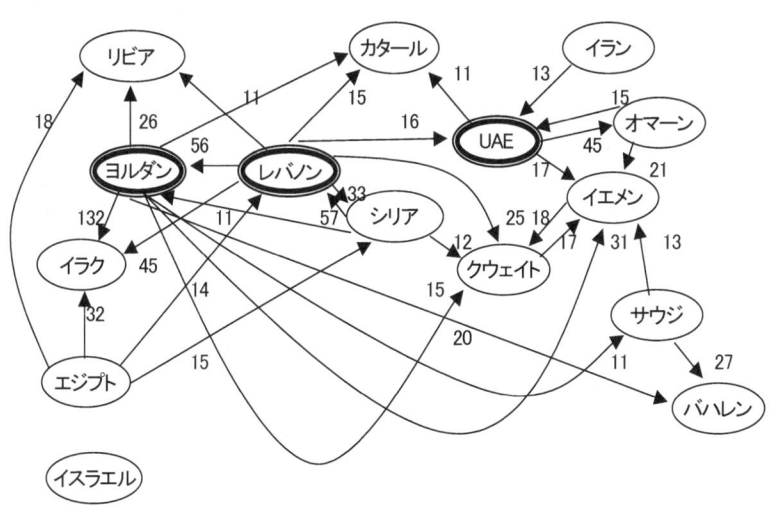

図3－30 中東諸国の輸出結合度指数（サマリー図）（2001年データ）

（筆者作成）

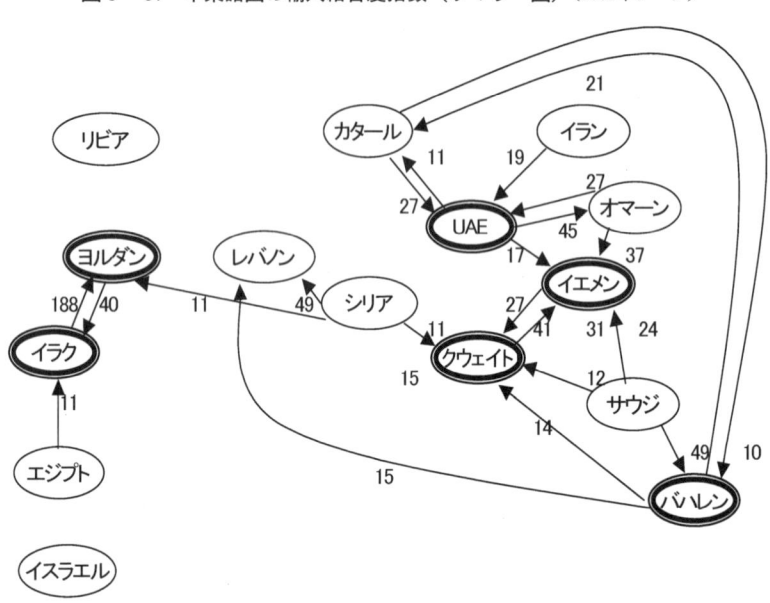

図3−31 中東諸国の輸入結合度指数（サマリー図）(2001年データ)

（筆者作成）

マーン，UAE およびクウェイトが重要な関係を維持していることがわかる。
　次に，図3−30および図3−31で考察した輸出と輸入の関係をまとめて表示する。その際に，輸出と輸入のウェイト付けを1：1として作成することにすると，数値が大きいほど緊密度が高く，それらの国において重要であることがわかる。
　こうして作成したのが図3−32であるが，中東諸国において，貿易関係から見て「核」となる国は，ヨルダンと UAE であることがわかる。数値が大きく，しかも矢印が集まり，地理的な繋がりを維持する効果をこの2カ国が維持しているからである。
　また，クウェイトも一方的に受け手となっている国が多いが，それでもGCC 諸国とヨルダン，シリア，レバノンとの間に入る重要な地位を占めていることがわかる。今後，イラク経済が復興してくると，港の出入り口として，イラク経済に対して大きな役割を担っていくことが，その地理的位置からみ

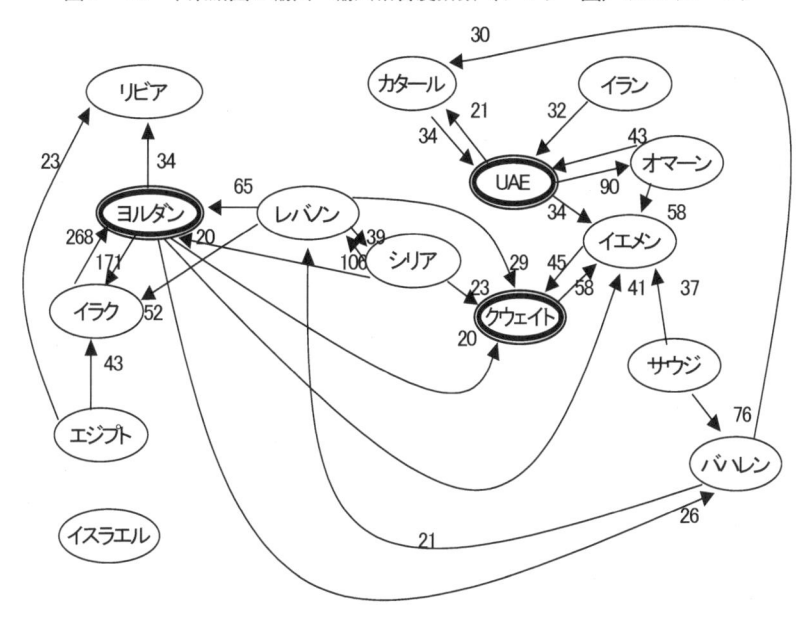

図3-32　中東諸国の輸出・輸入結合度指数（サマリー図）（2001年データ）

（筆者作成）

ても確実と考えられる。

6．中東諸国とFTA（自由貿易協定）

　前節までで，中東各国間の貿易を通じたつながりを輸出・輸入の結合度指数をみることで確認した。現在，EU（欧州連合）およびNAFTA（北米自由貿易協定）の成功を前にして，残された諸国・地域は，いかにして自国が含まれるエリアで市場の規模を拡大する地域協定を締結し，自国に有利な経済圏を構成するかに腐心している状況がある。こうした大型化した市場の中に守られていないと，グローバル化の中で自国の存在が見失われてしまう可能性が高くなっているからである。FTA（自由貿易協定）締結の効果として，内国民待遇，最恵国待遇（MFN：most favored nation）の供与がある。WTO（世界貿易機関）での協議が実質的な成果を生むまでに時間を要する

状況があるため，自国企業の商圏を拡大していくためにも，自由貿易協定による経済圏の拡大が重要視されるようになってきている。

EUおよびNAFTAにより，欧州諸国および米国は自国の含まれる経済圏

表3－8　中東諸国が関連するFTAの締結状況

協定名称	参加国	発効
ヨルダン,エジプト,レバノン,シリア＝	(EUが各国と個別に締結)	1977
GCC(Gulf Cooperation Council)湾岸協力会議	バハレン,クウェイト,オマーン,カタール,サウジ,UAE	1984(通報)
イスラエル＝米国		1985
イスラエル＝EFTA(欧州自由貿易連合)	アイスランド,リヒテンシュタイン,ノルウェー,スウェーデン	1993
トルコ＝EFTA,ルーマニア,リトアニア,ハンガリー,エストニア,チェコ,スロバキア,ブルガリア,ポーランド,ラトビア	(トルコが各国と個別に締結)	1992～2000
トルコ＝EU(関税同盟)		1996
イスラエル＝カナダ,スロバキア,トルコ,ハンガリー,スロベニア,ポーランド	(イスラエルが各国と個別に締結)	1997～1998
AFTA(Arab FreeTrade Agreement)アラブ自由貿易地域	エジプト,チュニジア,モロッコ,GCC,ヨルダン,イラク,シリア,リビア,レバノン	1997
パレスチナ＝EU		1997
パレスチナ＝EFTA		1999
イスラエル＝メキシコ		2000
イスラエル＝EU		2000
ヨルダン＝米国		2001
ヨルダン＝EFTA		2002
GCC＝EU		協議中
GCC＝EFTA	アイスランド,リヒテンシュタイン,ノルウェー,スウェーデン	協議中
トルコ＝エジプト,パレスチナ自治政府,ヨルダン		協議中
日本＝イスラエル		関心表明

(資料) WTOおよびその他各種資料

を確立してきており，その後はEUおよびNAFTAと地続きのエリアを取り込む動きを見せている。さらに欧州諸国および米国は，二国間のFTAを締結する方針を積極的に打ち出しており，米国は，ヨルダンと2001年にFTAを締結している。環境面での協力をこのFTAは盛り込んでおり，また，医薬品に関する関税率引下げの効果が出て，すでに米国の医薬品関連メーカーがヨルダンに進出するといった効果が出ている。米国は中東諸国を一本釣りするFTAをさらに拡大する予定であり，モロッコ，バハレン，エジプトと協議を開始している。

　GCC（Gulf Cooperation Council）加盟の6カ国（バハレン，クウェイト，オマーン，カタール，サウジ，UAE）は，2001年に関税率を12％から5％に引き下げ，2003年には共通関税を実施している。さらにGCC諸国は，2010年までには統一通貨を導入する計画である。従来，クウェイトのみがバスケット通貨制度であったが，クウェイトも2003年より通貨制度を変更し，ドルペッグとしている。このため，GCCの6カ国はすべてドルペッグ制となり，通貨統一の制約は事実上なくなった。こうして2010年より以前に，GCCで通貨統一が実施される可能性が出てきている。現在，GCC諸国内で最も信用力の高いサウジの通貨のリヤル紙幣は，バハレン，UAE等の市中でも通用する状況にある。

　また，GCCを含めたアラブ諸国14カ国で構成するアラブ自由貿易地域（AFTA：Arab Free Trade Agreement）においては，2008年までに域内関税を撤廃する計画であり，1997年以降協議が重ねられてきている。14カ国は，GCC諸国のほかにエジプト，チュニジア，モロッコ，ヨルダン，イラク，シリア，リビア，レバノンである。北アフリカおよび西アフリカの諸国まで含んだ広範なオスマントルコの版図が覆った地域を彷彿させる自由貿易圏の構想が進められている。

　表3－8から明らかなように，欧米諸国は熱心に，積極的に中東諸国との協議を重ねてきていることがわかる。経済関係を着実に深化させておくことは，地域の安全確保のためにきわめて重要であり，イスラエルを敵視する多くのアラブ諸国が存在していることは事実であるが，イスラエルと一定の相互依存関係を結ぶ一方で，アラブ諸国ともFTA締結による密接な関係を構築しておくことはきわめて重要である。

今後，中東諸国が目指し，構築していく必要がある地域協力関係を確認しておく。次の①から⑤に向かって段階を追いつつ，地域全体の競争力の強化，産業の育成，世界標準のサービスを域内の消費者に提供するといった目的を明確化させて，域内地域の連携を強めていくことがぜひとも必要となっている。

　①通商協定（市場開放，規制緩和，国営企業改革，関税引下げ）

　②投資協定（内国民待遇，最恵国待遇の供与，非関税障壁の排除 → 現地資本の参加義務付け排除，経営権に対する制限排除）

　③包括的経済協力（二国間および多国間枠組み協定）

　④自由貿易協定（二国間および多国間） → 自由貿易地域（共通効果特恵関税） → 関税同盟

　⑤通貨同盟，共同市場，経済同盟

　①の通商協定の段階に関しては，中東各国ともそれぞれ取り組みを開始している。ただし，国営企業の競争力は未だに弱く，原材料費の格安での供給に依存して利益を計上している企業も多い。それでも，中東域内での銀行の相互参入が始まっており，また国境を超えた銀行の合併も行われている。

　ただし，GCC諸国中で唯一サウジアラビアが2005年に漸くWTO加盟を果たしたことからわかるように，②の投資協定の実効性の確保という点では，投資法の制定，代理店法の廃止あるいは骨抜き，といった施策が，中東各国において導入済みであるが，制度が導入されたはずであっても，実際に参入を検討する企業においては，非関税障壁が存在していることを思い知らされる場合も多い。中央の商工会議所（例えば，サウジの場合はリヤド）においてヒアリングをすると，確かに紛争処理のためのコミッティーを設立しており，各地方の商工会議所支部で問題となった案件は，リヤドのコミッティーを通じて直ちに中央政府に上げて行き，早期の解決を図る体制が整えられていた（2003年3月の現地インタビューによる）。サウジにおいても，実際に外国企業が進出する際には問題が多く生じてきた。特に外資の誘致を政府は目指している一方で，サウジ人の雇用確保拡大が政策の大命題となっており，このためにサウジ人の雇用比率をめぐっては常に問題が生じている。民間企業が納税額の還付を受けることができるかどうかは，このサウジ人の

雇用比率の基準を満たしているかにかかっており，業種ごとに異なる線引きが行われていることもあって，どの業種と認定されるかに関しても，微妙なケースが少なくない。こうした例からも明らかなように，内外無差別の原則を貫くことは，実際にはなかなか難しいことがわかる。貿易および投資に関しても，非関税障壁は，各種の法律・規則が制定，あるいは改廃されて整備されたはずとなっていても，その後においても一部は存続してしまうことがわかる。

さらに，域内の経済交流を妨げる飛び地となる国が，従来から中東には存在してきたことも大きな問題である。その最大の課題はイスラエルであり，またイラクもサダム・フセイン政権が存在していた際には，ヨルダンとエジプトのみが主要な経済交流先であり，クウェイトを始めとして貿易関係は絶たれてきた。中東では，今後も末永く国交正常化に向けた交渉を続けていくことが必要であり，次いで，開かれた地域主義（Open Regionalism）の実現を目指して，地域内での飛び地をなくすよう，経済面での交流を進めていくことが必要である。

ただし，域内の経済協力関係を強化して地域主義を進めることは，域内での企業間競争の激化と選別が進むことを意味している。勝ち残った企業においても，その企業は，さらに域外の企業との競争に直ぐにも晒されるため，その企業の輸出競争力がない場合は，域内で勝ち残ったはずの企業が，グローバル化した競争の中で淘汰される可能性が存在しており，地域の産業に最終的にはダメージとなることがわかる。

二国間および多国間の自由貿易協定を締結することの意味を，図3－33を見ながら確認してみる。

価格P＊（輸送コスト込み）で，A国が購入している状態が存在するときに，平均費用曲線は一定の傾きを持ったE_BおよびE_Cで示され，A国の輸入量は，数量＝Q_B+Q_Cとなる。

A国がFTA締結を選択することにする。その際，限界費用曲線MC_BとMC_Cの傾きから見て，FTAの締結は遠距離のC国と締結する方が有利であることがわかる。関税を撤廃，ないしは限りなく少なくした場合には，限界費用曲線の傾きに従って貿易量が決定されると考えられるからである。以前

図3－33　FTA締結の効果

A国がB国（右側図）とC国（左側図）の双方から輸入
A国からの距離：B国＜C国

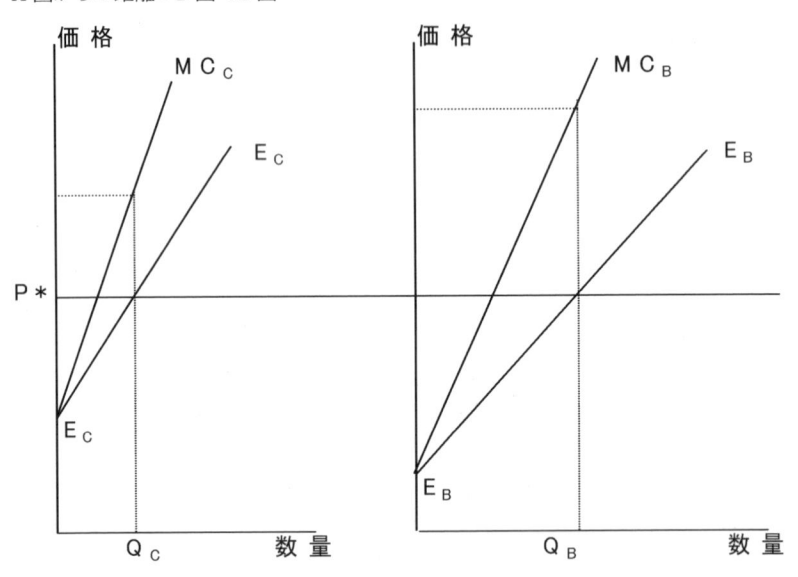

（資料）Bhagwati & Panagariya, 1999

と同じ量を輸入する際に，C国から輸入する方が価格は低くて済む。このように，FTAを締結する際には，まずA国はC国と締結する決定を自国の利益の最大化を目指して締結すべきであることがわかる。A国からの距離が遠いか近いかは，二次的な意味を持つに過ぎないことがわかる。A国がC国とFTAを締結すると，当然，C国との貿易量は増大し，一方，B国との貿易量はその影響を受けて減少する可能性が高い。しかも，重要な点は，A国消費者の利益が間違いなく拡大すると予測される点である。このように，FTA締結は，自国の消費者の利益を拡大するとともに，従来よりも価格面で有利な，国際的な競争に勝ち抜いた商品およびサービスが，しかも安価に自国に供給される可能性を拡大させることがわかる。その際に，FTA締結相手国との距離の遠近は，最も重要な決定要因ではないこともわかる。

7. 中東経済発展のための課題

　中東諸国の主として貿易を通じた相互依存関係について検討を行ってきたが，今後，中東諸国が発展していくためには，アジア諸国で導入済みの諸施策を，中東諸国でも参考にしつつ導入を検討していく必要がある。

　そうした施策としては，産業誘致，投資誘致措置の導入，外資100％出資の自由化（投資環境整備），資本財の輸入関税免除，さらに WTO 加盟による関税引下げ，ワンストップサービス，中小企業およびベンチャー企業に対する新技術支援制度，法人税の一定期間免除，あるいは一定条件（輸出比率等）での法人税の免除，所得税免除等の優遇税制導入，国内企業との同等の取り扱い，例えば融資特典の供与をあげることができる。

　さらに，国が関与して工業団地，サイエンスパーク，自由貿易区，特区，産業基地プロジェクト等の設定を進めることも当然に必要となる。近隣諸国との競争に打ち勝つためには，こうしたインフラの整備はきわめて重要であり，上下水道・工業用水・電気を始めとして，道路，宿舎，商業施設，娯楽施設，空港，港湾の整備まで含めた総合的なデザインを持つことが勝ち残るための条件となる。

　ソフト面からの支援も重要である。R＆D に対する支援，知的所有権保護に対して，自国内での認識の高まりも必要である。

　こうした施策を徹底化させることで，産業集積による競争力確保が可能となる。産業政策の是非がむしろ現在ほど重要となっている時代はなかったのではないか，との指摘すら行われているのが現状である（Stiglitz 2002）。

　さらに指摘しておかなければならない中東経済発展のための課題としては，社会的配慮の必要性を上げなければならない。中東における貧困問題への取り組みの重要性が指摘されている現状がある。例えば，中東に駐在している JICA の職員の方からは，各所で，中東における富の分配の不公平さ，そして貧困の存在が指摘されている（中東各所でのインタビューによる）。

　所得格差拡大を防ぐ手立てとしては，マクロ政策があり，政府が積極的に金融政策，財政政策を打ち，インフレを抑制し，為替レート下落の防止に努めることがまず必要となる。経済圏の形成は，こうした着実な国内施策が存在した上で進められるべき課題である。

貧困層が現に存在する以上，そうした貧困層に対するエンパワーメントの施策を準備する必要がある。小口の融資，あるいはさらに進めて，中小企業の育成を図る施策も当然に必要となる。教育投資，社会保障，貧困層の開発への参加も大切な視点であり，そもそも参加すべき組織を育成すること，こうした中から参加型の開発を実りあるものとしていく努力も欠かせない。

　一方，政府の側も批判を受けて立つ構えが必要となる。政府の規律（discipline）が確保されていない場合には，信頼される施策が提示され，貧困層に受け入れられる施策となることは期待できない。そうした政府への信頼を醸成するためには，議会制度の活用が有効となる。さらに政府の賄賂（corruption）対策として，国営企業を政府から独立させて，所有（国営）と経営の分離を図ることも有効である。

　最後に指摘しておきたいのは，国連が発表している人間開発指標（HDI：Human Development Indicator）における産油国のランク付けについてである。HDI指標は，平均寿命，成人識字率，中等・高等教育就学率，購買力平価（PPP）に基づく一人当たりGDPを加味して，各国をランク付けしている。産油国は，表3－9で示すように，HDI指標で見ると低ランクに位置している。

　問題は，購買力平価で計測したランクから，さらに大きくマイナス表示されているという点で，PPPのランクより，クウェイトがマイナス14位でHDIでは43位，カタールがマイナス24位でHDIでは48位，リビアがマイナス5位でHDIで59位，サウジがマイナス26位でHDIでは68位，オマーンがマイナス33位でHDIで71位，イランがマイナス21位でHDIで90位となっている。

　産油国はHDI指標の公表に対して，公平ではないとの指摘を行っている（筆者インタビューによる）。ただし，一定の考え方の下で公式統計に基づき算出すると，このように中東諸国がPPPでのランクよりも大幅にランクを下げるという現実が存在していることは事実である。

　中東諸国の発展を持続的に可能としていくためには，今後とも社会の変革を含めた，社会指標の向上を目指した施策を，経済協力協定締結の推進とともに実施していくことがきわめて重要である。その際には，社会的動員（social mobilization）と呼ばれる，内発的な発展をもたらすことを狙った広報活動の活発化も有益である（佐藤寛 1996 p. 307）。中東の経済発展を願い，

表3-9 人間開発指標 (HDI) ランク

HDI rank		Life expectancy at birth (years) 1999	Adult literacy rate (% age 15 and above) 1999	Combined primary, secondary and tertiary gross enrolment ratio (%) 1999	GDP per capita (PPP US$) 1999	Human development index (HDI) value 1999	GDP per capita (PPP US$) rank minus HDI rank
1	Norway	78.4	—	97	28,433	0.939	2
2	Australia	78.8	—	116	24,574	0.936	10
3	Canada	78.7	—	97	26,251	0.936	3
6	United States	76.8	—	95	31,872	0.934	-4
9	Japan	80.8	—	82	24,898	0.928	2
43	Kuwait	76.0	81.9	59	17,289	0.818	-14
48	Qatar	69.3	80.8	75	18,789	0.801	-24
59	Libyan Arab Jamahiriya	70.3	79.1	92	7,570	0.770	-5
61	Venezuela	72.7	92.3	65	5,495	0.765	10
68	Saudi Arabia	71.3	76.1	61	10,815	0.754	-26
71	Oman	70.8	70.3	58	13,356	0.747	-33
87	China	70.2	83.5	73	3,617	0.718	7
90	Iran, Islamic Rep. of	68.5	75.7	73	5,531	0.714	-21
100	Algeria	69.3	66.6	72	5,063	0.693	-26
102	Indonesia	65.8	86.3	65	2,857	0.677	3
115	India	62.9	56.5	55	2,248	0.571	0
133	Yemen	60.1	45.2	51	806	0.468	16
136	Nigeria	51.5	62.6	45	853	0.455	11

(資料) United Nations: Human Development Report

　日本からの地域協力を進めていく際にも，経済支援策の策定において，HDI指標重視の観点が盛り込まれる必要がある。従来採用されてきたプロジェクト別，セクター別といった援助の枠を超えた経済協力施策が組まれていく必要がある。
　地域の発展を目指し，人材を育成し，さらに中東地域に存在する石油・ガスを始めとした資源を活かす発展の方向付けを中東各国が各々考える中から，包括的なビジョンを作成し，そうしたビジョンを育てつつこの地域が発

展を遂げ，地域紛争の解決が進むことは可能であると考える。日本を始めとしたアジア諸国も，こうした中東諸国の発展と安定化に貢献すべきであり，そのためのビジョン作り，そうした目的に沿うと考えられるFTA締結のための交渉を中東の核となる国々と早期に開始するべきである。その交渉の中で課題を一つ一つ克服していく努力が，きわめて重要であると考えられる。交渉を進め，制度を作るという作業を進めることから得られる効果は大きい。中東諸国の発展のために，日本を含めたアジア諸国が貢献できる余地はきわめて大きいことが明確に認識される必要がある。

第4章
開発政策論の課題

第1節　産業育成と政府の役割

　国土の発展および国民の所得向上のためには産業育成が必要とされ，発展途上にある諸国においては，中央政府が，民間企業の育成のために果たすことができる役割が大きいと考えられてきた。世銀のレポート「東アジアの奇跡」は，政府による市場への選択的な介入が効果的になされた東アジア諸国の事例を，成功例としてあげている（World Bank 1993）。

　一方，末廣（2000）は，「キャッチアップ型工業化」をキーワードとして，東アジア諸国は後発性の利益を生かす形での経済発展を遂げたと言えるかを検討した。ただし，末廣（2004）では，今後のアジア企業の成否はイノベーション能力に依存すると述べており，アジア企業が置かれる状況がいっそう厳しい競争下に立つように変化してきたことを示している。「キャッチアップ型工業化」は今後も続くとしても，技術革新を伴ったより高度化した手法が同時に編み出されることが，企業間競争に勝ち抜くためには必要とされると考えられる。

　貿易促進の観点も，東アジアの成功例を見れば明らかなように重要である。産業発展は，貿易の活発化により達成できる面が大きく，国際分業を行うことで，いずれの国も利益を受けることが可能であると考えられてきた。古くは，自由貿易論と保護貿易論との二つの政策論が互いに対立し，政府の政策もこれら二つの政策の間を揺れ動く場合も見られたが（山澤　1993　p. 5），現在では，GATT（関税貿易一般協定），WTO（世界貿易機関）体制

が次第に定着する中，大勢としては自由貿易促進が世界の潮流となっている。

例として東アジア諸国における産業育成の歴史を考えると，政府が大きな役割を果たしつつ，日本を始めとして，韓国，台湾，そしてNIES（新興工業経済地域），アセアン，中国と続く産業の発展が見られた。東アジアの多くの諸国では，政府の介入はあったものの，また高度成長を持続させた時期も異なるものの，各国が輸入代替にいつまでも固執せず，市場メカニズムを活かす方向で制度改革に取り組み，輸出を伸ばし，その中で高度成長という好循環を達成してきた。農業主体の伝統的な社会から次第に工業を発展させ，国民の所得を引き上げることに成功した事例と言うことができる。

表4－1は，中国，インドネシア，日本，韓国，マレーシア，タイ，台湾の7カ国における産業政策の運用状況を各年代ごとに示している。日本が産業政策としては最も早く輸出指向に転換し，50年代から高度成長を開始している。50年代においては，中国は毛沢東が自力更生を指導していた。インドネシアは民族主義が強く，政府が産業誘致を決定するという状況にあった。韓国は輸入代替を進めており，タイは天然資源輸出に注力していた。台湾は50年代末から輸出促進政策に転換していた。

60年代に入ると，日本はさらに高度成長期に入り，韓国は政府主導での基幹産業の育成に取り組み始める。マレーシアとタイは輸入代替政策を実施する。インドネシアは60年代に一時期，外資導入に積極的になる。

70年代に入ると，中国では農村工業化に取り組み始める。日本は次第に産業が成熟化に向かい始め，石油危機への対応に追われることになる。インドネシアは，60年代とは一転して輸入代替を推し進める。韓国は依然として政府主導の下で，重化学工業化を進める。マレーシアおよびタイでは，輸出振興と輸入代替が混在する状況が続く。台湾では，輸出振興策が成功して経済が順調に発展する。

80年代末には，中国経済は天安門事件で大幅に減速することになる。インドネシアは高成長と減速とを繰り返すことになり，政策のぶれが続く。日本は，85年のプラザ合意後の経済構造変化に遭遇する。韓国は財閥主導の自由化に踏み切る。マレーシアとタイは次第に輸出指向政策に舵を切る。台湾は産業の高度化に取り組むことになる。

第4章 開発政策論の課題

表4－1　アジア各国の産業政策

	中 国	インドネシア	日 本	韓 国	マレーシア	タ イ	台 湾
1950年以降	1952～55年スターリン型開発戦略(強蓄積モデル),1956～76年毛沢東型開発戦略,1958年大躍進運動	1948～65年民族主義と政府主導型開発	1953,54年まで戦後復興・再建期(財閥解体,農地改革),1955年経済企画庁設立,傾斜生産方式,輸出振興税制,輸出急拡大	戦争と復興1950～60年輸入代替工業化	1950～70年市場主導型成長,1957年独立,1958年先進産業条例(外国企業の進出優遇,国内市場開放)	天然資源ベースの輸出,1950～70年一次産品輸出,消費財輸入	1949～52年土地改良と復興,1953～57年輸入代替工業化,1954年および1959年外国人投資誘致法制定および同改正
1960年以降	1964年大寨に学ぶ	1965年開放体制への移行,67年外国投資法で外資導入,外部指向の新政府,経済開発のための諸制度の整備期	1960年代の高度成長(平均成長率11.1%),第2次輸入代替期終了,第2次輸出代替期	1962～66年第1次経済開発5カ年計画－基幹産業育成(軽工業中心),輸出促進政策,1964,65年単一変動為替制度導入	60年代,緩やかな輸入代替化(低関税率維持),1968年投資奨励法(輸入代替と輸出促進が併存)	1960～72年輸入代替工業化,1960年産業投資助法改正(工業化の第一年,税制優遇と競合品の輸入制限)	1958～72年輸出促進,1958年通貨25%切下げ,単一為替レート導入,60年代末まで米国の援助の役割大
1970年以降	1970年第2次農村工業化,1978～84年鄧小平型開発戦略,人民公社の解体,自由市場価格の部分的導入,経済特区の導入	1973年急速な輸入代替化,石油・商品ブーム,高度成長(平均成長率4.4%),70年代半ばまで,鉄鋼がリーディングインダストリー(第1次輸入代替),1976年プルタミナ外貨危機,輸出促進,輸入代替工業化抑制	1970年代の石油危機,輸出入への傾斜,工業化の離陸,1970年代選別的支援政策－重化学工業化(石油化学,鉄鋼),財閥の成長,外債危機の発生	1961～73年重化学工業宣言,輸出入への傾斜,工業化の離陸,1970年代選別的支援政策－重化学工業化(石油化学,鉄鋼),財閥の成長,1977年外債危機の発生	1971～85年輸出振興と輸入代替が混在(FDIが一貫して大きな役割),1971年自由貿易地帯製造業免許基地制度導入,1977年輸出金融制度	1972～78年輸入代替の優遇と輸入代替の増大,1978年～,輸出促進および第2次輸入代替	1973～80年産業成長化,生産性増大を目指す産業政策
1980年以降	1984～88年,本格的改革,1989年天安門事件	1981年まで高度成長の継続,80年代債務累積,投資資金の不足,外資導入激減,1986年外資規制緩和と外国投資への開放	1985年のプラザ合意とその後の産業構造変化(1980年代の成長率,4.0%)	1980年代市場経済体制への移行,重化学工業を担う財閥の成長	1980年代Look East Policy,工業化総合計画,1986年外資規制緩和,1980年代後半,高度成長によるバブル発生,製造業よりは不動産業に投資が集中,調整と自由化	1980年以降,調整期,改革と輸出インセンティブ,1982年不況,1989年預金金利自由化	1981～96年技術高度化と近代化,中小企業主導型の工業化,参入障壁の撤廃,企業間競争への政府の不介入
1990年以降	1988～91年,調整段階(景気過熱,通貨膨張,インフレ深化,国際収支悪化)	1994年第6次5カ年計画,一人当たり所得1,000ドル超	不動産と株式への過剰貸付,バブルの崩壊,貿易黒字,世界最大の外貨保有高	1990年代OECD加盟,金融自由化,大企業の競争力の低下	公企業の民営化の推進,市場指向の推進,1991年Vision 2020完全先進国化計画	1992年貸出金利自由化	金融規律の維持,対外的な支援が望めず,協調融資・救済融資なし
	1992年,社会主義市場経済体制導入(鄧小平,南巡講和)	中小企業設備資金融資,マスタープラン作成せず	1990年代の停滞(90～95年成長率1.4%),失われた90年代	1996年経常収支の大幅赤字237億ドル	高度成長持続,物価安定,完全雇用,経常収支赤字(FDI収益の送金と外貨債務)	貿易収支の赤字拡大,交易条件悪化,輸入急拡大	外資依存度低く,貿易赤字少なく,外貨保有世界3位
	1997年選択的国有企業維持政策	1997年通貨危機,1998年スハルト退陣,ワヒド大統領へ	デフレ経済,長期不況	1997年IMF管理体制下での構造調整・改革,V字回復へ	1997年通貨危機,96～2005年第2次産業マスタープラン(IMP 2)	1997年通貨危機,97～2001年の第8次国家経済社会開発計画	1997年以降21世紀国家長期発展計画

(資料) 世界銀行 1994 p.123, 安忠栄 2000, 山澤ほか 1987, 中兼 1999, 大川ほか 1993, その他各種資料より作成

99

以上のように見てくると，東アジア諸国においては，いずれも時期は異なるものの，政府の役割は大変大きかったことが確認できる。世銀のレポート「東アジアの奇跡」が述べるように，自由化と民営化を進める賢い政府が存在することが，アジア経済の一定程度の成長をもたらした面があったことは確かである。ただし，97年のアジア金融危機の発生は，制度面での整備，企業ガバナンスの不徹底により拡大してしまった。危機を準備してしまったのも，成功をもたらしたのと同じ政府であった。危機から学びつつ，制度の整備を進める必要が生じている。

　表4－1には含めなかったインドにおいても，政府の役割は大変大きかった。インドは東アジアの諸国とは異なり，「国家主導型政策，保護主義的政策」（小島　2002 p.145）を通じて，重工業中心の産業振興が1960年代前半まで図られ，一定の設備を保有し，国内生産量は増大した。ただしその後，インド経済は停滞してしまい，回復基調に戻るのは80年代後半に至ってからであった。80年代に入って自由化政策が開始され，許認可制度が大幅に削減された。さらに，1991年に新経済政策と呼ばれる経済自由化が実施されたことで，世界の中で注目される経済発展の波に部分的に乗ることができた。

　以上のように見ると，政府の介入を減らし，国有・国営産業を民営化していく政策も，広義の産業政策の範疇に入ると考えれば，東アジア諸国およびインドも含めて，アジアの発展途上諸国において，産業政策の重要性（政策の過度の介入の削減も含めて）はいずれの国においても否定しようがない。ただし，高成長が既存制度の改革による直接の効果としてもたらされたということができるかという点に関しては，各国ごとに詳細に検討する必要がある。

　時代を追って見てみると，製造業が軽工業（食品，繊維，衣服，木材・木製品，家具）から加工産業（機械産業）と知識集約型産業への移行をたどる方向にあることは確かである。ただし，その一方で，産業の高度化が現実のものとなると，化学，鉄鋼，セメント，紙パルプといった素材型産業は成長の伸びが低下せざるを得ない。産業の高度化は，インフラ整備に依存する成長段階からの脱却も意味するからである。

第2節　構造調整政策と産業発展

　70年代のオイルブームの後，80年代初めには非産油の発展途上国の対外債務は6,000億ドルという巨額に達した（Todaro 2006 p.698）。多くの途上国では高インフレが発生し，巨額の負債を負い，これら途上国の財政危機が世界経済に悪影響を与えることが懸念される事態が生じた。途上国は，目前にある金融危機に対応するには，世界銀行が提示する構造調整政策を受け入れるしか選択肢がなかった。構造調整プログラムにおいては，途上国が世界銀行の支援を受けるためにはIMF（国際通貨基金）のコンディショナリティ（政策変更条件）を受け入れることが必要とされた。途上国政府は，補助金の削減，市場自由化とその対外開放，民活・民営化の促進を図ることを約束させられることになった。成長とともに公平な分配が行われるよう，政策誘導が多くの途上国で行われた。

　世銀の関与の前提条件がIMFのコンディショナリティの受入れであったため，本来，国際金融の調整・安定のための機関であったIMFは，80年代以降，途上国の国内制度への関与を飛躍的に高めることになった。

　1980年代に構造調整政策を受け入れた主な累積債務国は，メキシコ，ブラジル，アルゼンチン，ベネズエラ，バングラデシュ，ガーナをあげることができる。

　新古典派理論に依拠したIMFが提示するコンディショナリティは，第一義的には，国際金融の安定化と当該国への緊急資金注入を目指すものであった。このため，通貨切り下げを実施するとともに，強力なインフレ抑制政策も打ち出すことを要請しており，政府の歳出の大幅カットによる財政健全化も待ったなしで進めさせられることになり，しかも，国内産品の価格統制は撤廃させられる等，少なからず国内経済が混乱せざるを得ない状況が生じることになった。こうしたIMFの手法は，途上国一般に対して同様の内容であり，途上国の側からは押し付けと受け取られる場合も多く，当該国の政府は，何でもIMFの責任にして，自国政府は責任逃れをするケースも見られた。こうして，政府の信任が薄れるという望ましくない結果を招く場合が多く見ら

れることになった。

　80年代の国際通貨危機は，世銀・IMFによる政策支援借款と債務切捨てによる効果もあって最終的には終息する。ただし，この回復過程において，再度経済成長を続ける諸国と，成長を鈍化させてしまう諸国とが出現することになった。東アジア諸国では経済成長が順調に進む一方，中南米，中東，アフリカ諸国においては，成長が鈍化してしまい，明暗を分ける結果となった。

第3節　アジア経済危機とマクロ調整

　1997年に東アジアでは通貨・金融危機が発生した。タイで最初に生じた通貨危機は瞬く間にアジア各国に伝染した。金融関連，証券取引関連，あるいは会社制度関連で，法令の未整備，運用制度の脆弱さがアジア諸国に存在していたことは紛れもない事実であった。経済制度の対外開放を行っていくにあたっても，債務累積および外部資金依存体質があるにもかかわらず，産業面での自由化と同時に金融面での自由化に踏み切ってしまっていた国が多くあった。インドネシアのように普通とは逆の手順であると言われながらも，金融自由化を積極的に先行させて，海外からの直接投資の流入を促進しようとした例も存在した。

　アジアの奇跡と呼ばれた高度成長から一転して，アジア諸国に危機が発生する原因が存在したとして，政治と経済活動が裏で結びついたクローニーキャピタリズムに原因があると指摘されるとともに，制度の欠陥，企業ガバナンスの不足が指摘されることになった。

　世界銀行およびIMFは金融危機に陥った諸国に改革案を提示し，各国はこの改革案を受け入れて大幅な制度改革，自由化路線を進めることになった。

　自由化の推進はいっそうの国内および国外企業との競争の激化を招いており，一部では地場企業の撤退を生じさせてしまっている（末廣 2003）。

1997年の金融・経済危機の被害を被った諸国は，制度の弱点を衝かれたことになる。危機が生じてしまった諸国は，その後，回復に向けた着実な足取りをとり，制度の整備を進めることになった。一方，台湾のように外部資金に依存できない事情から金融規律が整っていた国が，金融・経済危機を生じさせないで済んだが，こうした事実は，他のアジア諸国にとっては大きな教訓となった。設定すべき制度のあり方を他国から学ぶとともに，教訓となる事例が近隣諸国にも多く存在していることを理解することになった。

　ただし，産業構成，産業の成り立ち等を見ても千差万別であり，各国の国情は全て異なっていた。このことは，各国がそれぞれに学び合える長所と短所を持っていることを意味した。

　次節で詳しく検討するように，アセアンがその範囲を拡大させており，さらにアセアン・プラス3（日中韓）として，アジア経済圏の設立構想に関して，様々な議論が行われるようになってきている。とりわけ，将来の超大国と目される中国がアジア経済圏構想に積極的に取り組んでおり，アセアン諸国の警戒感を呼び覚ましつつではあるが，次第に中国を含めた経済連携が東アジアにおいて緊密化する方向にある。また，自由貿易協定も多くの国の間で，地域を飛び越える形で締結されつつある。

　今後は環境問題，人口移動，都市化，食料といった広範な問題に地域的に協力しながら取り組んでいく必要性が，ますます高まっていくことが予測できる状況となっている。地域の連携を強化しつつ，マクロ経済の安定化を図る方策が必要となる。アジア通貨バスケットといった制度も活用しつつ，韓国等，相対的に弱い国の通貨が狙い撃ちされて大きく変動することを防ぐためにも，相互の連携の緊密化を満たすことができる制度の着実な整備を進めることが必要となっている。

第4節　市場化と地域統合の進捗

1．東アジア共同体へ向けた取り組み

　東アジア共同体の設立に向けた検討をすべきだという議論が，盛んに行われるようになってきている[1]。日本においては，従来，APEC（アジア太平洋経済協力会議）の枠組みを重視する見方が有力であった。このため，東アジア経済圏に関する議論は，2002年のシンガポールとの経済連携協定（EPA）の締結以後，漸く本格的に行われるようになった。確かに，地域統合を進め，地域の安全保障に関しても共同で対応できるようになるのであれば，地域内で発生する可能性のある紛争の根を絶つという意味でも望ましい。

　東アジア地域がどのような状態にあるかを語るとき，経済が先行して域内での企業内分業，垂直統合から，さらに水平分業へと展開が見られるとの言い方がなされている。企業の国際展開とサポートインダストリーの海外展開が進み，さらに現地サポート産業の育成の面でも成果が出てきており，地ならしは済んだとの見方も出されている。とすると，次はいよいよEUの取り組みに倣って，地域内の連携強化，地域共同体への移行が図られるべきだとの意見も出てくることになる。

　ただし，日本政府の方針は，当初はAPEC重視の政策であり，オープン・リージョナリズム（開かれた地域主義）を目指すとするものであった（山澤2001）。アジアは，EU（欧州連合）およびNAFTA（北米自由貿易協定）のような地域主義に組みすることなく，WTO交渉の行方を見守り，貿易自由化の利益を享受し，さらにサービス，知的所有権に関する交渉の進捗を促すとの方針が唱えられた。

　しかし，EUのように地域主義をさらに推し進め，通貨統合までたどり着いた地域が出現したことで，世界の中でオープン・リージョナリズムを言い続けることは，むしろアジアの発展にとり決して望ましい方針ではない可能性が出てきた。それは，EUのように自らの地域を通貨統合で固めた後に，自由に他地域と，EUという大きな市場を背景にして交渉を行い，有利な条件

と規模の経済を生かした他地域への企業進出，EUと個別国との直接のFTA（自由貿易協定）締結を行う例が多数出現するに至ったからである[2]。

こうして，遅ればせながら日本も，マルチからバイへという言い方をして，FTA推進に同調する戦略を採用することになった。ただし，ここでは，FTAよりもさらに進んだ形の環境・労働といった面も含んだEPAを推進するとの方針が打ち出されることになった。日本が最初に締結したEPAは，シンガポールとの間で2002年11月に結ばれた。

本節では，以上のようなEPA重視の日本の政策のスピードを上回って，世界中で関税同盟，通貨統合という地域統合に向けた動きが強まっており，再度日本が方針転換を促されるに違いないと思われる状況が出てきている点を指摘する。

また，日本の農業問題への取り組み状況を分析するとともに，日本のマスコミにあまり取り上げられないものの，実はWTO交渉上も，また日本の農業者の間でも，農業をWTO交渉の俎上に上げ，交渉していく準備が日本の中では整いつつある点を指摘する。WTOの農業交渉においては，日本が従来行ってきたコメの例外化を目指した主張を貫き通すことが困難なことがいよいよ明白となってきており，それだけになお更，近い将来，日本政府の方針転換がきわめて明確な形で打ち出されざるを得ない客観的な条件が出来上がっていることを指摘する。日本の農業者の中には，すでにこうした事実を理解する人々が多くおり，マスコミが何も言わない前に着々と準備を進めているという状況がある[3]。

このような農業に関する事実を知ると，「日本においては農業問題がネックとなって，アジアでの地域主義を推し進めることが困難となっている」との見解は見直さざるをえないことがわかる。実は，すでに日本の農業問題は解決することができるし，解決せざるを得ない外的状況が出来上がっており，そうである以上，農業問題がネックとならないアジアの市場形成への取り組み，さらにアジアの地域統合の問題に対する大胆な提言が必要となっており，しかもそれが可能となる状況が生まれていると考える。

2．地域協定（RTA）およびFTA（自由貿易協定）の締結状況

　世界のFTAの締結状況を見てみると，最初の地域（協力）協定（RTA）およびFTAの件数は，1950年代には，後にEUとなる当時のECが締結したローマ条約のみ（1958年）であった。その後，1960年にEFTA（欧州自由貿易連合）がリヒテンシュタイン，ノルウェー，スイス，アイスランドにより結成された。EU以外の国を取り込む形で，EFTAはその後も役割を果たし続けることになる。61年には，中米共同市場（CACM）が中米諸国5カ国により結成されている。このように，FTAおよびRTAの当初の歩みはゆっくりであり，5年ごとで見ても，60年から64年で2件，65年から69年で1件，70年から74年で4件，75年から79年で4件，80年から84年で4件，85年から89年で3件と，1年で1件に満たない状態が続いてきた（資料 WTO）。
　ところが，1990年代に入ると急激にFTA締結件数が増大する。これはEUの方針転換が大きく影響している。EUは70年代にEUとスイス，EUとアルジェリア，EUとシリアという3件のFTAを締結していたが，90年代に入ると矢継ぎ早にEUの周辺諸国とのFTAを締結し始める。EU内の体制固めができたことから，対外的な政策に打って出るだけのゆとりをEUが持ったことがわかる。いわばEUという城砦を自己の領域に築いた後，域内市場の規模が大きいという規模の経済を生かして，域外の国を取り込み始めたと言うことができる。EUが90年代に各国と個別に締結したFTAには，アンドラ，ルーマニア，ブルガリア，トルコ，パレスチナ，チュニジア等多くの国が含まれる。EUが周辺諸国を一本釣りして，結果としてEUの周りに衛星地域を形成し始めたと見なすことができる。
　一方，地域主義の動きは南米でも進んでいた。上記のように61年には，中米共同市場（CACM）が中米諸国5カ国（コスタリカ，エルサルバドル，グアテマラ，ホンジュラス，ニカラグア）により結成されたが，その後，1973年にはカリブ共同体（CARICOM）が15カ国で結成されている。現在はこの中米共同市場およびカリブ共同体は，ともに関税同盟として統合度を上げている。
　続いて，1981年にはラテンアメリカ統合連合（ALADI）がブラジル，アルゼンチン，メキシコ等，南米の主要国13カ国により結成される。さらに1988

年には，ラテンアメリカ統合連合に参加する5カ国（ボリビア，コロンビア，エクアドル，ペルー，ベネズエラ）によりアンデス共同体（CAN）が結成されている。一方，アルゼンチン，ブラジル，パラグアイ，ウルグアイの4カ国は関税同盟としての南米南部共同市場（メルコスール）を1991年に結成した。

　北米では，EUおよび南米での動きに催促されるようにして，1994年に北米自由貿易協定（NAFTA）が米国，カナダ，メキシコにより結成される。こうして地域協定による陣地取りとも言える各国間の囲い込みが，南米を先駆として北米でも行われ，90年代半ばまでに，北米および南米における地域協定の締結が一通り終了したことになる。

　旧ソ連においては，1994年に自由貿易協定としての独立国家共同体（CIS）経済同盟がロシアほか中央アジア諸国を含む10カ国で結成された。その後も，キルギスタンおよびグルジアを中心として各国間での二国間のFTAの締結が90年代後半から相次いで行われている。特に1997年にはユーラシア経済共同体が関税同盟として結成され，ベラルーシ，カザフスタン，キルギスタン，ロシア，タジキスタンの5カ国が参加している。

　中東においても湾岸協力会議（GCC）が1984年に結成され，域外統一関税を2003年に設定し，域内を原則無税とする関税同盟が完成している。さらに2010年までには通貨統合を進める予定である。

　アフリカ地域でも地域統合に向けた活発な動きが，90年代半ば以降に生じている。94年には東南部アフリカ共同市場（COMESA）がアフリカの東部，南部，さらに北東部のエジプト等も含んで結成されている。その後，99年には中部アフリカ経済通貨共同体（CEMAC）が6カ国で結成され，翌2000年には西アフリカの8カ国でも，西アフリカ経済通貨共同体（ECOWAS）が結成された。同じく東アフリカでは，ケニア，タンザニア，ウガンダの3カ国で東アフリカ共同体（EAC）が結成されている。南部アフリカでも14カ国が参加して南部アフリカ開発共同体（SADC）が設立された。グローバル経済の中で発展が遅れる西アフリカおよび中央アフリカ諸国においては，旧宗主国のフランス・フランへの依存が再度生じてしまっており，ユーロとして欧州では統合されてしまったフランスの「フラン」が，通貨名としてアフリカで残存することになった。

こうした世界各国における急速な地域統合の動きから見ると，東アジア地域での取り組みは遅れていると言わざるを得ない。アセアンが結成したAFTAが1992年から発効しており，93年からは例外品目を除き域内関税は5％以下に設定されている。今後，加盟10カ国すべてによる域内関税の5％への引き下げが，2010年に完成する予定となっている。このようなアセアンの取り組みは，後発途上国に分類されるラオス，カンボジア，ミャンマーを含むために，きわめてゆっくりとしたスケジュールを採用している点が特徴である。
　その他，アジア太平洋地域では，80年代にオーストラリアとニュージーランドのFTAが締結されており，また南太平洋地域貿易・経済協力協定（SPARTECA）が成立している。ただし，90年代に入っても，アジア地域で締結された主要な地域協定としては，南アジア諸国7カ国が結成した南アジア特恵貿易協定（SAPTA）を上げることができるのみである。
　90年代において日本が地域取り決めの締結に積極的でなかったことと，中国がWTO加盟を達成することを優先し，地域協定にまで踏み込む余裕を持たなかった点が，アジア地域，特に東アジア地域での地域取り決め締結が進まなかった最も大きな原因であると考えられる。
　ただし，2000年以降になると，東アジアにおいてはそれまでの時期とは異なり，二国間FTAに対しては，前向きに取り組む動きが出てきている。2001年にニュージーランドとシンガポールの二国間FTAが締結され，その後もインドとスリランカ（2001年），日本とシンガポール（2002年），シンガポールとオーストラリア（2003年），中国とマカオ（2003年），中国と香港（2003年），アセアンと中国の枠組み協定（2003年），タイとオーストラリア（2005年），日本とメキシコ（2005年）と，続けざまに二国間協定を主とした取り組みが進行することとなった。
　これらの東アジア諸国が取り組んだ協定の内で，一つだけ異質であるのがアセアンと中国の枠組み協定である。この枠組み協定の中で，タイ，マレーシア，インドネシアという個別の国と中国が，それぞれアーリーハーベストとして，農産物を含んだ多数の品目の関税を大幅に引き下げた。農産物によっては，今まで見られなかった中国からタイへの輸出も生じる等，新たな動きも出てきており，東南アジアにおける今後の中国との関係をいかに維持

第4章 開発政策論の課題

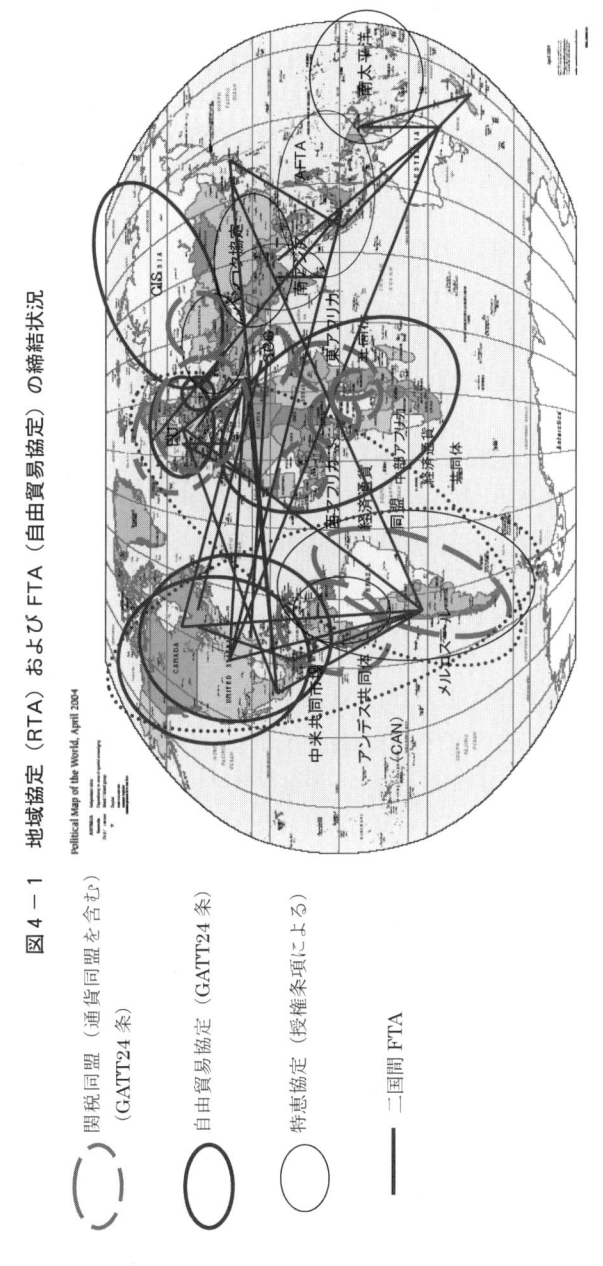

図4-1 地域協定(RTA)およびFTA(自由貿易協定)の締結状況

◯ 関税同盟(通貨同盟を含む)(GATT'24条)

◯ 自由貿易協定(GATT'24条)

◯ 特恵協定(授権条項による)

── 二国間FTA

(資料)WTOホームページ、JETROホームページ等の記載に基づき筆者作成

していくか，再度アセアンにとっての大きな課題となった。

　以上の検討から，世界全体を見渡してみると，RTA および FTA 締結の促進が進んでいるというよりも，東アジア以外の地域においては，実際にはその先を目指して，地域統合協定の締結が急増していると言える。図4－1で見ても，地域を囲う輪が東アジアでは圧倒的に少ない一方，欧州，南米，北米，中東，旧ソ連，アフリカといった各地域で，ほとんどの地域が輪で囲われている状況が生じており，地域協定からさらに地域統合，通貨統合へと進んでいる地域が増えてきていることがわかる。

　以上のような世界的な地域統合，通貨統合の動きが強まってきている一方，世界の中では，特に2003年以降，エネルギー・希少金属・素材の価格が上昇するという顕著な傾向が出現している。

　WTO（世界貿易機関）の設立は，GATT においてラウンド交渉を何回繰り返しても達成しきれなかった世界の自由貿易の推進という目的を達成するために，パネルという裁定権限を持つ機関を設置することで強制的に解決する手段を備えたところに大きな前進があった。しかし，地域統合の動きが加速する可能性が出てきていることは，一律に関税の引き下げを促し，それによる障壁の除去により世界の貿易を増大させ，消費者利益の増大を目指すWTO の手法に対して，世界各国が依存できないと考えていることを意味していると考えることができる。地域統合された地域内とその外とでは，明らかに関税，およびその他の取引コストを生む諸制度において差異が生じる。しかも，WTO を通じて世界の貿易秩序を維持・発展させようとの WTO 設立の目的に反し，現実に世界の貿易取引の場で生じていることは，エネルギー・素材価格の予想もできなかった急騰である。この価格急騰は，後述するように，地域主義の進展と大きな関係を持っている可能性が高い。現在どのような現象が世界の商品市場で発生しているのか，次項で検討してみる。

3．市場の動向

　エネルギー価格の急騰が現在生じている。図4－2で示すように，商品価格の動向を見るときに広く使われている CRB（Commodity Research Bureau）のインデックスで見ても，エネルギーに関して2003年頃から急騰して

いることが読み取れる。消費者物価指数がきわめて安定的に上昇しているのと比べても，エネルギー分野のぶれの大きさが目立つ。CPI 指数は1990年から2004年末までの15年間で50％上昇して1.0から1.5となっている。一方，CRB のエネルギー・インデックスは，15年間でほぼ 3 倍に上昇している。

次に希少金属（precious metals）を見ると，1990年から2002年頃までは安定的に推移してきているが，その後，2003年ころから急上昇が始まっている。

また，穀物等（grain ほか）について見ると，96年と2004年頃に二つのピークが生じているが，それ以外の時期においては安定しており，一方的に上昇するといった傾向は生じていない。繊維品（textiles）についてみると，90年台前半に一度下がってその後上昇するという変動はあったものの，その後は安定していることがわかる。

このように見てくると，エネルギー価格の上昇は異例であり，仮にこのエネルギー価格の上昇が地域主義，さらには地域統合主義が進んでいることと関係があるとするならば，大きな問題と言わなくてはならない。なぜなら各国には資源主権が認められており，途上国の多くには，憲法上，自国資源の国外の民間企業への取得を許し，切り売りを可能とするような利権（Con-

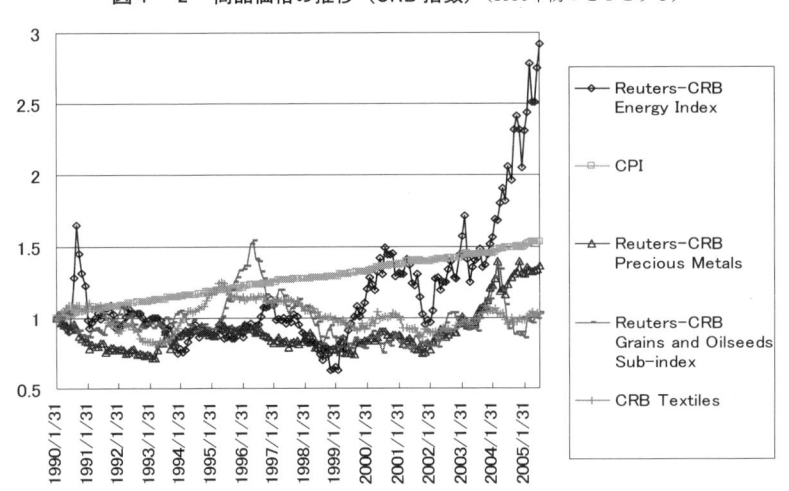

図 4 － 2　商品価格の推移（CRB 指数）(1990年初めを 1 とする)

(資料) CRB ホームページより指数化して筆者作成

cession) を認める契約を否定する条文が置かれているからである。しかも，原油価格において話題となるように，サウジアラビアあるいはイラクといった諸国では，生産コストは2ドル／バレルかあるいはそれを下回っており，生産コストに依存しないで価格が設定されている例が，特に石油を見ると顕著である。

　2006年7月現在でWTI原油で70ドル／バレル台半ばに達する原油価格は，コストに依存した適性マージンがいくらかという範疇を全く逸脱した，生産コストの最大では30倍といった破格の値段がついてしまっていることになる。しかも，大規模な供給途絶といった事態が発生したのではないにも関わらず，この高い価格が発生した理由は，生産者間の競争が不足するとともに，平常時における需要の増大を十分に上回り，しかも，リスク対応が万全であることを石油市場に示すことができなかったからと考えられる。この事態は，市場が価格をシグナルにして反応し，供給を増やすことができなかったことを意味する。つまり，市場の失敗が生じていることになるが，なぜ市場が失敗したのか，その理由としては，例えばWTOにおける議論において，エネルギーに関する問題が正面から取り上げられたことがない点が，一つの可能性として指摘できる。OPECがカルテル類似の行為を行って生産制限により価格の維持に動いても，その行動に関して妥当かどうかを正面切って議論することは今までなされてきていない。国際石油資本と資源国との結託があったと言われても否定しきれない公然たるレント追及が，国際石油資本と資源国との両方において行われてきたことになる。

　専門家が誰も予測することができない石油価格の値上がりが続いていることは，世界で進む地域主義形成の動きから取り残され，しかも，地域の石油埋蔵量が少なく，域外の地域からの輸入に依存しなければならないアジア地域を，エネルギー安全保障上，きわめて脆弱な立場に追いやることになる[4]。

　図4-3を見ると明らかなように，2004年現在，中国と日本，それに「それ以外の東アジア諸国と太平洋地域の合計」という3地域に分けた場合，消費量は，「その他アジア太平洋地域」が1,370万バレル／日と多くなっているが，この地域において生産された原油の量は440万バレル／日であり，比率にして32％に過ぎなかった。インドネシア，マレーシア，インド，オーストラリア，ベトナムといった産油国の生産量を合計しても，需要量の過半をまか

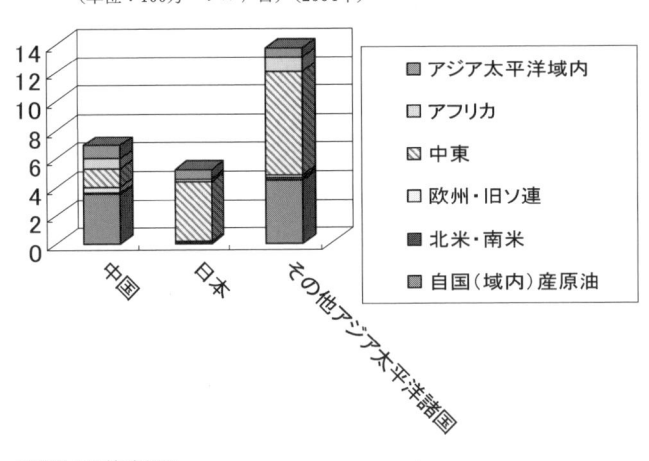

図4-3 アジア太平洋地域の石油供給（自国：自地域生産量と輸入量，輸入先）
（単位：100万バレル／日）（2004年）

（資料）BP統計2005

なうことはできず，自給率は32％であった。不足分を補う役割をしたのは中東諸国で，供給量は720万バレル／日であり，比率にして53％を占めた。中国においても自国で生産したのは350万バレル／日であり，全消費量690万バレル／日の漸く51％を供給できたに過ぎない。最も重要な域外からの輸入先はやはり中東であり，2004年ですでに130万バレル／日の輸入（18％）に上っている。

日本は520万バレル／日の消費量のうち420万バレル／日を中東から輸入しており，中東への依存比率は81％に達している。

このようにアジア太平洋地域がいずれも中東への依存度がすでに高く，しかも今後は需要の増大する部分を，中東からの供給にますます依存せざるを得なくなると予測せざるを得ない状況にある。とすると，アジア地域はエネルギー安全保障面から考えたときに，世界でも稀に，明らかに脆弱なポジションにあることになる。アジア諸国がエネルギー安全保障に関して課題が多いとすると，地域統合が進む中，アジア太平洋地域は，エネルギーの確保という面から見たときに，きわめて明白に自由貿易の確保と，それによるメリットを享受し続けることを望む諸国により構成される地域となっているこ

とがわかる。現在の世界のFTAと地域協定（RTA）が張りめぐらされた「クモの巣状」にネットワーク化して関係が深まる中で，果たしていかにしてアジア地域が，他地域で進む囲い込みによる障壁を乗り越えることができるかが大きな課題となる状況がある。

4．GATT・WTO交渉の成果

　第二次世界大戦後，IMFおよび世界銀行という金融面での協力機構と並ぶ機関として，国連の下に世界貿易組織が設立されることが計画された。しかし，この目的のために組織されたGATTは，米国が議会の反対で参加できなかったために，国連機関としての設立ができなかった。しかも，1995年にGATTの後任の機関として設立されたWTOとは異なり，パネルのような紛争解決手段を持たず，正式な事務局を持たないという変則的な機関であった。こうした中で，先進国間で生じた貿易摩擦をきっかけとして，GATTルールに違反する二国間の取り決めも数多く出現した（若杉 2001 p.220）。それでも，GATTは交渉ラウンドを重ねていくに従い，関税の引き下げを着実に前進させてきた。図4－4は，非農産品に関する関税率（貿易加重平均譲許税率）をウルグアイラウンドの前と後で比較している。1986年から93年にかけて，GATTの最終ラウンド（第8回）となった同ラウンドに至るまでに，124カ国に1地域（EC）が加わり達成された関税引き下げ率は40％に達した。関税引き下げ率は，第5回ラウンドが7％，第6回のケネディラウンドが35％，第7回の東京ラウンドが33％であった。

　図4－4で示したように，日本は1.7％にまで非農産品に関する関税率を引き下げており，スイスの1.5％と低さを世界の中で競うという状態にまで至っている。その他，米国が3.5％，ECが3.6％，カナダが4.8％といずれも低くなっている。韓国が8.3％，マレーシアが9.1％，オーストラリアが12.2％と比較的高く，さらにタイを見ると，ウルグアイラウンドの前と後では大きく引き下げているものの，依然として28％の高率となっている。

　GATTでは，関税の引き下げにあたって，ハーモナイゼーション方式と呼ばれる税率の高い品目ほど下げ幅を大きくする方式が導入されてきており，その後のWTOでの交渉においてもこの方式が利用されている。このよう

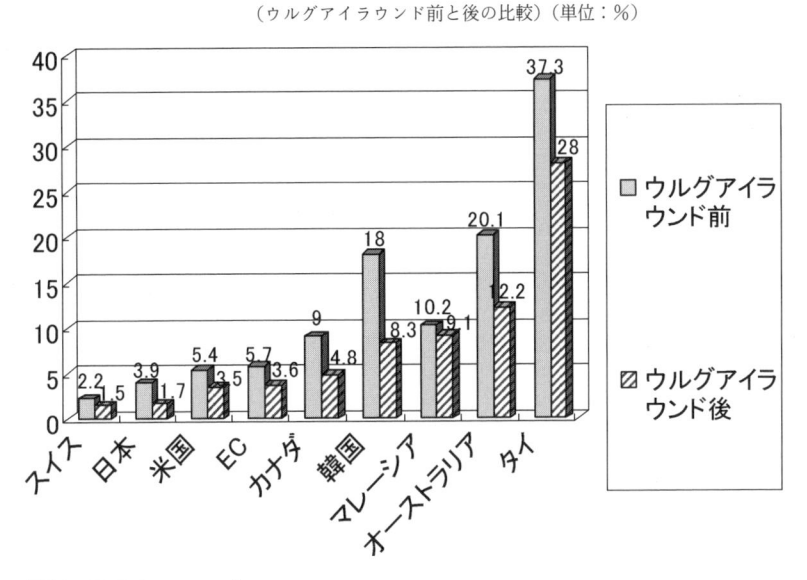

図4－4　非農産品に関する貿易加重平均譲許税率
（ウルグアイラウンド前と後の比較）（単位：％）

国	ウルグアイラウンド前	ウルグアイラウンド後
スイス	2.2	1.5
日本	3.9	1.7
米国	5.4	3.5
EC	5.7	3.6
カナダ	9	4.8
韓国	18	8.3
マレーシア	10.2	9.1
オーストラリア	20.1	12.2
タイ	37.3	28

（資料）WTOホームページ

に，高い関税率ほど大幅な引き下げを要請される例が多くなってきている。

　日本では，農産物および非農産物を含めた全平均関税率は4.8％となっており，すでにかなり低くなっている。特に非農産品に関しては，スイス，香港，シンガポールとともに世界の中でもトップクラスの低位な関税率となっている。仮に農産品に関する国内合意形成が可能であれば，アジア各国との合意も容易となり，冒頭で述べたアジアにおける地域統合への取り組みに対しても，大きな障壁が取り除かれることになる。アジア地域における今後の交渉の方向性としては，この農産物に関する国内コンセンサスの形成にかかっていると言える。

　中国では全平均関税率が10％程度となっており，大幅な引き下げが達成されている。今後の課題は，関税率よりも，国内の沿岸部と内陸部との間に存在する所得格差であると考えられている。中国はアセアンとの枠組み交渉をすでに進めており，さらにアセアン各国との，農産物を含めた自由化交渉も前倒しで進めている。中国経済圏としてアセアンを取り込む方向性が見えて

きているとすら言える段階にある。

　韓国について見ると，全平均関税率16.1%と中国より高くなっている。中国と日本にはさまれた地理的ポジションにあり，経済規模も両国と比べると小さいために，中国と日本との両方に対し優位に立つ商品，あるいは農産物はきわめて限られてしまう状況にあり，日韓FTA締結に対しては慎重にならざるを得ない。

　また，アセアン諸国の全平均関税率を見ると，マレーシアが14.5%，フィリピンが25.6%，タイが28%，インドネシアが37.5%となっており，依然として高い関税率が適用されていることがわかる。高い関税率に保護された国内産業が存在することを，このアセアンの全平均関税率の数値は示唆している。

　一方，先進国は，押しなべて大幅な関税引き下げをすでに達成している。このように，GATT体制下で一見すると，順調に関税引き下げが行われ，世界貿易がスムーズに拡大する効果が得られるのではないかとの期待を抱かせる状況が出現している。ただし，問題は多様なRTAおよびFTAが締結され始めていることで，世界の貿易秩序はきわめて煩雑な，わかりにくいものとなってしまっている点である。

　例えば図4−5で示すように，NAFTAにおける農業交渉の結果をまとめると，米国，カナダ，メキシコの3国間に，それぞれ6方向の協定が締結されているといわざるを得ないような状況が生まれていることがわかる。それぞれの国の既存の農林水産畜産業を守ろうと，各国の担当者がせめぎあうために，最終的にまとまる案はカナダ政府のように政府が直接介入して価格の下支えをすることになる（松原 2004）。また，カナダからメキシコ向けの乳製品のように協定除外品目を設けざるを得なくなる。GATT 24条に従ってFTA締結後10年で両国間の関税をゼロとすることが原則であるが，米国とメキシコ間では例外を設けて15年後と設定している（鈴木 2004 p.31）。また，米国およびカナダは，農民に対する支援策として直接支払いを行っている。そのほか，輸出向けにも米国およびカナダは様々な支援策を導入してきた。輸出信用の供与，あるいはカナダの場合は国家貿易として輸出を国が管理し，奨励することも行われてきた。米国の場合は，価格を支持することになるマーケティングローン制度の実施により，WTOルール違反を避ける実

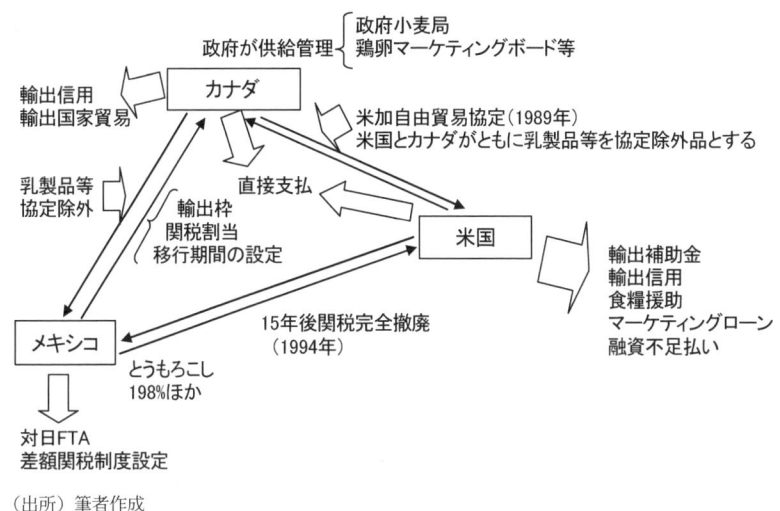

図4－5　RTAおよびFTAの現実（NAFTA農業交渉）

```
                    ┌ 政府小麦局
        政府が供給管理 ┤
                    └ 鶏卵マーケティングボード等
    輸出信用         カナダ
    輸出国家貿易              米加自由貿易協定(1989年)
                              米国とカナダがともに乳製品等を協定除外品とする
    乳製品等        直接支払
    協定除外    輸出枠
              関税割当                   米国        輸出補助金
              移行期間の設定                         輸出信用
                                                   食糧援助
    メキシコ      15年後関税完全撤廃                マーケティングローン
                 (1994年)                          融資不足払い
              とうもろこし
              198％ほか
    対日FTA
    差額関税制度設定
```

（出所）筆者作成

質上の輸出補助金の支給が行われてきた（鈴木 2003）。

　このように，米国の農業政策は，国内では農業者を融資不足払い制度とマーケティングローン制度で補助し，国外向けには輸出に補助金を付け，つまり安売りを保障しながら外国に対しては自由化と規制緩和を求めるという，「国内外のダブルスタンダード」と呼ばれる大変矛盾した施策となっている（山本 2004 p.39およびp.62）。

5．日本の農業政策

　今まで見てきた実情から判断して，FTAが結ばれていても，カナダのように農業自由化を強力に働きかけるグループ（ケアンズグループと呼ぶ）の一員として，輸出補助金の完全撤廃，すべての関税の大幅削減，さらに国内支持（補助金等）の削減を主張していても，先に図4－5で示したように，国内向け供給を管理するとともに輸入数量制限の維持を掲げる枠を設定する等の，国内農業支援策を導入している例がある。本音と建前が異なるのが，交渉が締結された後における実際の姿となっている。

農業においてFTA協定を締結しようとした場合,「お互いの農業や農政の独自性を認めることがもっとも現実的な処理策」(松原 2004 p. 31) という指摘はもっともである。特に二国間協議において新たに大きな変革を交渉相手国の農業者に求め,それを押し付けることは,大きな社会的混乱を生じさせる可能性がある。

　このように考えてくると,二国間協議の限界もまた見えてくる。だからこそ,WTOの農業交渉に臨む日本の方向性がどのようであるべきか,実態に基づいて把握しておくことが必要となる。国際交渉の場で日本が立脚する主張が客観的に見てどのような位置にあり,今後の交渉により何が決まるのかを冷静に検討することで,日本の採るべき方針は明らかとなる。

　しかも,大切なことは,WTOにおける農産物交渉の方向性はすでに定まってきており,高関税の農産物の関税率引き下げは不可避となっているという点である。日本は,ウルグアイラウンドでセンシティブ品目として容認されたコメについては490%,小麦では210%という高い関税率を設定した。日本は,例外なき関税化が方針であったウルグアイラウンドで,コメに対する一律の関税化に強く反対した。このため逆に,一定量の輸入を義務付けられるミニマムアクセスも同時に受け入れざるを得なかった。

　しかし,今後のWTO農業交渉においては,高率の関税からまず大幅に引き下げることを求めるハーモナイゼーション方式が導入されることが,交渉の方向性としては合意されていると言わざるを得ない状況がある。ということは,コメの関税率は200%あるいはそれ以下の100%程度まで引き下げざるを得なくなることは不可避と考えられる。ただし,図4-6で示すように,日本の農産物全体で見た平均関税率は12%まで低下しており,特に野菜の関

図4-6　日本の関税率

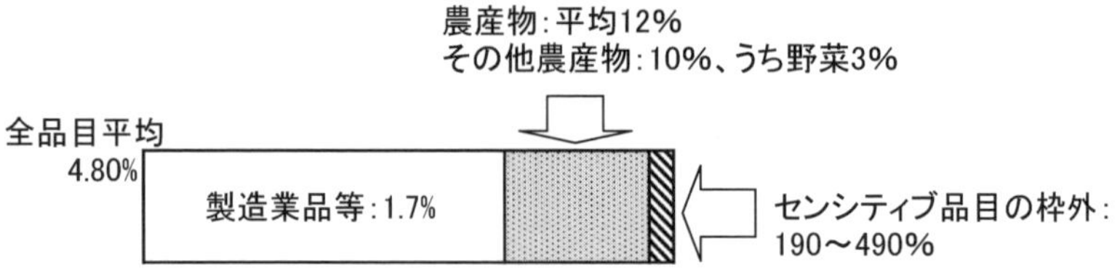

農産物:平均12%
その他農産物:10%、うち野菜3%

全品目平均 4.80%
製造業品等:1.7%
センシティブ品目の枠外: 190〜490%

(筆者作成)

税率は3％であり，すでに中国，韓国等の近隣諸国との農産物の輸出入競争が始まっている分野も多い（鈴木 2005）。競争は韓国，中国と距離的に近い九州地域では激しくなっている。九州における野菜農家は，こうした厳しい競争の発生によりすでに鍛えられているとされる（鈴木 2004）。今後，関税率の引き下げとともに，日本全土を含めたアジア圏で農産物の輸出入競争が激化し，米価も低下傾向をたどると予測できる。

ただし，農産物においては，その種類による差が生じる場合があり，また，日本国内産の場合にプレミアムが付いて高く売れる場合があるという点に注目する必要がある。しかも，同じコメと言っても，質と用途が異なる場合が多い。日・タイ間の FTA においては，コメ自由化をめぐって交渉に時間を要したが，ジャポニカ米とインディカ米は需要先および用途が異なっており，明確に差別化して販売することが可能と考えられる（2005年9月のタイ現地調査による）[5]。

日本の消費者は，国産の農産物に関して，ブランド価値・国産プレミアムが存在すると明らかに認めている。この点は統計的にも確認されている（鈴木 2005）。日本としては，内外価格差が存在し続けることを毎年 OECD の報告書において指摘され続け，非関税障壁が存在すると言われ続ける愚を避ける必要があることは明らかである（OECD "Agricultural Policies in OECD countries"各年）。今後，日本側から説得力のある説明を準備するためには，商品・農産物別の詳しい部分均衡分析を行うことで，農業分野の競争力を明らかにしていくことが望ましい。農業品の価格だけを単純に比べ，質の差を問わない場合，日中韓のうちで最も価格が高く競争力がないのは明らかに日本であり，韓国には日本に輸出できるものが存在する。ただし，中国が登場すると，韓国はほとんどの農産物で競争力を失う可能性がある。しかし，消費者がプレミアム価値を認めれば，立場は逆転することもあり得る。韓国および中国大陸から距離的に近いということもあり，九州地域の野菜に関しては輸出競争がすでに始まっており，鈴木（2005）の分析にあるように，競争状態に関する統計を用いた研究も発表されている。生乳，ピーマン，豚肉というように，個別の品目ごとに検討することで，国産プレミアム分を推定することが可能となる。

特に二カ国間の FTA からさらに地域協力，地域統合へと協定内容が深化

するにつれて、新たに配慮すべき事項が出てくる。日本はアジア全体の発展を考慮しつつ、受け入れるべきものは受け入れるという立場が必要と考える。ODA は相手国へ出かけるばかりでなく、自国にいても、他国に対する協力という意味では実施できる。しかも、アジア太平洋地域から日本向けに供給される農産物には、日本人あるいは日本からの技術・商品が関わったものが多い。

例えば、オーストラリアで栽培される豪州米は、1905年に入植した日本人移住者の苦心の作であるということが知られている。また、中国でのジャポニカ米生産は、実は、日本商社と種苗会社が牽引して行われており、品質も大幅に向上してきている。こうした事実一つ一つに目を配り、OECD が発表した市場自由化論("Open Markets Matter" 1998) を超えるアジア型の自由化論の構築を目指すことが期待される (OECD 1998)。

以下では、ウルグアイラウンドおよび WTO での農業交渉の推移を確認した後、日本の農業政策の方向性について議論を進める。

5-1. ウルグアイラウンドおよび WTO での農業交渉

世界の貿易自由化の拡大と深化を目指す交渉は、GATT およびそれを引き継いだ WTO (世界貿易機関) により進められてきた。GATT のウルグアイラウンドでの農業交渉の成果を受け継ぎ、WTO においても農業分野の交渉が、2000年3月から開始されている。2001年11月のカタールでの WTO ドーハ閣僚会議では、(1)輸出補助金の削減あるいは撤廃、(2)貿易を歪める国内補助金の削減、(3)関税削減等の市場アクセスの拡大、という3項目につき交渉を進めることが合意された。引き続き、2004年7月には WTO 一般理事会において、農業問題につき決定すべき事項 (交渉枠組みと呼ぶ) が合意され、上記(1)の輸出補助金は期限付きで廃止し、(2)の国内補助金は「階層方式」により大幅に削減し、(3)関税の大幅引き下げを図るとされた一方、各国が設定する「センシティブ品目」(例えば日本のコメ) に関しては別個の扱いをする、との決定がなされた。2001年の WTO ドーハ閣僚会議の取り決めが、2004年に一層はっきりと方向付けられたことになる。

上記(2)で言う「階層方式」は、関税が高い品目から低い品目までをいくつかの種類に分類し、関税が高い品目は大幅に関税を引き下げ、低い品目では

小幅な引き下げを図るという関税の高低により差をつける方式で，全貿易品目の平均として見ると大きな比率で関税率の引き下げを図る方式である。各国に課される引き下げ率の詳細についての決定は，今後の議論により決められていくことになるが，この階層方式を導入することがWTOで合意された以上，今後，高関税の品目は大幅に関税を引き下げざるを得ないことがはっきりしたことになる。また，「センシティブ品目」とは，農産品のうち，日本のコメのように，社会的に大きな意味を持ち，その国にとり重要であるとして市場開放に対する制約を設けることが当該国から強く要望された農産品のことである。このセンシティブ品目に関しては，関税割当制度により，一定量までは低い関税を適用するものの，一定量以上の輸入に関しては高い関税を課して自国産の農産品を保護する制度が，従来は認められてきた。

5-2. 日本のコメ政策

日本はコメの輸入増大を押さえるために，1998年までは関税化の例外措置を導入し，輸入数量制限を行った。ただし，ミニマムアクセス分として消費量に対する最低限の輸入を行うことを約束せざるを得ず，消費量に対する比率で，1995年で4％，6年目の2000年で8％と，徐々に増える形で外国からのコメ輸入を行った。

その後，WTO農業交渉が開始されるにあたり，1999年からはコメのミニマムアクセス量がさらに増大するのを押さえるために，コメに対する関税を2段階に分けて，一定量のミニマムアクセスを維持するものの，2次関税（490％）を支払えば誰でも輸入可能となる制度を導入した。この490％という高関税は，国内のコメの生産者価格を下支えする意味を持った。しかし，WTOでの農業交渉が進むにつれて，高関税を維持することが難しくなってきている。高い関税率を課した農産物に関しては，引き下げ幅も大きくすることがすでにWTO農業交渉で合意されている。現行のコメの関税率の490％は，その上限が，今後は少なくとも米国が主張する200％程度まで引き下げられると予測され，100％まで引き下げられる可能性も出てきている。

5-3. 日本の今後の農業政策

日本の食料自給率は，1965年度の73％から1998年度に40％まで低下し，そ

れ以降は7年連続で40％程度で推移している。欧米諸国の食料自給率は，フランスが130％，アメリカが119％といずれも食料輸出国となっており，そのほかドイツが91％，英国が74％といずれも日本より大幅に高い。日本の食料自給率は主要先進国中で最低であり，しかも，上昇するきっかけが見られない点が大きな問題であるとされてきた。また，日本の農業就業人口は平成2年度の482万人が平成16年度には362万人まで減少しており，そのうち65歳以上の農業就業人口は，平成2年度の33％から16年度には57％に達してしまっている（平成16年度・農業白書）。

　世界各国の状況を検討すると，各国は各々自国の農業分野の育成策を強化しており，自給率の向上を目指した多様な政策を導入してきている。日本は世界最大の食糧輸入国として貿易自由化の恩恵を最も多く受ける国であると言える。ただし，それとともに，農業従事者が日本の田園地帯の環境を維持してきている点にも大きな配慮を払う必要がある。WTO農業交渉による自由化の方向性が定まり，コメの関税率引き下げが不可避となった状況をとらえて，日本の農業政策を，コメのような農産物の生産者価格を高く維持する制度から転換し，国土保全あるいは環境面での配慮をより強く出す必要があると言える。農産物の価格は国際競争を可能とする価格に収斂するものの，農地耕作者および地域に根ざした農業者の共同体といった農業を支える人々に対しては，財政的支援をする制度として大幅に組替えていく必要が生じていると言える。直接支払い制度は，米国を始めとして多くの先進国が取り入れており，こうした直接支援策の導入により，日本の農業分野の関税引き下げは可能となる。また改革の道筋としても，農業が今後のFTA交渉の障害とはならないことを明確にすることができる。

6．グローバリゼーションの進展と農業政策

　今までの検討により，世界が，日本の方針転換の先を行くかたちで，急速に地域統合および地域共通通貨の形成を目指して動いていることが判明した。日本が「WTOがだめならFTAがある」といった便宜主義あるいは御都合主義とも呼べる安易な方針を採用している間に，世界は大きく動いたことがわかる（田代 2004）。

日本のWTO向け政策は，今後は，すでに海外展開を推し進めた多国籍企業群に続き，中小・中堅企業，農業関連団体のアジア展開の容易化を目指す必要がある。国際展開を一定程度完了している大企業とは異なり，今まで海外進出を行ってこなかった企業および団体に対しては，輸出入コスト削減を目指した支援・教育・情報提供策が有効となるはずである。支援が効果的であれば，取引費用（transaction cost）を引き下げることが期待できるようになる。

　世界各地域で地域統合が進み，統合された地域内での規模の経済が確保されつつある現在，アジアは依然として対外的にはオープン・リージョナリズムを採用するとの姿勢を貫いている。アジア地域が，EUを始めとする「城壁」を築いた地域から差し出されるFTAによる一国ずつの一本釣りに会い，草刈場とならないためにも，世界的なバランスをとる意味で，アジアにおける地域連携の強化が必要となっているとの共通認識が必要となる。

　しかも，日本では，課題とされてきたコメの全面関税化と関税率の引き下げが不可避であることが漸く知られるようになってきている。外堀としてのWTOの議論の中で，日本の農業政策の転換が不可避であることが明らかとなってきている。そうだとすれば，この機会を捉えて農村と農業の意義の再評価に前向きに取り組むべき，ということになる。生源寺（2003 p.109）が指摘するように，都市と比べると開発への圧力が弱い農村および中山間地に対しては，国内の各地域が知恵を絞って設定する厳格なゾーニングによって，アメニティに富んだ空間の形成を目指すことが可能となると考えられる。

　しかも，農業に関しては，欧米諸国でも当然のように国の手厚い関与が行われていることを知る必要がある。農業での「直接支払い」の手法は，米国，EU等の農産品輸出国の農業保護手法として一般的に導入されている。日本でもこの直接支払いは中山間地に対してはすでに導入が始まっている。今後は，地域ごとに大きく異なる特性を持つ日本の農村向けに，いかなる形で実施していくか，合理的な手法の選択が必要となっている。

　留意すべきなのは，農業者に対する直接支払いの実施は，農業者を甘やかすことを意味しておらず，財政的に見ても，従来の転作奨励金の支給額と比べると，総額は明らかに減少し，今まで以上に農家の自立が求められる状況

があるという点である。しかも，農産物に関する関税は，今後も引き下げられていくものであり，農業者の選別は進まざるを得ない。また，今後はタイ，ベトナム等各国からのコメは，用途に応じて，関税さえ支払えば輸入が可能となってくることが予測できる。

　このような状況が確実に予測できる中で，日本が努力すべきなのは，農業を含めてアジアでの市場育成の必要性を広く訴え，取り組みを進めることである。農産物，エネルギー等，現状ではアジア域内での取引が依然として活発化していない分野も少なくない。WTO交渉の情勢から見て，日本は，まず農業分野での一定程度の譲歩が可能であることを表明する時期にきていると言える。このように日本が譲歩の姿勢を示すことで，アジア地域市場の形成は大きく進捗することになる。

　日本では，農業を悪玉とすることで改革を怠ってきた他の産業分野が存在する。こうした分野の改革を進めるためにも，このような農業分野における改革の宣言は有効である。運輸・建設・港湾・荷役をはじめとして，国内で既得権益として，高コスト構造を形成してきた産業分野への見直しに大きく取り組むことが可能となる。

　さらに，日本が加わるかたちで，アジア全体における製造業，サービス業，農業を含んだ途上国の発展に向けたグランドデザイン，市場育成策の作成に取り組むことも可能となる。日本のみを見た場合でも，本来，存在してほしいサービスが不足している一方，雇用の確保に結びつく新産業の創出が進まないという課題が依然として多く存在している。橘川ほか（2005）が指摘するように，産業構造の変化に対応して，地域における産業・企業の革新的対応がなされるとともに，それが雇用の創出に結びつき，最終的には日本経済の再生に貢献していく結びつきが望まれる。

　日本の農業分野での生産が確立され，関税化という譲歩があって初めて，こうした実りある取り組みが地に足のついたものとなる。この場合，アジアでの自由な市場を形成して地域内の交易をいっそう活発化させるためには，制度のハーモナイゼーションが重要である。現在中国では，WTO加盟時に約束したスケジュールに従い，国内市場を開き，外国企業への参入を認め，国内企業と国外企業との差別的な扱いを撤廃していく必要が生じている。また，国内価格を是正し，関税を引き下げ，そして国際価格へ国内価格を収斂

させていく必要も生じている。いよいよアジア諸国全体を覆う市場の構築を構想することが必要な時代が訪れようとしている。産業の各分野において，このようにアジア市場を考え，拡大した市場の中で，いかに勝ち抜くかを考え戦略を構築する必要が，各国・各企業で生じていることも確かである。まさにアジア全体での市場形成を進めるための絶好の時期に差し掛かっていると言うことができる。

　一方，アジア域内で共通市場を形成していくことは，日系企業にとっては新たなビジネスチャンスの出現を意味する。今後のアジアの市場形成を進めていく際に，障害となる事項を確認するとともに，市場で価格メカニズムが機能しない場合にはその是正を図る必要がある。新たな作業も必要となる。それは，アジア全体での部門別部分均衡分析を実施して，共通市場内での競争力・環境負荷の大小を評価し，問題があればその部分の是正を図ることである。現在，関税賦課は，貿易統計の商品分類コードであるHS（Harmonized System）8桁に依拠して実施されているが，市場自由化効果の分析は，一般均衡分析としてHSあるいはSITC（Standard International Trade Classification）コードで1〜2桁の精度でしか実施されていない。より精緻に，タイのコメと日本のコメは用途が異なるとの前提に立った部分均衡分析が，少なくとも6桁の分類に基づいて精緻に実施される必要が生じている。

　このように日本の政策は，今後はアジア全体の発展を考慮するポジションに置かれるべきである。その一方で，国内の農業者に対する支援を継続し，農村および中山間地の環境を守る必要もあることは確かである。ただし，先に見たように，九州地域を中心として，韓国および中国との野菜の輸出入競争が激化しているように，今後の農村および中山間地の支援策の実施は，地域ごとの特徴および差異を十分に考慮したものとしていく必要がある。さらにより詳しくは，市町村合併後の多様な地域からの発信を尊重する施策が望ましく，全国一律の制度の導入は避けるべきだと言わざるを得ない。国内における公平さの意味するものが，地域によって異なることを認めることが必要となる。

　国内向けの農業者，中小企業者，中山間地の居住者向けの支援策は，地域ごとの特徴と特性を考慮しつつ，経済分析に基づいた見直しを繰り返し，

オープンな形で実施されていくことが必要となる。しかも，国内の問題に一定の決着をつけ施策をまとめることが，ただちにアジア域内で共通に取り組むべき施策に踏み切る機会を日本に与えてくれるとの認識が重要となる。アジアでの地域統合に向けた協議が進む中，アジアをとり巻く市場構造が変化しつつあり，取引コスト削減策の強化とその提供が必須であることも重要な視点である。戦略性を持った日本の施策がアジアから信頼され，アジアの発展に寄与するよう，大胆な政策転換が求められている状況を認識する必要がある。

第5節　貧困問題への対応

　世界には絶対的貧困といわれる，その日その日の暮らしにも困る，困窮した状態にある多くの人々（13億人とも言われる）が存在している。貧困問題は，現代社会において人類が共通して取り組まなければならない最も急を要する重要な課題の一つである。しかも，南側の途上国と北側の先進国との間の経済格差が存在し，現世代の間における分配問題が解決できないどころか，格差が拡大する方向に動いているのが現状である。経済発展が所得の増加をもたらすとして，途上国からは，工業開発の結果としての「環境汚染が欲しい（We want pollution）」という言葉すら聞かれる。こうした言葉が聞かれるということは，先進国で得られているような経済発展の成果の分配としての所得の向上が見られない地域が，世界各地に多く存在していることを意味している。

　表4－2で示すように，人口比で1日1ドル以下で暮らしている人々が多数存在する。購買力平価換算の数値で示すので，物価が安いとしても困窮の度合いは高いと言わざるを得ない。

　高い順番では，ザンビアで75.8％，ナイジェリアで70.8％，マダガスカルで61.0％，ニジェールで60.6％となっている。6割あるいは7割の人々が1

表4－2　貧困比率（購買力平価で1日1ドル以下の人口）（単位：人口比％）

		比率(%)	報告年
1	ザンビア	75.8	2002
2	ナイジェリア	70.8	2003
3	マダガスカル	61.0	2001
4	ニジェール	60.6	95
5	ガンビア	59.3	98
6	タンザニア	57.8	2000
7	ジンバブエ	56.1	95
8	ブルンジ	54.6	98
9	ハイチ	53.9	2001
10	ルワンダ	51.7	2000
11	ニカラグア	45.1	2001
12	ガーナ	44.8	99
13	マラウイ	41.7	98
14	モザンビーク	37.9	96
15	レソト	36.4	95
16	バングラデシュ	36.0	2000
17	インド	34.7	97
18	カンボジア	34.1	2003
19	ベニン	30.9	2002
20	ブルキナファソ	27.2	98
21	モンゴル	27.0	2002
22	ラオス	27.0	2000
23	モーリタニア	25.9	2000
24	ネパール	24.1	2004
25	ボリビア	23.2	2002
26	エチオピア	23.0	2000
27	ケニヤ	22.8	97
28	セネガル	22.3	95
29	モルドバ	22.0	2001
30	ホンジュラス	20.7	99
31	エルサルバドル	19.0	2002
32	カメルーン	17.1	2001
33	パキスタン	17.0	2002
34	中国	16.6	2001
35	パラグアイ	16.4	2002
36	エクアドル	15.8	98
37	イエメン	15.7	98
38	フィリピン	15.5	2000
39	コートジボアール	14.8	2002
40	グアテマラ	13.5	2002
41	ペルー	12.5	2002
42	南アフリカ	10.7	2000

（資料）World Bank, World Development Indicators 2005より作成

日1ドル以下で暮らしている状況は，大きな問題と言わざるを得ない。ナイジェリアはOPECにも加盟する大産油国であるが，所得の公平さを確保する手立てが十分ではないと考えられる。貧困の比率が高い国は，サハラ以南のアフリカと中南米に集中して多いことがわかる。

ただし，アジアでも，16位にバングラデシュ（36.0％）が登場しており，17位がインド（34.7％），18位がカンボジア（34.1％），21位がモンゴル（27.0％），22位がラオス（27.0％），24位がネパール（24.1％），33位がパキスタン（17.0％），34位が中国（16.6％），38位がフィリピン（15.5％）と続いており，アジアにおいても貧困は大きな課題であることがわかる。

世界を地域別に見ても，サハラ以南のアフリカでは44.0％という高い比率で，1日1ドル以下で暮らす貧困層が存在する。南アジアにおいても31.1％という高率となっている。

一方，東アジア太平洋では平均すると11.6％であり，中南米でも平均では8.9％となってい

127

表4-3 世界の地域別の貧困比率
（購買力平価で1日1ドル以下の人口）（単位：人口比％）

	比率(％)	報告年
サハラ以南アフリカ	44.0	2002
南アジア	31.1	2003
東アジア太平洋	11.6	2002
中南米	8.9	2002
欧州中央アジア	2.1	2002
中東北アフリカ	1.6	2002

（資料）World Bank, World Development Indicators 2005より作成

る。サハラ以南のアフリカおよび南アジアでは，ほとんどの国で貧困が大きな問題であるが，他方，東アジア太平洋および中南米では特定の国において貧困が大きな課題であることがわかる。

サハラ以南のアフリカの困窮した状態は開発経済学における最大の課題となっている。峯（1999）は，1970年代から80年代にかけてアフリカで飢饉が発生した理由は，政府介入の失敗ではなく，政府の不在がもたらしたものだと指摘する。貧困の問題に取り組むためには，GDPの数値の大小だけに捉われない多様な取り組み，つまり，アマルティア・センが指摘する理論的枠組みと実際の施策として活かしていく試みが必要となると考えられる。

国連は2000年に開催された国連ミレニアム・サミットで，「ミレニアム開発目標」と呼ばれる貧困削減のための行動目標を設定した。1990年比で2015年までに1日1ドル以下の人口を半減するとの目標を立てている。そのほか，初等教育の普及と男女差の削減，5歳以下の児童の死亡率の低下，妊婦の健康への配慮，エイズ対策，環境・健康問題に配慮した持続可能な社会の形成等が重点項目として掲げられている。IMFおよび世界銀行は合同で，重債務貧困国（HIPC）は，それぞれの国が自ら社会セクターを重視した内容の貧困削減戦略ペーパー（PRSP）を作成することを求めるとしている（World Bank & IMF 2002）。

このように世銀およびIMFが途上国の意向を尊重する姿勢を打ち出すにあたっては，アマルティア・センの思想の影響が大きく反映している。先に第2章で記したように，センは，機能（functionings）および潜在能力（capability）という二つの考え方を重視した。機能は，「個人の多様な活動の基礎となる自立的な生き方・あり方」，「ひとがなしえること，あるいはなりえるもの」を意味し，潜在能力は，個々人の潜在的な選択能力のことであり，

「個人が自己の主体的意思に基づく選択を外的に妨げられないのみならず，実際に達成可能であるような諸機能（生き方・あり方）の集合」を意味する（鈴村・後藤 2001 p.25）。

さらに，重要な概念として権原（entitlement）を付け加える必要がある。エンタイトルメントは，「ある個人が支配し，消費を選択することができる財の集まり」を意味する（Sen 1983）。個人は，所与の権原とともに，交換エンタイトルメントと呼ばれる交換を通じて後から獲得できる権原との両方を持つことができる。「妊娠している女性は，安全な出産というケイパビリティを実現するために，栄養や医療といった点で，そうでない人々よりもいっそう多くのエンタイトルメントを必要とする」と表現される（絵所 1999 p.205）。

貧困は，個人のケイパビリティの剥奪を意味しており，貧困問題の解決のためには，ケイパビリティを回復させるべく，エンタイトルメントの拡大を目指す必要が生じることになる。飢饉による餓死者が発生した事例は多いが，しかし，こうした場合には，農産物の不作が原因というよりも，政府の無策がその原因であったり，また市場も失敗する（購買力を持たない不作の土地から，購買力を持つ大都市に農産物が流出する）という事例が報告されている（Sen 1981）。

飢饉に対する食糧エンタイトルメントの確保により，個人のケイパビリティを守るという一貫した方針を維持し，そのための施策を断固として実施するよう，中央政府および地方政府が方針を打ち出すことは必要である。また，共同体所有形式が残っている地域において，私有制の導入が進行することに対しては十分な注意（あるいは警戒）が必要となる。私有制が土地の囲い込みを促進し，多くの貧困層を生み出してしまうこともあり得るからである。

先進国では，持続可能な資源の利用を目指すゆとりを持つが，途上国では，そもそも資源が未開発であり，現在その開発を求めている状況にある場合も多い。北方の諸国は地球温暖化を懸念し，化石燃料の利用がその原因と考えるが，南方に位置する途上国の側は，温暖化が生じているとしてもそれは工業化された先進国によりもたらされたもので，なぜ，収入の少ない途上国が発展の速度を落とさなければならないのかと問うている状況がある。

例えば，中国は世界最大の石炭消費国であり，高成長を続ける中，いっそう多量の石炭を消費せざるを得なくなっている。このように中国は，地球の5分の1の人口を擁し，しかも国の発展を目指しており，欧米の環境保護主義者が中国の石炭利用の拡大を憂慮しているが，国内に豊富にある石炭資源の利用を拡大しないと国が発展できない状況にある。

こうして，北の先進国では，資源利用と環境における持続性を重視し，南の途上国では，早期の経済発展を求めるという状況が生じており，この状況に対しては，どこかの時点で，北と南の諸国との間で折り合いをつける，あるいは「取引」をする必要が出てくることになる。援助機関は市場改革を求めたり，巨大プロジェクトに関しては環境面での配慮を要求するが，工業国は資源と環境の保護のために財政的援助を行うとともに，途上国が成長のために投資することを認める必要がある。例えば，債務と自然とのスワップを途上国は認めるとか，あるいは，京都議定書で認められた手法の一環としてのCDM（クリーン開発メカニズム）[6]の導入を促進するといった方策が重視されるべきである。今後，途上国においても持続可能な発展を達成するためには，先進国から途上国へ資金が向かうことが必要で，それにより途上国の資源の保護が可能となり，北の諸国も利益を受ける。

そのほか大きな課題としては，都市化の問題がある。現在は，途上国においても中間層と呼ばれる都市労働者，事務系の中間所得層が増大しており，貧困層の所得向上をよりいっそう難しくしつつある。途上国において拡大しつつある中間層は，消費水準が上昇してきている。これら中間層は，資源をより多く使うのみでなく，よりクリーンで持続的な環境を求めるようになってきている。都市の貧困層と中間層との間では，経済格差，差別，教育問題等で種々の軋轢を生じさせる例が生じている。

一方，山間部等の地方に住む貧困層では，アジア，アフリカ，南米においては，焼き畑を行う場合が見られる。また，アフリカでは羊飼い，薪の採取等も貧困層が行っている。そのほか，アフリカの内陸湖では魚資源を枯渇するまで採取してしまった例も生じている。

また，アジアの河川においては，下水と生活用水との併用をしてしまい，飲み水が圧倒的に不足し，インドネシアのジャワ島のように飲用できる水が煮沸しないと得られないという状況も生じさせてしまっている。

こうした場合，貧困層に資源問題および環境問題に配慮するように求めても困難である場合が多い。貧困層は，将来を大きく割り引いて（ディスカウントして）生きており，つまり，現在を生きるので精いっぱいで，将来何かが得られるから今は我慢しろと言っても通じない。したがって，省資源は考慮しないし，今節約することはできず，環境に配慮することも難しい。そもそも，自分と家族の健康に十分な配慮を払うゆとりを持たない場合が多い。

このような状況を脱するために制度面からの提案がなされることがある。途上国においても，先進国におけるのと同じく，発展を促すためには所有権を確立することが重要だとの指摘である。ただし，貧困層が大部分を占める諸国では，環境への負荷が生じていても，国が貧困層の共有物へのアクセスを規制したり，課税したりすることは，正しくなく，公平でもないと考えられる。貧困層は，いつも資源劣化の犠牲者であることがほとんどである。入会地のように慣習としての「共有」といった掟が存在するところでは，むしろ既存の慣習を大切にしつつ，自然資源の有効活用を図ることが重要な場合が多い。貧困層が資源に対して持つ利害関係を詳しく調べ，その利害関係を確保・維持する手立てを検討しつつ，より効率的な資源の利用を目指すことが望ましい。

途上国の貧困対策の最も重要で，かつ有効な解決策は，経済発展の促進であることは間違いない。ただし，絶対的貧困に至った場合には，資源保護は守られず，枯渇することにも構わず，徹底的な資源の利用が行われてしまう場合もあり得る。生産者である農民，林業者，漁民においては，資源を保護するインセンティブが存在し得るが，遊牧民，移住者，土地なし住民においては，守るべき資産がなく，環境を劣化させてしまう可能性が高くなる。

熱帯雨林の利用に関しても，先進国はアメニティや生産的な利用を求めるが，途上国では，材木の輸出と農地拡大の観点から熱帯雨林を見ており，利用できるものが存在しないか，あるいは換金できるものがないか，という視点から見ることになる。

今後の貧困問題への取り組みにあたっては，アマルティア・センが厳密な定義を行ったケイパビリティ，およびエンタイトルメントという有用な基礎概念を活用し，地域ごとの特性を十分に配慮しつつ，伝統的な社会を尊重した上での個人の選択肢の拡大に向けて効果的な施策を打ち出していくことが

期待される状況にある。

注
1）谷口誠は1990年代前半から東アジア共同体の出現とその必要性を検討してきたと述べている（谷口 2004 p.i）。
2）GATT 24条によりFTAを締結する際には，締約国間では実質的にすべての貿易を自由化し関税をゼロとすることを要請されるが，実際には例外品目が認められており，現在の運用の目安としては，二国間の貿易の90％を無税とすれば，GATT 24条の最低基準を満たし，95％を無税とすれば，これまでのFTAの平均をクリアしていると見なすものが多いとされる（伊藤ほか 2005 p.5）。
3）当方を胆沢町（現・奥州市）の委員会委員として任命して下さり，たびたび訪問する機会を作って下さった，岩手県胆沢町の皆様に深くお礼申し上げる。同町を繰り返し訪問させて頂くことで，農業者の方々の生の声を聞く機会を持つことができ，日本ばかりでなく，国際的な農業政策に関する理解を深めることができた。すでに，農業の国際化への対策を考えておられる方々が多くいることを知ることができ，大変な新鮮な驚きであり，感銘を受けた。
4）PIW誌に記載された2004年および2005年の原油価格のアナリストによるWTI価格の予測値（2004年11月時点での予測）（単位：ドル／バレル）

所 属	評価者名	2004年	2005年
AG Edwards	Bruce Lanni	41.05	38.00
CERI	Vincent Lauerman	42.00	37.00
Deutsche Bank	Jay Saunders	41.91	37.50
EIA	Dave Costello	42.14	47.38
First Energy Capital	Martin King	40.30	38.00
Lehman Brothers	Paul Cheng	42.10	35.00
PFC	Roger Diwan	42.00	43.00
Prudential Sec	Michael Mayer	41.00	35.00
Purvin & Gertz	Ken Miller	41.80	46.00
Raymond James	Darren Horowitz	41.44	44.00
RIE	Davide Tavarelli	41.42	39.91
SEER	Michael Lynch	40.98	30.23
平 均		41.55	39.25
最高値		42.14	47.38
最低値		40.30	30.23

（資料）PIW誌 November 22, 2004 p.3より作成

5）ミニマムアクセスにより輸入されているタイ米は，加工用に用いられているが，タイで食べるタイ米は，現地駐在員の間でもカレー用，あるいはチャーハン用としては大変美味しいと評判であった。安く美味しい米で，しかも用途も食感も異なるのであれば，タイ米の輸入の拡大を徐々に認めていく方向性を打ち出すことに躊躇すべきでないと言える（2005年9月のタイ調査に基づく）。日本のこうした政策の実施は，タイの米作農民の所得向上に役立つことは間違いない。

6）CDM（クリーン開発メカニズム）は気候変動枠組条約第3回締約国会議（COP3）で創設された制度で，排出削減目標を掲げた先進国（京都議定書付属書I国）と途上国（非付属書I国）との間で，温室効果ガスの削減プロジェクトを実施した場合に，削減量を双方の国の間で分け合うことができる制度である。CDMプロジェクトとして認定され，排出権（CER：Certified Emission Reduction）を取得するには，定められた厳密な認証手続きを経る必要がある。CDMが実施されることで，途上国での環境負荷軽減は勿論，さらに技術移転，雇用の創出といった効果が生じることが期待されている。

　2013年以降のポスト京都の制度に関する議論がなされる際にも，CDMをいっそう拡充して途上国での環境プロジェクトを実施する案が出されている。

第5章
持続可能性と開発論

第1節　持続可能な開発の考え方

1．なぜ持続可能性なのか

　次世代にも適合できる社会のあり方を問う，持続可能な開発という考え方は，地球環境問題の深刻化が生じているとの認識が深まるにつれて，いっそう重要な意味を持つようになってきている。1997年の国連特別総会では環境と開発に関する議論が行われ，日本政府は「持続可能な開発のための21世紀イニシアティブ（ISD）」を発表し，途上国の環境整備と地球環境の保全のために最大限の努力をするとの決意を表明した。

　それでも，以下で見るように，環境問題に配慮した中での経済発展という，持続可能性を考えた経済開発が必要となっているとの認識は，地球環境に対する汚染を防ぐための取組みが目指されるとともに，確実に高まってきていると考えられる。問題は，いかにして，何を目標として，持続可能性を考えるかという点にある。

　本節では，持続可能な開発に関する従来からの議論を整理した後，環境問題がいっそう重視される中で，持続可能性の意味と開発のもつ意味が変遷を遂げてきている現状を検討し，さらに今後の課題と対処策を考察する。

2．持続可能な開発という考え方，その歴史

2-1．持続可能性に関する国際会議等での議論

　1972年にストックホルムで113カ国の代表が参加して開催された国連人間環境会議で，貧困撲滅が世界にとっての最大の課題であり，したがって，「最大の環境問題は貧困である」との主張が途上国サイドからなされた。この会議で問題視されたのは，宇宙船地球号と呼ぶことができる一つの共同体として人類は存在しているにもかかわらず，世界は少数の一等船客と多数の二等船客から構成されており，人類の間には明白な南北格差が生じているという点であった。こうした議論から強く意識されることになったのが「持続可能な開発」という考え方で，世界の大多数の人々が貧困状態にある以上，途上国に開発の利益を及ぼすことが大きな課題であり，環境と両立しつつ開発が進められる必要が強く意識されることになった。

　国連人間環境会議と同じ1972年には，ローマクラブが『成長の限界』という報告書を出し大きな反響を呼んだ。この報告書は，地球資源は有限であり，従来通りの成長を続けていくと地球上の成長は百年以内に限界に達すると主張している。ただし，「成長のすう勢を変更し，将来長期にわたって持続可能な生態学的ならびに経済的な安定性を打ち立てることは可能である」と述べて，成長率を落とせば，人口，工業化，汚染，食糧，資源の使用において成長の限界に達する時期を伸ばすことが可能であるとして，成長とその制約要因との間で持続可能性を維持できる安定的な状態を設定できる，との考え方を提示している。

　その後，より広く世界中に，持続可能な開発という考え方が知られることになるのは，国連人間環境会議から15年後の1987年に，環境と開発に関する世界委員会（WCED：World Commission on Environment and Development，通称ブルントラント委員会）の報告書が出され，世界的に大きな反響を呼んだためである。ブルントラント委員会の『地球の未来を守るために，我ら共有の未来：Our Common Future』と題する報告書は，持続可能な開発を「将来の世代が自らのニーズを充足する能力を損なうことなく，現代の世代のニーズを満たすような開発」と定義付けている[1]。つまり，従来相反するものとされ，先進国が環境を守れと主張し，開発途上国が開発の必要性を

説き，先進国と開発途上国の対立の基となっていた環境と開発の関係を，環境保全と開発とは相反するものではなく，不可分なものであり，環境を保全してこそ将来にわたる開発が可能となると主張しているのである。環境と開発を融合した発展の方向性を見出す必要性が，持続可能な開発という言葉の中に込められたことになる。

それに加えて，同報告書は，現世代と次世代との間の利害調整を考慮すべきとする進んだ考え方を提示しており，時代を超えた想像力と責任の所在の検討が必要だとしている。

なお，環境と開発に関する世界委員会は，1984年に設立されており，日本がストックホルム会議の10周年を記念して1982年にナイロビで開かれた国連による環境会議で，環境問題についての提言を行う委員会として設置を提案し，この案が通って設立された経緯がある。いわゆる「環境外交」として環境問題を通じて国際機関や各国政府を動かし，賛同を得ることができた例である。

ブルントラント委員会の報告書が出された後も，途上国サイドからは，地球環境悪化の責任は先進国側にあるとの主張が繰り返され，例えば，1991年6月に中国に集まった途上国は，北京宣言を出して，環境よりも開発を，という従来からの主張を繰り返した。

翌年の1992年6月には，180カ国の代表，100カ国あまりの元首・首脳と，多くのNGO（非政府組織）が参加して，ブラジルのリオ・デ・ジャネイロで持続可能な開発について討議する歴史的な大会議である「環境と開発に関する国連会議」（地球サミット：United Nation Conference on Environment and Development：略称UNCED）が開催された。同会議では，環境と開発に関するリオ・デ・ジャネイロ宣言と，21世紀に向けた地球環境保全のための具体的な行動計画であるアジェンダ21が採択された。

リオ宣言の第7原則では，注目される考え方が打ち出されている。それは「共通だが差異のある原則」という考え方で，環境問題の責任を，先進国も途上国もともに負うが，ただし，その負担の程度は両者の間で差異があり，先に発展してきた先進国に重くなるという，一種の妥協を含んだ合意が成立している。この考え方は，その後の地球温暖化防止条約等においても盛り込まれていくことになった。

地球サミットで採択されたアジェンダ21は，英文500ページにわたる膨大な文書であるが，その内容は，(1)社会・経済的側面，(2)開発資源の保護と管理，(3)主たるグループの役割，(4)実施手段，という四つの章から構成されている。第1章，社会・経済的側面では，開発途上国の持続可能な開発を促進するための貿易の自由化，貿易と環境の相互支援化，開発途上国への適切な資金供与と国際債務の処理など，国際協力と国内政策関連の8項目を定めている。第2章の開発資源の保護と管理では，モントリオール議定書で採択されたオゾン層破壊物質の排出規制の遵守による成層圏オゾン層の破壊防止など14項目を定めている。第3章の主たるグループの役割強化では，行動計画の効果的な実施に果たす女性の積極的な経済的政治的意思決定の重要性，子供，先住民，労働者，地方自治体の重視など10項目が定められている。第4章の実施手段では，アジェンダ21の実施のための資金メカニズム活用と，継続的な質的改善など，8項目が定められている。アジェンダ21は，項目数は全体では合計40に達している。

　このアジェンダ21に基づき，各国はそれぞれ具体的な行動計画を作成することになった。

　行動計画の先駆的な案としては，オランダの環境NGOである「地球の友オランダ」が作成した「永続可能なオランダ・アクションプラン」がある。この案の内容は，(1)先進国と途上国はともに持続可能性を維持するために一人当たり同量の環境容量を持つ権利がある。(2)現在の世代は，将来の世代が現在と同じ環境容量を使用できる可能性を損なってはならない，として，化石燃料使用量，二酸化炭素排出量，水道水利用量等の大幅削減，製品寿命の延長等を提案している。

　1993年2月には，地球サミットで採択されたアジェンダ21を受けて，持続可能な開発委員会 (Commission on Sustainable Development：略称CSD) が設立された。CSDは，地球サミットでの「ハイレベルの持続可能な開発委員会を国連憲章に従い設立すべき」との決議を受けて，国連内の持続可能な開発局として設置された。役割としては，アジェンダ21に関する各国の活動状況のレビューを行っている。

　1996年にOECDのDAC（開発援助委員会）は，「21世紀のための開発戦略」を提案・採用している。OECDに集う諸国が，社会開発としての対途上

国援助を強化する政策を採用したことを意味している。

2−2. 環境問題をめぐる国際会議

1992年の地球サミットでは，環境と開発に関するリオ・デ・ジャネイロ宣言，およびアジェンダ21の採択に加えて，気候変動枠組み条約（地球温暖化防止条約）と生物多様性条約が調印され，また森林に関する原則声明も採択されている。

気候変動枠組条約は，92年中に日本を含め155カ国が署名し，1994年3月に発効している。この条約は，二酸化炭素の国別発生量を1990年のレベルに，2000年およびそれ以降も抑制するよう求める内容となっている。

人類が多量の化石燃料を燃焼させるようになったのは産業革命期以来であり，大気中の二酸化炭素濃度は，産業革命以前の280 ppmほどで安定していた時期から，1994年の358 ppmまで急速に増大してきており，今後も増え続ける傾向にあることはすでに確認されている（気候変動に関する政府間パネル：ICPP 第2次評価報告書等）。二酸化炭素よりもさらに温室効果が大きいフロン等に対する排出規制は，すでに開始されている（モントリオール議定書）。将来人類が，温度上昇が生じることで，取り返しがつかない，あるいは後悔しても間に合わない事態が生じるのを避けるためには，今から何らかの排出抑制のための手段をとることが望ましいとの認識が，世界共通で持たれるようになってきているということができる。

1992年の地球サミットでは，そのほか生物多様性条約が調印されている。この条約では，生物種，生態系，さらに遺伝子を含んだ概念である生物多様性を維持するために，森林伐採，気候変動，オゾン層破壊，海洋汚染，酸性雨などによる野生生物種の減少を防ぐことが目的とされており，1992年に採択され，93年12月に発効している。

さらに，地球サミットでは，森林原則声明が採択された。この声明は，熱帯林を始めとした森林の急激な減少と劣化を防ぐためには，特に途上国の人口急増と貧困，そして開発の問題における妥協点を探る必要があることを述べており，持続可能な森林資源の開発のために，途上国へ国際的な資金と技術の支援の必要性を強調する内容となっている。

1995年3月には，170カ国の代表が参加して，気候変動枠組条約の第1回締

約国会議がベルリンで開催されている。この会議により，(1)先進国が2000年以降，例えば5年ごとといった一定の期限を設けて削減目標値を定め，また，(2)1997年の第3回締約国会議に数量化された抑制・削減目標を含む議定書の採択をめざす，という内容の「ベルリン議定書（マンデート）」を採択した。

1996年7月には，ジュネーブで第2回の締約国会議（COP 2）が開催され，次いで1997年12月には，京都で第3回の締約国会議（COP 3）が開催されている。

この会議では，温室効果ガスの排出量を，2008年から2012年に，先進国全体で1990年レベル比5.2％削減するとの議定書を採択している。先進国では，1990年比で，EU 8％，米国7％，日本6％の温室効果ガスの削減を議定書は定めている。一方，途上国側には削減の義務は課されなかった。その他，温室効果ガスの吸収源として，1990年以降のみであるが森林による吸収効果も計算に含めること（ネット方式と呼ぶ）が盛り込まれ，また柔軟性措置として，先進国間の排出権取引と共同実施（JI），先進国と途上国間のクリーン開発メカニズム（CDM）の導入が容認されたという特徴がある。

1998年11月には，アルゼンチンのブエノスアイレスで第4回の締約国会議（COP 4）が開催され，2000年までに柔軟性措置に関する詳細を詰めるとのスケジューリングが行われた。その後，ロシアの京都議定書の批准を受けて，2005年2月には京都議定書は発効しており，EU 8％および日本6％の削減義務が国際協定として生じることになった。

2-3.「持続可能な開発」の政策へのインプリケーション

持続可能な開発という考え方の意味をどうとらえるかという点に関しては，時代とともに変化があったということができる。

S. M. レレの分類によれば，持続可能な開発という言葉は，開発と持続可能性の二つに分けて考えることができ，開発（Development）には，経済成長および社会開発という二つの意味があり，一方，持続可能性（Sustainability）には，資源利用上の持続可能性，生態系の保全，社会的持続可能性の三つの意味があるとの整理が行われている（Lele, S. M. 1991）。

上記の分類に従えば，ローマクラブが発表した1972年の報告書『成長の限界』は，「経済成長」と「資源利用上の持続可能性」について考察していたこ

とになる。その後，環境問題が前面に出てくるとともに，「開発」において貧困と社会開発の重要性が認識され，「持続可能性」においても，生態系の保全が注視されるようになり，さらに社会的持続可能性にまで注意が及ぶようになってきているのが現状である。

このように，持続可能性という言葉が使われる際の意味が時代とともに変わってきたと考えられるが，では，どの時点から異なった意味で使われるようになってきたかを検討する。

第1期と第2期という2期間に分けた時に，この二つの時期を隔てる境目にあたる出来事は，おそらく1992年の地球サミットであると考えられる。地球サミット以前の時期には，持続可能な開発という概念の政策へのトランスレートは，まだあいまいさを残していた。その後，環境を外交手段とする手法が有効であることを世界の指導的な政治家が理解するとともに，持続可能な開発という概念は，その持つ意味を180度転換させ，環境戦略として国際政治の世界で活用されることになったと考えられる。

地球サミット以前の時期には，南北問題を真っ向から取り上げ，先進国と途上国との対立があらわになるのを避けるために，持続可能な開発という言葉が「代替」として使われた時期があったと見ることができる。そうした時期を第1期とすれば，現在は第2期の，環境問題が前面に出てきてその重みが増したために，持続可能性をより具体性のある問題として考えなければならなくなった時期にさしかかっていると言うことができる。例えば，現在では環境アセスメントが盛んに行われるようになり，プロジェクト一件毎に，環境負荷を考えて，しかもプロジェクトが影響する全ライフサイクルにつきアセスメントを実施せよといった持続可能性の検証が，現実に求められるようになってきている。その判定次第で，プロジェクトが実施されたり，不採用になったりする事態が生じており，環境問題は個別の問題の実施と評価のために不可欠な要素となっている。

こうした中，当初，1992年に出されたアジェンダ21では，南北パッケージとして取り上げられるはずであった南北間の経済格差の問題は，持続可能な開発の問題として取り上げられることになった。

ただし，持続可能性の問題として考えれば，南北間の問題でなくなるかというと，そのようなことは決してなかった。従来，国際会議で「途上国」と

いう言葉で国を色分けすることは好まれず，例えば「G77」といった言葉で代用してきたものが，地球サミット以降，南北間の格差の存在が公然と語られるようになり，自国が途上国であることによる権利についても公に語られ，また，資金の還流と技術移転の要求が当然のこととして語られる場が出現している。その場とは，地球サミットに続いて1995年以降毎年開催されている気候変動枠組条約の締約国会議（COP）である。

　そもそも1992年の地球サミットは国連が主催した会議であったが，国連の名前だけでは世界各国の行政府を動かせない現実があった。環境と開発に関する国連会議と銘打って，国連総会とは別に環境を前面に出すことで，歴史的な会議（地球サミット：UNCED）を開催することが可能となったのであった。この地球サミットで最も感銘を与えた演説は，キューバのカストロが行った「環境問題は南北問題である」とする単純明快な5分間のスピーチであったとされるのは，実に印象的な逸話である（米本昌平　1994　pp. 167-168）。冷戦終結後，西側諸国から援助を引き出す術を持たないキューバのせめてもの反撃は，カストロの鋭い舌鋒であったことになる。

　東西冷戦のバランスの中を泳ぐことで東西どちらかの先進国からの援助を引き出してきた途上国が，冷戦終結とともに，先進国からの援助が減少する懸念を抱いたとしても不思議ではない。西側先進国にとり，従来援助を行うことで味方に引き付けていた途上国への援助額を，削減するか，または停止してしまっても，その途上国が共産主義化してしまう可能性は，旧ソ連の解体以来なくなってしまっていた。

　次に，環境問題に対する認識の深まりが，どう持続可能な開発という概念に影響するようになってきているかを検討する。

第2節　環境・資源問題との関連

1．環境問題との関連――現在ではどう捉えられているか

1-1．環境問題の発生と対応

　日本では，1960年代から70年代にかけて，特定の地域に多大な被害を与える公害問題の激化があった。4大公害訴訟のように長い時間を費やしてしまい，被害者に多大の不利益を与えながらではあったが，日本は被害の拡大を一応食い止めてきた。欧米等の先進国においても，地域的な個別の問題に対処しつつ，社会的に環境問題に対する認識を深めてきており，90年代には，温暖化のような地球全体に対する課題への取組みを強めることが可能であった。

　そして，先進国では，環境ODA（政府開発援助）と言われる環境の保全を目的とする政府開発援助の増大に取り組む，理念と姿勢を持つことが可能となりつつあった。例えば，日本でも1992年5月に，中央公害対策審議会と自然環境保全審議会は，環境庁長官に対して「わが国の国際協力のあり方」という答申を行っている。環境ODAとして，(1)損なわれた環境や自然資源基盤の回復・保全・改善，(2)持続可能な発展に必要な制度・組織・情報の整備と普及，人材の育成など途上国の対処能力の向上を図る，の2点をあげて，地球環境の保全は日本が国際社会に最も貢献すべき分野であるとして，環境ODAの充実・強化に努めるよう求めている。

　一方，アジア諸国等の多くの途上国では，先進国からの直接投資あるいは技術移転を得つつ，80年代に工業化の進展があった。その時期に，日本を含む先進国からの直接投資，工場の移転，技術移転を得たこともあって，日本で60年代から70年代にかけて生じたような，個別の地域に多大の被害を与える環境汚染問題が生じることになった。途上国側から見ても，個別の激しい環境汚染が特定の工場からの排水，あるいは事故による放出で被害が出る例が各地で起こっており，個別の環境問題に取り組む政府の体制が否応なしに形成されざるを得なくなった。

こうした環境汚染を生じさせる途上国での巨大プロジェクトの実施に対する批判も，行われるようになった。
　1988年にローマクラブは『裸足の革命』と題する報告書を発表して，途上国を対象に進められてきた巨大開発のほとんど全てが失敗であったと述べている。ニジェール川流域の灌漑プロジェクト，タンザニアの小麦栽培プロジェクト，南米の大型ダム・プロジェクト等である。また同書は，開発を，単なる経済成長ではなく「人間の問題であり，人間性の問題である」とし，「共同社会の発展の原動力になるため，集団における能力や経験を学習したり，再発見することである」と述べている。先に述べたS. M. レレの分類に従えば，「社会開発」と「社会的持続可能性」の問題に取り組む必要性が，このローマクラブの報告書で強調されたことになる。
　次いで，ローマクラブは1996年には『国際援助の限界』と題する報告書を発表して，「持続可能な開発論ということは，人類が環境に与えた損害を償うと同時に，開発の成果を享受するということであるが，こんなことは現実には不可能だ」と述べている。それよりは，「貧困，病気，飢餓といった人間の多種多様な苦しみを軽減すること」が重要であるはずだとの指摘が行われている。
　こうした点に共感する考え方は，途上国サイドからも多く出されている。そもそも貧困から脱出し，豊かさを求める過程そのものが，途上国においては「市場の失敗」を招く構造を含んでいるのだとすれば，先進国から提供されるメディアを通じて途上国に与えられるデモンストレーション効果を受けて，途上国側では少し所得が増えると，それを上回って消費が爆発的に増える例が多発することは避けられない。自国が貧困にあるとして経済発展の促進をあせればあせるほど，経済が悪循環に陥る可能性が懸念される。また，豊かさを求めて経済全体のパイを大きくしようとすると，今度は自国内に環境汚染物質をより多く導入するか，生産するかしてしまう可能性を膨らませてしまうと考えられる。
　では，本当にローマクラブの『国際援助の限界』が言うように，持続可能な開発は，もはや機能しない概念となってしまっているのだろうか。

1-2. 環境をめぐる最近の議論

 1987年のブルントラント委員会の報告書は，持続可能な開発を定義づけたことで，現世代と次世代間の公平な負担とはどのようなものであるか，という問題を投げかけることになった。次世代以降の人々は，現世代が行う政策選択への参加の機会を持たず，現世代に対して自分の主張を展開する場を持たないことは明らかである。現世代が地球を汚染することで，次世代に負担を負わせてしまってよいかと自問するようになれば，当然，自然の自浄作用も考慮に入れて，現世代が汚染することが許容される限度を考えるべきであるということになる。ということは，現世代の人々が何かを決定する時には，次世代以降の人々にどのように影響するのかを考え，次世代以降の人々は何を現世代に向けて要求するであろうかを考慮に入れて，選択と決断をする必要があることを意味している。ただし，現世代の価値観ですら多種多様であり，その意見を集約して政策選択を行うことは容易でなく，現世代により選択された政策は，次世代の選択肢を狭めてしまう可能性が多分にある。世代間の公平さを維持するためには，現世代の想像力豊かな選択がなされる必要があり，少なくとも，現世代にとり悔いのない政策を選択することは最低限必要となる。

 例えば，二酸化炭素の増加は短期的には農産物の増産に役立つかもしれないと言われる。ただし，フロンの排出は短期的には目立った被害を与えないものの，将来的には大きな被害を与えることが明らかとされている。とすれば，後になってから手をうっておけばよかったと悔やむことがないように，現在できる手だてを採用しておくことが必要となる。ただし，地球規模の環境問題に取り組むためには，想像力を働かせて自らが負う義務と責任，それに，なすべき行動を考えないと結果が現れてこないという大きな問題がある。

 もう一点問題となるのは，今日を生きるのに精一杯である貧困な人々は，明日のことを考えない傾向が強いという点である。今日手に入る物と，明日手に入る同じ物があったとき，その価値は，今日の物の方がずっと大きくなると考えられる。つまり，貧困な人は将来を大きく割り引いて（ディスカウントして）おり，将来に対する期待を持てずにいる。もちろん，省資源・省エネルギーなどは考慮する余裕がないのが現実である。

n年後の割引率を数式で表すと，rを割引率，nを年数として以下の計算で算出できる。

$1/(1+r)^n$

途上国で割引率が10％のとき，10年後に得られる100ドルは，現時点では38ドルの価値しかない（$1/1.10^{10}=0.38$）。ここで，割引率が5％あるいは3％と大きく低下すると，現時点での価値は飛躍的に大きくなる。この割引率が低下した状態とは，経済発展が進み，人々に貯蓄する余裕が出てくる場合にあてはまる。豊かになると人々は将来からの収入に期待するようになり，割引率は低下する。

環境問題においても，現在の環境浄化に資金をつぎ込むことで，将来の環境がよくなることがわかっていても，現在の資金がないために手が打てないことは多い。しかも途上国で，投資の割引率が高いときには環境に対する考慮が払われない。ブラジル，インドネシア，フィリピン，マレーシア等の熱帯多雨林の例，あるいはメキシコシティー，バンコク等の大気汚染は，いずれもこうした例である。

この場合，経済発展が進むことにより，多くの問題が解決されることは確かである。問題は，では，途上国において，経済発展が進み始めるためには何が必要か，という点である。そもそも，途上国で市場に自由に任せた時に，発展の機会が訪れる可能性があるのだろうか。

例えば，環境資源へのアクセスが自由で，使用料がない共有地での放牧を考える。この時，誰もが放牧を行ってしまい，過剰な放牧のために草が再生しなくなるまで家畜が草を食べてしまう「共有地の悲劇」が生じる場合があることが知られている（Hardin 1968）。経済学的には，外部費用の内部化がなされていないために，「市場の失敗」が生じるケースである。

19世紀初めにマルサスは，天然資源への需要は，幾何級数的に増大する人口と収入に依存するが，資源の供給には限界があり，増大しても線形（算術級数的）にしか伸びないと述べて，人口増が生じるために，世界で食料不足が生じると予言した。この「マルサスのわな」に，人類は実際には陥ることなく，現在まで過ごしてきている。このマルサスの予言が当たらなかったのは，人類が次の3通りの方法で「わな」から逃れたためである。(1)科学と技術により土地等の生産性を高めた，(2)資源が枯渇に近づけば，代替物を見つ

けた，⑶家族の規模を縮小して人口増を抑制した，以上3点が指摘されている（Gills et al. 1996）。

また，グローバル経済化をサポートする理論を構築している新古典派による市場観は，資源枯渇の可能性こそが人々の行動と技術を変えると見る。もし，資源の稀少さのために高価格が生じれば，その高価格がシグナルとなって，次には資源不足を補うたくさんの変化，つまり代替物の生産，産業の転換等がもたらされると考える。この場合に，例えば国内の基礎的な物品であり貧困層の所得補助ともなり，また産業の発展を目指すために価格を安く押さえた方が望ましいと判断して，燃料や肥料等に途上国政府が補助金を与えると，市場機能は誤った価格シグナルに反応してしまうと考える。したがって，途上国においても価格補助政策，あるいは金融面で言えば人為的な低金利政策等は採用するべきではないとされることになる。

一方，「市場の失敗」を免れるために，途上国も含めて，どの国でも採用することが原理的に認められると考えられる手段として，以下の3点が指摘されている。

⑴所有者がいない共有物に所有権を設定するという方策が考えられる。権利を主張する者がいると，資源の浪費を防ぐことができる可能性が出てくるからである。次に，⑵政府が規制を行うという方策がある。ただし，規制を行うためには監視のためのコストがかかり，違反者に罰則を課すシステムも必要となる。さらに，⑶課税を行うという方策がある。課税を行うにも徴税コストがかかる。課税額は，外部費用を適正に反映した課税となることが望ましい。課税を行う場合にも，政府の規制の場合と同じく，多くの情報を得て，しかもコストをかけないと課税は機能しない。

上記3点は，いずれも外部性による市場の失敗の例を防ぐためには，政府の介入の必要性があり，政策による解決が図られるべきとされるケースがあることを示している。

1-3. 環境問題に対する産業界の取り組み

現代においては，誰もが環境問題に取り組まざるを得なくなっていることは明らかで，産業界においても環境問題への取り組みは必須となっている。そればかりでなく，環境問題は，21世紀における世界での産業間競争におけ

る勝敗の鍵を握っていると考えられるようになってきており，世界経済の結びつきが強まる中で，過酷な世界市場における自由競争に勝ち抜くためには，企業の顧客へのアピールの仕方，つまり自己責任による戦略の優劣が決定的な意味を持ってきている。

　例えば，化学産業ではレスポンシブル・ケアと呼ばれる企業責任による化学物質の総合的管理制度が導入されている。この制度は，化学物質を開発，販売し，処理するまでを企業の責任において行い，政府行政に頼らない手法であるが，ただし，一度，企業が環境問題への対応を誤ると，企業として致命的なダメージを受けるという厳しい自己責任が課されている。PRTR (Pollutant Release and Transfer Register) と呼ぶ有害物質の排出・移動登録制度においても，企業の自主性が尊重されている。さらに，ライフサイクル・アセスメント（LCA）により，使用する物質を選択し，どのように利用していくかが検討されており，リスクの程度を検討し生物への影響度が少なければ一定の量までは使用することができると考えられるようになってきている。つまり，全て禁止するのではなく，許容範囲を考えつつ，有用である部分は利用していくとの考え方が広まってきている。これら全ての手法は，企業が自己の責任でリスクを取りつつ市場に製品を出していく場合に適用されており，環境問題が企業の盛衰を決する時代は，すでに始まっていると考えられる。

　国際環境基準を制定する動きにも注目しておきたい。国際標準化機構（ISO：International Organization for Standardization）は，国連の諮問機関としての役割を果たしてきた機関であり，1946年の設立以来，企業の品質管理のための規格であるISO 9000の設定（1987年制定）等に携わってきた。ISOと「持続可能性」との関係は深く，1991年に，持続可能な開発のためには国際的な環境基準を設定する必要があるとしたUNCED（地球サミット）の働きかけにより，「持続的発展のための産業界会議（BCSD：Business Council for Sustainable Development）」が設立されている。このBCSDにおける検討に基づき設立されたのが，ISO 14000と呼ばれる環境パフォーマンスの国際規格であり，1997年9月に制定され，ISO（国際標準化機構）がその普及促進の役割を果たしてきている。ISO 14000設定の目的は，持続性のある技術（sustainable technology）の導入にあり，各企業は，環境管理規格で

あるISO 14000に適合していることを客観的に評価してもらうために，環境管理システム審査登録制度の認定取得を目指すことになった。

日本でも企業・自治体および大学等，ISO 14000の認証取得は2006年に2万件を上回るまでに急増しており，環境監査システムの導入による環境問題に対する認識の深化は飛躍的に進んできている。

また，世界では急速に技術革新が進んでいることも事実で，環境対応の技術の進歩も大変に早い。こうした点から「限界の克服（Growth of Limits）」という考え方が出されている（マクニール，ジム 1991）。技術進歩により，環境制約を一部ではあるが取り除く可能性があることは確かである。

さらに，環境問題がその適用範囲を広げているのも事実である。食糧安全保障，エネルギー，人口問題，国際経済，安全保障などの幅広い分野と，環境問題は密接に関連するようになってきている。

2．持続可能な開発の可能性と課題

2-1．民間主体による開発の可能性

今までの検討から明らかとなってきたことの一つに，環境問題と言ったときに，その含む意味が膨らんできているという点をあげることができる。地球上のあらゆる問題が環境をキーとして動き，検討されるようになってきているとも言うことができる。しかも，技術革新により，従来は大規模な施設の効率が高く，同一の製品を多く作るマスプロダクトが有利であった時代が続いたが，こうした状況から大きく変化するとともに，環境問題に対するブレークスルーが生まれてきつつあるのが現状である。

工業製品での小規模少量生産，発電の分野での小規模分散発電といった技術の採算性が著しく向上してきている。しかも重要なのは，そうした技術の担い手であるのも，導入を進めているのも，いずれも民間が主体となっているという点である。

確かに先進国と比べた場合に，途上国でインフラの整備が不足していることは明らかである。ただし，インフラの整備に先進国からの援助が行われてインフラの整備が進めば，その国は発展するかと言うと，必ずしもそうではない状況がある。経済インフラ中心から，よりソフトな支援としての社会開

発，組織・経済・法制度の整備，地域研究の深化が必要であることは，途上国でも認識されるようになってきている。

しかも，昨今の技術革新の動向は，小規模分散型の産業施設の立地を可能とする傾向を強めている。従来型の，規模の利益を追求し，大型施設を作ると採算性が向上し，付加価値が増大するのではなく，例えば発電プラントを見ても，現在目覚しく経済性および環境性が向上しているのは，従来型の大規模火力発電所や原子力発電所ではなく，分散型の熱と電気を併せて供給するコージェネ・プラントである。製造業でも，半年ごとに，あるいは四半期ごとに，製品をバージョンアップさせていく少量多品種の製品製造設備の効率性が向上している。

さらに情報通信技術の進歩により，現在必要とされる技術は，ネットワーク型に各拠点をつないで，その連係をとりながら製造，輸送，販売等を行っていくノウハウを生かせるものになってきている。

産業構造が大きく変化し，求められる技術も大きく変わろうとしている中で，従来型の巨大な構造物を作り上げることを目的とするインフラ中心の援助は，明らかに重要性が薄れてきている。ハイテク化，サービス化の波が途上国にも押し寄せている。

こうして現在では，途上国のインフラ整備は，民間資金に大きく依存することができるようになってきている。したがって，債務保証面で世界銀行，地域開発銀行および先進国を始めとした各国の信用保証機関と途上国の開発銀行等が，一定程度のサポートを行う体制を維持できれば，発電所，港湾，高速道路，空港，工業団地等の産業インフラを民間が主体となって整備することは可能となってきている状況がある。

グローバリゼーションの動きは，情報技術の急速な進歩と通信手段の普及にともなって，ますます進展の度合いを早めている。金融面を見ても，世界を単一市場として瞬時に資金が動くようになってきている。特に短期資金の動向次第で急成長を遂げていた国が，瞬く間に金融危機を発生させ，経済不振に陥る例は，97年半ば以降のアジアでの経済危機の発生に見られており，ブラジル，ロシア等，世界各地で深刻な問題を引き起こした過去がある。

このように技術が進歩し，産業構造も変化し，ある国の金融危機が即座に他国へ伝播する時代には，途上国の経済開発の面においても，民間の役割が

増大すると考えられる。

2-2. セーフティーネット整備の重要性

　世界が単一市場として統合化の動きを見せる一方で，グローバル化する世界の市場から取り残されてしまっており，逆に，マイナスの効果を受けてますます貧困度を高めている人々も生んでいる。こうした負の効果を受けている人々の問題はマージナライゼーションの問題として指摘が行われており，こうした境遇にある人々をいかに救済し，自立へ向けて支援していくべきかという，セーフティーネットの強化が大きな課題となっている（高橋一生1998）。取り残されそうになっている人々に対する啓発，教育，技術支援といった支援策を設定し，強化することが重要で，セーフティーネットが不十分なときには持続可能性を損なってしまうことになる。

　グローバルな市場での競争を促進するためには，世界的に公平な競争を維持するための制度作りが行われる必要がある。この制度作りの役割は，国際機関と各国政府にあるが，グローバル化に対応できない国，あるいは個人を守るために，セーフティーネットの設置が必要である。強力なグローバル化への動きは，国あるいは個人を直撃してしまい，パワーバランスを失ったところでは紛争・内戦が容易に発生してしまうからである。

　グローバリゼーションの動きは教育の面でも顕著に進んでおり，例えば，日本の教育内容を，世界標準とのハーモナイゼーションを図るように調整するために，カリキュラムの検討等による見直しが進められている。こうした場合に問題となるのは，日本が受け身の立場にばかり立ってしまい，米国あるいは欧州を主体として進められつつある「調整」を受け入れるのみではなく，より主体的に，途上国の発展をも考慮した形で多様な社会と文化のあり方があることを発信していく必要があるという点である。

　さらにパートナーシップという，欧米の産業界でよく聞かれるようになっている考え方を，もっと導入することが必要となっていると考えられる。この考え方は，従来からの発注者あるいは依頼人と，受注者といった上下の関係ではなく，仕事を頼む側と引き受ける側が，お互いに利害関係を持つという点に着目して，対等なパートナーとしてその仕事を行うためにグループを作り，知恵を出し合う関係を構築してコストを削減するとともに，ノウハウ

の蓄積を図る試みである。

現在では，持続可能な人間開発を行っていくために，より積極的に人権問題を核として開発問題を考える気運も生まれてきている。ただし，確かに日本のODA四原則にも人権は記載されているが，支援を一時的に停止するかどうかの判断基準として人権が意識されてきた面が強かったと言える。今後は，より積極的に持続可能な開発を進めていくための柱の一つとして，人権の観点から開発プロジェクトを進めていく必要性が高まってきたことは確かである。

開発支援という点でも，従来からの国際機関によるマルチの援助，それに政府によるバイ（二国間）の援助に加えて，ますます民間資金の流入，民間団体NGOによる支援の役割が高まってきている。このような状況が生じているのは，途上国から求められるようになっているのがソフト面からの支援であり，最も重要な課題は，貧困の問題と社会的弱者の問題であり，次いで環境汚染の問題であると考えられるからである。

こうした問題に取り組み，解決を目指していくためには，格段に人手が必要となる。しかも，それぞれの国に関するノウハウを積んだ人々を注ぎ込み，指導や助言を行いつつ，多様性のある解決策をともに考えていくことが必要となる。援助額の多寡とは離れた部分が大変重要となってきていると考えられる。

次に，「持続可能な開発」を援助する担い手の側にはどのような変化が生じているかを，特に日本の場合を中心に検討する。

2-3. 開発援助のあり方

不況下で国の借金が増えると，人々の重税感は高まり，さらに税金の使途に対する国民の関心が高まるという傾向は，バブル崩壊後の日本で顕著に見られた。国内に失業者が増えている時に，なぜ海外に多額のODAを与える必要があるのか，税金を払っている人々の失業の可能性が増大している時に，海外にばかり目を向けることは，財政バランス上から見ても許されなくなってきていた。援助を出す側の持続可能性に問題が生じているということができる。

国民の財政の使途に対する監視が強まるにつれて，援助の金額を増やすこ

とよりも，援助の質にもっと注意を払うべきだという主張は，当然強まってくる。大きな支出をすれば評価されると考えるのではなく，援助の質を問う姿勢が重要となる。特にきめ細かな援助が望まれるようになってきているということは，ソフトの面でノウハウを持つNGO（非政府組織）を含めた民間団体を通じた援助の役割が，ますます高まるということを意味している。一方，国が税金を集めて，その資金を支出する時には，なぜその目的に支出するのか，全てを明らかにするために証票をそろえ，使途の決定から支出の決定，さらにその監査と何段階にもわたって説明できるようにしておく必要がある。こうした説明責任を満たすための手続きと費用は，今後，税金の使途に対する市民の監視が強まるにつれて，より大きな金額と煩雑な手続きを要するようになっていくことが予測できる。すでに欧米諸国で見られるが，民間に任せた方が安くつく業務が多いことがますます明らかとなってきている。PFI（Private Finance Initiative）はその一つの手法であるが，従来政府が実施してきたサービスでも，民間に委託されるケースが増大してきている。

　同じように援助においても，民間委託のケースが増大する可能性は高い。さらに進んで，市民団体であるNGO，NPO（非営利組織），さらにはCBO（Community Based Organization）が，自ら資金を集めて支援活動を行い，また途上国との間で事業を実施していくケースがますます増大していくと予測することができる。

　NGO，NPO，そしてCBOが実施した方が，国による税金の徴収とその配分という煩雑な手間を省ける可能性が大きく，効率もよく，直接，途上国の市民に援助が届く可能性が高い。また国際機関も，国連を始めとして重複する機能を持ったくさんの機関が存在しており，予算の8割が管理費として消えている部門もあるとの指摘もなされている。国際機関の機能の再検討と組織の簡素化は，避けて通れない問題である。国際的な規模を持つNGOは，従来，国際機関が担ってきた役割の一部を各国間の連係を取りながら代替して，開発プロジェクトを進めていく機能を果たすことができるようになってきている。

　そもそも，政府はその成り立ちからして，一番，国際化しにくい組織であると考えられる。自衛権のあり方，内政干渉となるか，内政不干渉をどう貫

くか，あるいは徴税権といった国の固有の権利について議論をしている間に，多国籍企業は個別の国への納税を免れる手立てを次々と考案し，各国が徴税逃れに対する封じ手を考えるスピードを上回って，グローバルな展開を行っていくことが可能である。また多国籍企業は，各国に工場を建設し，国境を簡単に超えて瞬時に資金移動を行っている。同じく国際的な活動を行っているNGOは，国の壁を超えて組織を広げており，途上国のNGOとも連携をとりつつ，いっそうの国際展開を遂げつつある。

　国のODA機関の役割は，税金に依存し，その分配にのみ与かる立場を続けていくと，民間のNGO, NPOに比べて援助実施の点で効率が悪いと判断されてしまう可能性がある。

　どのような業種でも新規参入を許し，競争状態を維持できるとすれば経済効率性を向上できるという理論は「コンテスタビリティーの理論」として知られているが，援助の分野においても，国とその機関が実施する援助と，NGO, NPOが行う援助とが，その援助の「質」をめぐって競争し，市民が，双方から提供される情報をもとに，どちらが効率的かを判断し，税金で払うか，それともNGO, NPOへの寄付金を支出するかを選択できる機会があるときには，ソフトな援助で優れるNGO, NPOに，これからはますます資金が集まる可能性が大きいと考えられるようになってきている。

　構造改革が進まない援助機関がもし存在し，また十分な情報を提供できないNGO, NPOが存在するとすれば，それらの組織は，残念ながら援助のプロとして存続することは許されず，競争原理の中で，別の組織に役割を譲り渡し，援助の場から退場してもらうしかないことになる。

　さらに援助額に関しては，次のような議論が行われるようになってきている。

　日本が毎年経常黒字を計上しており，黒字が累積しているからといって，ではすぐに黒字還流を行わないと世界経済に問題が生じるかという点に対する疑問の提示である（小野善康　1998　p. 168）。日本の援助は，円借款に大きく偏って支出されているが，途上国の高い評価を得るためには，金額の多寡ではなく，援助哲学といった理念を示して途上国の理解を得ることがまず大切であると考えられる。現在では，「自助努力を妨げる人道援助を廃止せよ」との主張すら聞かれる状況にあり（シュナイダー　1996　p. 115），詳しく見て

いくと，人道的な援助であり，最も役に立つと考えられた援助が，実は人々の自立を妨げる障害を作り出していたケースがあることも，徐々に理解されるようになってきている。

少額のきめ細かな援助を行う手間は，大規模な援助プロジェクトを実施することと大きな差はないと言われる。金額に大きな差があっても1件ごとの手間に差がないとすれば，援助予算の総額が大きく，援助担当の人員が少ない時には，効率を上げようと大規模プロジェクトに手をつけざるを得なくなってしまう。人員を増やすか，援助額を減らすしか手はないことになる。

以上のような状況下で，現在いよいよ必要となってきているのは，途上国の情報を丹念に集めることである。情報化社会の中にあって，データ蓄積の不足はただちに援助効果の低減を意味してしまう。途上国の人材を積極的に登用しつつ，援助と途上国に関するデータベースの作成にただちに取りかかる必要がある。

上記の検討から明らかなように，援助する側が置かれている環境も大きな変化を遂げており，変化への対応が必要となっている。

2-4. 持続可能な開発の新たな役割

「持続可能な開発」という言葉の意味は，環境問題への理解が深化するとともに，社会開発の側面も含む，より広い意味でとらえられるようになってきた。しかも，開発の目的はもちろんのこと，開発のプロセスにおいてすら，多様性が認められるべきだとの意見が高まってきており，「持続可能性」の概念は，伝統社会が維持してきた古来の制度の意義を再認識するためのキーとしてすら働くことが可能となりつつある。

社会開発関連の援助プロジェクトにおいても，「持続可能性」をキーワードとして，より多面性を持った社会の有り様を容認し，積極的に活かしていく方向でセーフティーネットの強化を図っていくことが可能となる。

民間が主体となって開発プロジェクトが進められるとき，そのプロジェクトの継続が可能となるためには，プロジェクト実施の効果として採算性が確保されることが重要となる。そもそも，生活の糧を得て生活を維持できるためには，利潤を得ることが必要であり，損を出し続けるプロジェクトは長続きせず，継続できないのは当然である。誰かがその損失分を負担している場

合には，社会全体として見た場合には，損失が積み上がっていてペイしないプロジェクトである場合も多い。しかも，開発援助の担い手の間には，今後，適度な競争が生じてくると予測できる。こうした状況下で「持続可能性」という概念は，プロジェクト実施対象者の生活を維持・向上させるとともに，援助する側にも緊張感を与えるという役割をもつ。

　その上に，「持続可能な開発」という概念は，環境問題という多様な意味内容を含んだ現実の問題に取り組む中で，再度，その重要性が認識されており，環境アセスメント，LCA（ライフサイクル・アセスメント），PRTR（有害物質排出・移動登録制度），ISO 14000（環境管理規格）といった各種の制度の導入が進むとともに，役に立つ概念として蘇ったということができる。それほど，環境問題に対する強い認識と配慮が求められる時代が出現したと言える。

　今後，環境問題における社会開発的側面がより強く認識されるようになっていくと考えられるが，そうした状況下で，環境アセスメント，あるいはLCAといった「持続可能性」を強く意識した制度に則して，途上国での開発プロジェクトの評価経験が蓄積されていくことになる。一見使い古された言葉とも取られがちな「持続可能な開発」という言葉が持つ現代的な意味を理解して行動することは，地球的な規模での環境という問題に対処するためにも，また地域的な環境のあり方を考え，個別の開発プロジェクトの目的を明確化し意義を高めるためにも，いずれの場合においても大きな課題とされることは間違いない。

　第3節では，アジアにおける環境問題への具体的取り組みとしての環境産業の育成について検討する。

第3節 環境産業の育成

1．環境市場の育成

　アジア諸国において環境問題への取り組みは大きな課題である。しかも，環境問題にどのように対処するかという問題と，日本がアジア諸国との関係をいかに構築していくかという課題とは，密接に関係している。中国は2002年にアセアンとの枠組み協定を締結し，2010年までにアセアンとの自由貿易協定（FTA）を締結し，2015年までに完全実施するスケジュールを作成している。すでに2003年10月から，中国とタイは農産品関税を一部撤廃し，前倒しでの自由化と市場の相互開放を進めている。日本としては，アセアンおよびアセアン各国との FTA 交渉をこれ以上遅らせることができない状況にある。

　こうした中，環境問題への取り組みを，日本がアジア諸国の中で率先して進めることは，きわめて意義が大きい。日本が環境問題への取り組みをアジア諸国の中では一歩早く進めてきたため，日本が得た教訓とその取り組み，培った技術が活用できる場が存在している。日本に対するアジア諸国からの期待も大きい。しかも，後述するように，公害が発生してしまった後に対策をとるよりも，対策をとりつつ産業発展を図り，その発生を未然に抑えることが，対策費および社会的な損失が少なくて済む場合が多い。アジア諸国が環境負荷を減らしながら経済発展を遂げることが望ましいことは明白である。

　アジア諸国で環境産業を育成しつつ，日本企業もアジアの環境市場に進出し，成果の分け前を得つつ，ともに発展を遂げることができれば，アジア諸国との連携関係の強化にも結びつく。

　本節では，環境産業の育成を通じたアセアン・中国等のアジア諸国へのアプローチの有効性を検討し，その効果を確認してみたい。

　次の順で検討を行う。

(1) 環境産業の規模，競争力，課題は何か。

(2) 市場に任せたアジア環境産業の発展は可能か。
 (3) 援助を通じたアジア環境産業育成の進め方は。
以上の検討を基にして，本節の最後では政策提言を行う。

2．アジアの環境問題

　図5-1は，アジア各国における環境問題の発生状況を示しており，大きな課題として取り組みが進められている代表的な環境問題を掲げている。各国とも経済発展に伴い生じている都市化が，大きな課題であることがわかる。また，「水」の確保と排水処理，その浄化もきわめて大きな課題となっている。大気汚染の発生も大きな課題であり，特に中国で多量に消費される石炭から発生する硫黄酸化物（SOx）の排出による酸性雨は，国境を越えて日本を始めとするアジア諸国にも，すでに被害を及ぼしており，この越境性酸性雨問題は，アジア諸国が協力して取り組む必要がある課題である。

　さらにアジア諸国では，エネルギー消費量も急増中であり，二酸化炭素（CO_2）の発生量も大きい。温暖化を生じさせる地球環境問題に対しては，中国を含めたアジア各国も積極的な取り組みを行うことが必要である。まず，クリーン開発メカニズム（CDM）のアジアでの実施に向けて，排出抑制の義務を負っている日本とアジア諸国との間で，このCDMスキームに則ったCO_2排出削減のためのプロジェクトを実施していくことが期待される。

3．環境産業の位置付け，規模，競争力，課題

3-1．環境産業の位置付け

　図5-2で環境産業がどの分野で出現するのか，他の産業との差異を考えながら検討してみる。

　図5-2は，民間企業の活動する「市場化された部分」と，政府の規制が強い「公共財の部分」を含んだ経済活動の全体を示す。図5-2を見て明らかなように，環境産業は，図中左下の市場化された部分において，民間企業同志自由な市場競争を行っている。環境産業において特徴的なのは，公共財と呼ばれる競争原理が本来働かない部門において，法制度あるいは規制制度

第 5 章 持続可能性と開発論

図 5 − 1　アジアにおける環境問題の発生

日本：NOx、SPM、廃棄物

韓国：大気汚染、河川・海洋汚染、廃棄物　PFI、BOT、BOO 積極導入

共通課題①：越境酸性雨

台湾：大気汚染、廃棄物　水・廃棄物民活導入、リサイクル

フィリピン：都市汚染・過密、土壌汚染、流出、水資源、水質汚濁、排水、廃棄物　上下水民営化、排水、廃棄物

中国：三廃（廃水、廃ガス、廃棄物）、都市過密・汚染、酸性雨、産業公害、砂漠化　脱硫・脱硝、上下水道 BOT、廃棄物焼却

共通課題②：CO_2 発生　CDM 実施

タイ：都市汚染、過密、土壌汚染・流出、水資源、廃棄物　脱硫・脱硝、排水処理

マレーシア：廃棄物、森林減少、廃水処理　水道民営化、排水処理

インドネシア：大気汚染、水質汚濁、工場排水、都市過密汚染、廃棄物、森林減少　上水道、排水設備

（資料）筆者作成

159

図5-2 環境産業の位置付け

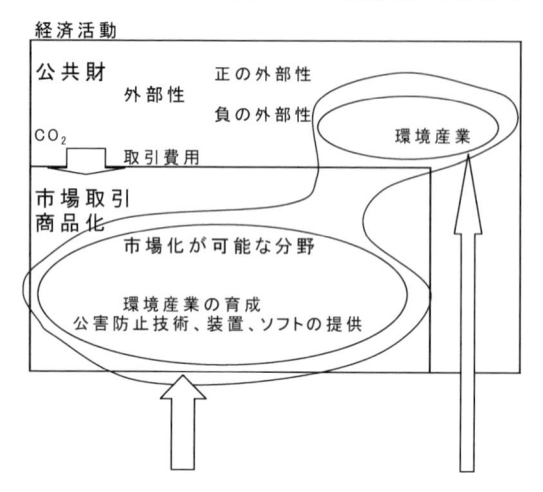

経済活動
公共財
外部性　正の外部性
　　　　負の外部性
CO₂
取引費用
環境産業

市場取引
商品化
市場化が可能な分野
環境産業の育成
公害防止技術、装置、ソフトの提供

市場機能維持のためのモニタリング

命令・規制・協定・技術基準の設定による市場の創出
上下水道、大気汚染、水質汚濁、廃棄物、土壌汚染、CO₂規制、SOx、NOx、フロン規制等

(出所) 筆者作成

が変更されることで，突然市場が出現するという点である。例えば，上下水道分野においても，民営化が実施された際には，公共財の提供の部門（図5-2の右上）において環境産業が出現する。ただし，もともと市場化されていた部分と比べると，依然として一定程度の公共性が残存せざるを得ない。このように上下水道の部門への参入が環境産業に開放された場合には，公共性が依然として残り，行政側からの規制を受けざるを得ない。ここでの環境産業はプラントの受注・販売のみでなく，公害防止技術，ソフトの提供といったサービス面を含む。公共財分野においては，政府が担当すべき直接規制として，汚染排出源に対する規制，および運営に関する規制が存在する。

このように環境産業は，行政サイドとの密接な関係を維持しつつ発展することが必要な産業であり，アジアにおける展開を考えた際にも，各国間の制度の一定程度の整合性を目指すことがどうしても必要となる。

それでも，アジアにおける環境産業の展開を計画する際には，まず，①市

場化部分でのシェア獲得を図るとともに，②公共財部分での環境産業育成・市場化を目指すことが必要となる。日本の環境産業関連企業がアジアで事業展開を図るためには，日本の環境規制と他のアジア諸国の環境規制との間のすり合わせ，制度の不整合の是正，規制の格差を乗り越えるための標準化といった取り組みがぜひとも必要となる。

政府が担当すべき部分は多く存在しており，例えば間接規制としては，次のような例をあげることができる。

- 汚染税の徴収
- 汚染対策としての補助金支給
- 排出権の設定

排出権に関しては，特別な配慮が必要となる。例えば大気を排出権の対象としたとき，大気は権利として確立されていないために規制は困難である。しかも汚染者が被害者でもあり，将来世代が被る損失は政府が肩代わりするしかないという部分が存在している。大気と同じく，汚染による被害が広く及ぶという点では海洋も同じである。政府が存在する意義が，こうした公共財としての大気，海洋に関して存在することがわかる。

さらに被害額と対策費用との関係から見て，「外部不経済」の放置も場合によっては選択肢となることも視野に入れて，政府は対策を練る必要がある。こうした「外部不経済」の例としては，パレート限界外部性[2]の存在する事象，例えば森林の保護，農地の保全といった緑化関連の対策をあげることができる。

また，技術基準の設定による市場の創出に関しても配慮が必要である。技術基準というような各国間の基準に差異が多く存在する例では，基準の設定そのものが大きな非関税障壁となる可能性がある。環境問題への対処を進めたはずにもかかわらず，基準の整合性がないことは自由な貿易を妨げ，環境負荷を増大させる可能性がある。

このように環境産業は，従来型の市場での自由な競争のみを目指すことだけでは把握し切れない，従来とは異なった意味を持つ産業として把握する必要がある。しかも環境産業は，グローバル化が進んだ現在，後述するように，日本一国のみでは対応しきれない側面を含んだ産業であり，アジア全体での

取り組みがぜひとも必要となる。

3-2. 日本国内の環境産業の規模①

ここでは環境産業の規模を検討する。図5-3で示すように，1970年代に一度大気汚染の克服が大きな課題となり，大気汚染防止装置への投資が大きく膨らんだ。日本のこの70年代の経験に基づいて，一人当たり所得が4,500ドル程度に達すると，脱硫設備の導入が急速に進むとの検討結果が出されている。

その後，大気汚染関連のプラント売上高が，再度90年代半ばに大きく増えている。ただし，ダイオキシン問題に関連して90年代に入り，ごみ処理関連のプラントへの投資が急速に膨らんでおり，大気汚染対策費は，水質とごみ処理とに比べれば少額に止まっている。

環境プラント産業は，海外向けの部分はきわめて小さい。図5-3で示したプラント生産・売上高における輸出分は少額である。2000年における海外向けの輸出額は，総額の2.5%の400億円に過ぎない。そのうちアジア向けは総額の1.3%の約200億円であった。アジア向けのうちの74%が台湾と中国で占められており，従って，他の諸国向けは3割を切るというきわめて少ない値に止まっている。

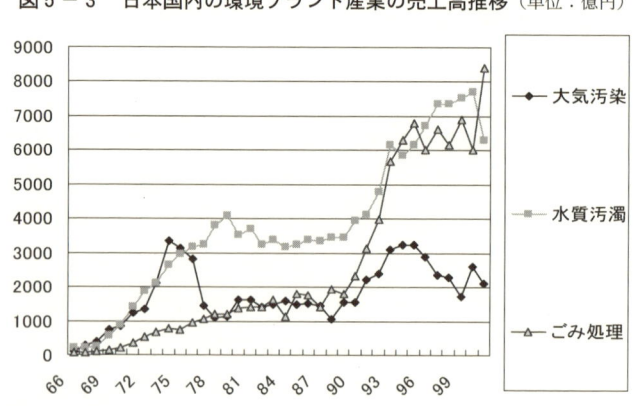

図5-3　日本国内の環境プラント産業の売上高推移（単位：億円）

（資料）社団法人日本産業機械工業会データに基づき作成

輸出額が少ない理由は，国内高コスト構造により輸出競争力が弱いためである。「海外へのプラント販売は，国内価格の値崩れをもたらす」（国内エンジニアリング会社インタビューによる）との発言が聞かれる。環境規制が強化されると，それに従って規制を受けた産業内で先を争うように公害防止投資が一気に進むものの，それ以外の時期には，環境投資は見向きもされないという状況が生じてしまってきたのが日本の状況である。こうした状況から判断して，日本の環境政策は直接規制が中心であり，今まで経済的手法による経験がほとんどなかったとの指摘が行われている（藤井美文 2002）。

このために産業界は，技術基準の導入等の行政措置がなされることに慣れてしまっており，業界自らあるいは他社にかまわず，自ら標準を作るべく率先して環境基準の設定に動くといったことは，ほとんど行われてきていない。まして日本企業は，「PFI，BOT，BOO，民営化に不慣れであり」（国内プラントメーカーインタビューによる），欧米企業と比べると，特に海外の案件を拾い，利益を出せるように工夫するノウハウの取得が大幅に遅れてしまったのが現状である。

現在，日本国内の環境市場は，自治体予算の制約が生じたために停滞してしまっている。自治体予算に依存した市場環境は，今後はむしろ縮小へ向かわざるを得ない。自治体が実施するのは10数年ごとの取替え投資のみとなっている。こうした状況から見て，アジア市場への進出を日本の環境産業が目指す必要性が，将来的には大変大きいことがわかる。

3-3. 日本国内の環境産業の規模②

表5-1で日本の環境産業の規模を，売上げと雇用者数で確認する。2000年の実績値と2010年の予測値を示す。

経済産業省および環境省がそれぞれ予測値を提示しているが，環境省はエコツアーといった方面まで含めて環境産業を広く定義しており，経済産業省の定義とは範囲が異なっている。

両省が提示している数値を比較検討して，最も一般的な環境産業として定義できそうな部分を合わせて作成したのが表5-1である。

環境市場全体としてみると，2000年の22兆円が2010年には39兆円に1.7倍拡大している。雇用についても90万人が137万人へと1.5倍拡大している。

表5－1　日本の環境産業の規模予測

	売上げ（兆円）		雇用者数（人）	
	2000	2010	2000	2010
環境装置・プラント製造	1.7	2.2	27,440	26,070
廃棄物処理・リサイクルプラント製造	0.5	0.7	7,740	8,940
埋立処分場・施設建設関連	0.2	0.0	1,490	310
緑化・環境修復	1.7	5.5	62,020	192,840
環境コンサル／アセス・サービス	0.2	0.7	9,880	28,610
下水し尿処理	1.0	1.2	20,580	42,500
廃棄物処理	3.9	5.8	205,980	393,630
リサイクル（中古品流通・リペア）	12.8	22.4	559,340	672,550
環境調和型製品	0.1	0.4	2,210	6,910
合　計	22.1	39.0	896,680	1,372,360

（資料）経済産業省（2003）および環境省（2001）資料に基づき筆者推計

　このうち環境関連のプラント装置の製造部門は，売上げが1.7兆円であるが，2010年には2.2兆円へと1.3倍の伸びに止まっている。環境関連のプラントの売上額のうち，官公需要が80％を占めている。中央政府および地方自治体の予算削減の効果が出て，環境産業であってもプラント受注には大きな伸びは期待できないことがわかる。

　売上額と雇用数がともに多いことで注目されるのは，廃棄物処理関連である。売上額は，2000年の4兆円が2010年には6兆円と5割増しとなることが予測されている。雇用数の伸びはもっと大きく，21万人が39万人まで増えると予測されている。廃棄物関連部門は大きな雇用規模を持つことがわかる。

　表5－1で大きな割合を占めているのはリサイクル市場である。中古品流通あるいは修理といったサービス業は多大の雇用機会を提供していることがわかる。この分野は，2000年の13兆円が2010年には22兆円まで拡大し，雇用も56万人から67万人へ増大することが予測できる。

　このように日本の環境産業は，プラントの製造と販売という面ではそれほど大きな伸びが期待できないことがわかる。その一方，修理，リサイクル，廃棄物処理という面では，売上高も拡大し雇用者数は伸びる。

3-4. 日本の環境産業の競争力

表5-2は，日本の環境産業の競争力を，米国，ドイツ，フランス／英国と比較して示す。環境産業を3部門に分けており，装置部門，サービス部門，資源管理部門としている。装置部門には水，化学処理，大気，廃棄物関連のプラント関連部門を含む。サービス部門には，廃棄物処理関連のサービス部門，コンサルタントとエンジニアリング部門，その他分析，廃液処理等のサービスも含む。3番目の資源管理部門には，上水道，資源回収とリサイクル，さらに風力等の自然エネルギー関連も環境産業として含んでいる。

この表からわかることは，米国企業がサービス部門で圧倒的強さを持っているということである。アジア諸国を始めとして対外的にコンサルタントとして活動できる人材を豊富に持っているのが米国であり，こうした人材の蓄積もあって，米国のサービス部門での力は圧倒的に強くなっている。

次にドイツは廃棄物処理に強みを持っている。化学産業が世界的に力を持

表5-2 日本の環境産業の世界主要国との競争力比較

ランキング		1位 米国	2位 ドイツ	3位 フランス／英国	4位 日本
装置	水処理，化学処理	○	◎		◎
	大気汚染		◎	△	◎
	関連装置／情報システム		○		○
	廃棄物処理	○			
	工程改善／未然防止技術	×	×	×	△
サービス	固形廃棄物処理	◎	◎	○	△
	有害廃棄物処理	○	◎		
	コンサル＆エンジニアリング	◎			△
	汚染処理／産業向けサービス	○		△	△
	分析サービス	○			
	下水等廃液処理作業	×	△	◎	×
資源管理	上水	×	△	◎	×
	資源回収とリサイクル			○	○
	自然エネルギー	○	○	△	○

(注) ◎大変優位，○優位，無印＝普通，△やや劣位，×大変劣位
(資料) Environmental Business International, Inc., San Diego, CA および U. S. Department of Commerce (1998) を参考に作成。ただし，筆者インタビューに基づき変更

つドイツでは、その化学産業のバックアップを受けることができる廃棄物関連の処理システムが整っており、対外的活動においてもリードしていることがわかる。

次にフランスと英国のグループでは、世界的に見て民営化が先行した上下水道で他国を圧倒しており、それぞれの国内で培ったノウハウを武器にして、国外で活発に受注活動を行っている。

日本は、水処理と大気汚染対策のプラントの部分で世界をリードしている。これらの技術は、60年代から70年代に培ったものである。ただし、これらプラントは自治体よりの受注に依存している面が強く、国内での高スペック技術は保有しているものの、対外的に販売を目指すときには、国内価格とは異なり、"価格破壊"と呼ばなければならないほどの低価格で販売しなければ受注できない状況にある。従って、国内での競争力の強さ、高スペックであることが即座に、対外的な競争力に結びついていないという欠点を持っている。

このように比べると、総合力では米国が世界の環境産業において最も強力であり、次いでドイツ、さらにフランスと英国が続き、日本の環境産業の世界における競争力という点では第4位に止まらざるを得なくなっている。

3-5. 克服すべき課題

以上、検討してきたことからわかるのは、日本国内では、日本の環境産業は、60年代から70年代にかけての公害克服の輝かしい歴史から、世界的に見て競争力を持つ産業として存在しているのではないかと思われているにもかかわらず、実際には対外的な競争力は弱いという点である。日本の機械産業は競争力があり、またエンジニアリング産業も、一定の分野では世界的競争力を持っているにもかかわらず、世界で活躍している部分が少ないのは、環境産業が、国内での販売に集中してしまい、国内で高コストの体質を形成してしまったためである。国際的な競争を結果としては回避してしまい、価格競争力を失ってしまっているのが現状である。しかも、日本国内の環境関連の制度は、閉ざされた環境の中で特異な発展を遂げてしまっており、国際的に見た場合に、本来の趣旨からはずれた制度となってしまっている場合が散見される。

日本の環境産業が対外的に活躍できる競争力を持つためには，環境問題をキーとして国内制度の全面的な組み換えを行うことが必要である。それは，日本において日本国内のモラルハザードを正すことで達成される。こうした問題は，縦割り行政による弊害によりもたらされている面がある。例えば廃棄物の処理が一つの例であり，リサイクルが，本来の目的であるリサイクル量そのものの減少をもたらすどころか，反対に日本ではペットボトルの多量消費が始まってしまっており，ビンの回収は減少し続けるという状態が生じている。そのほか，環境産業の適正な成長をもたらすためには内外価格差の是正が必要であり，国内で高利益は出ないものの海外でも稼げる体制を，日本の環境産業各社は確保する必要がある。

　このような体制を確保することで，日本だけでなく，アジア全体としての循環型社会の構築に向けて，日本の環境関連企業が活動していける状態が生まれることになる。

3-6. 日本の廃棄物処理とリサイクル：モラルハザード発生

　日本の環境関連の制度が本来の目的を達成することが出来ずにおり，制度の適正な適用と運用ができないことにより，このままではアジア諸国にまで大きな影響を与えてしまう状態にある。できるだけ速やかに，制度の適正な運用と，制度の趣旨に沿った運用が行われる必要が生じている。

　モラルハザードが発生している状態の一例を，図5-4で示す。図5-4の左側は，産業廃棄物の発生とその処理の状況を表している。

　産業廃棄物は年間約4億トン程度が発生しており，そのうちのほとんどは中間処理施設に持ち込まれる。一部は自社処分場へ運ばれるものも存在する。また，積み替え保管場を経由して中間処理施設に運ばれる廃棄物も存在している。中間処理施設では，破砕と減容処理が行われる。この作業により廃棄物量は半減する。さらに焼却処分が行われることでさらに半減して1億トンほどが廃棄物として残ることになる。一方，最終処分場は年間5,000万トン程度の受け入れが可能である。そのほか，リサイクル施設が1,000万トン程度をリサイクル品として受け入れている。

　とすると，残りは約4,000万トンとなる。この分は最終処分場に入りきらないことから，不法投棄されていると推定せざるを得ないことになる。ところ

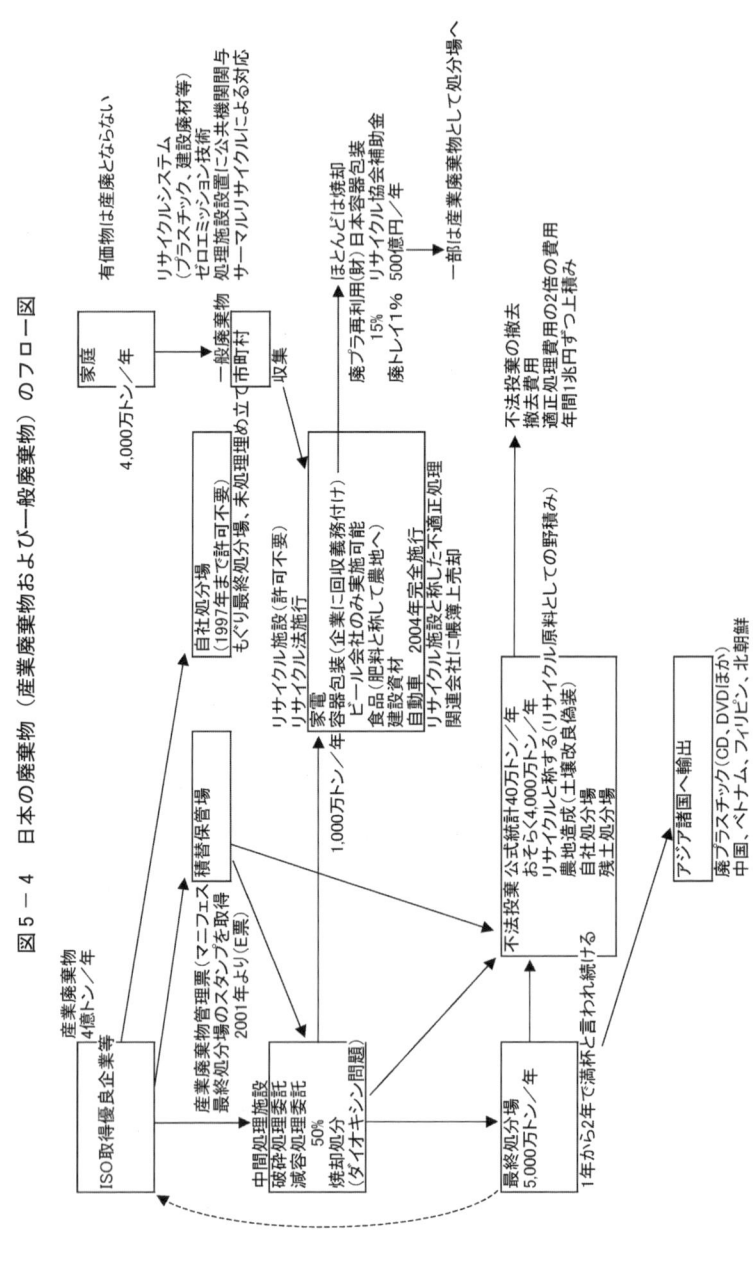

図 5-4 日本の廃棄物（産業廃棄物および一般廃棄物）のフロー図

(資料) 石渡正佳 (2002) ほか各種資料に基づき筆者作成

が，環境省が発表する公式統計では，年間の不法投棄量は40万トンが続いてきたと記載されている。平成13年度においては23万トンまで不法投棄量が減少したと記載している（平成15年度環境白書 p. 158）。ただし，違法投棄が摘発できた量を不法投棄とするとも記載があり，摘発・検挙できなかった不法投棄は，不法投棄として記載しないとしている。このようにいわば行方不明となった廃棄物が多量に存在している。日本の不法投棄が莫大な量に達していることは多くのレポートにより報告されている（佐久間充 2002, 高杉晋吾 1991）。いかに日本のモラルが荒廃してしまっているかは，これらのレポートを読むことで明らかとなる（例えば，佐久間 p.52における産廃により作られた平成新山の話等）。

産業廃棄物が中間処理場から焼却場へと渡されていくとともに，その廃棄物処理を適正化できるように，マニフェスト制度と呼ばれる帳票を手渡ししていく制度が導入されている。この制度は2000年に改正されて，最終処分場から廃棄物を最初に出した事業者に，押印済みの帳票（E 票）が新たに戻されることになった。行政側の考え方では，このように制度を最終処分場まで含めて整備をすれば，最終処分まで管理が行き届くであろうと考えたわけである。ところが，図5－4で示したように，最終処分場は建設が進んでおらず，満杯に近くなると，処分場の廃棄物を掘り出して，それを違法投棄することで何とか受け入れ量を作り出している事例も生じている。1年から2年で満杯と言われ続けていながら，最終処分場が生きながらえている理由は，こうした手法がまかり通っているために他ならない（石渡正佳 2002）。

現在，制度が導入されたために最終処分場から事業者に向けて戻されているE 票は，実際には空伝票がかなりの程度混ざったものとなっていることは明白である。制度が運用不可能な状態にあるにもかかわらず，あるべき望ましい姿のみを追い求めて運用を進めてしまうために，事業者の多くは，摘発された場合には言い訳できない立場に追い込まれてしまっていることになる。日本全体のモラルを低下させてしまう不適切な制度が，無理やり導入されてしまっていることがわかる。しかも，不法投棄は摘発できたもののみが発表されており，捕捉できていないものはあたかも存在しないかのように扱われているのが現状である。

廃棄物をめぐっては，まだまだ問題点があることを指摘できる。例えば，

図5－4の右側の一般廃棄物である。家庭ごみとして収集された一般廃棄物は，年間4,000万トン程度排出・収集されている。焼却処分されるものとリサイクルされるものとが，一般廃棄物においても存在している。家庭等で多大の労力を費やして分別され，リサイクル用として収集されたごみは，実は85％程度は焼却されているのが現状である。多大のコストを費やして収集された不燃ごみであるはずのリサイクル品は，実はそのほとんどは焼却されているわけである。そうだとすると，最初から分別などしなくても，そのまま燃やしても大きな差異はないこととなってしまう。「リサイクルしてはいけない」という本（武田邦彦 2000）が話題を呼んだことがあるが，実際に85％が燃やされている現実があるのであれば，リサイクルする意義はきわめて小さい。

　石渡正佳（2002）によれば，現在重要なのは中間処理施設の充実である。中間処理により，廃棄物の減容が徹底して行われることがごみを減らすための第一の方策である。もう一つ必要なのが，行政がコスト意識を持つように仕向けることである。無駄をすることが対外的に明らかとなるシステムを導入してしまえば，行政の規律は自ずと高まる。

　今後は，警察が取り締まるからという規制の仕方ではなく，コスト意識を持った行政が制度の維持を行うとともに，市場メカニズムをできるだけ利用しつつ，廃棄物処理が進むように制度のファインチューニングを実施していくことが必要となってくる。

　なお，アジア諸国との関係で，廃棄物輸出はバーゼル条約に従い，リサイクル目的でのみ輸出可となっている。それ以外の目的の輸出は，加盟国間では違法であり，日本での廃棄物処理システムが適切に運用されないと，あふれ出た廃棄物が違法にアジアに輸出される可能性が高まる。この点からも，日本国内のシステムの適正化，その運用の適切さがきわめて重要であることを指摘することができる。

3-7. アジア全体での循環型社会の形成

　日本国内での廃棄物問題への取り組みが重要である点は，次の図5－5を見ることで確認できる。アジアの各国に工場を持ち，原材料を輸入し，素材を製造し，その素材から製品を製造している日本は，アジア全体として整合

性を持って循環型社会を形成する必要が生じると考えられる。アジアで製造した製品が日本で販売される一方，日本で製造された製品がアジアで販売されており，アジア全体としての，原料，製品，半製品の流れが生じている。特に影響が大きいのは，日本で循環型社会を形成することで，日本国内で回収した製品を，アジアで処理・リサイクルする場合が生じてきていることである。製造工場をアジア諸国に展開している場合には，アジアにリサイクル品として輸出する手続きが必要となる。リサイクル品の受入国においても，その使用済みの製品を受け入れて処理し，再加工して再度製品とすることが必要となるケースが生じる。このように，日本企業がアジアに広く展開している現状では，日本が循環型社会を形成し，可能なかぎりの廃棄物量の減少，リサイクルを実施することは，アジア全体として循環型社会を形成し，リサイクルを実施する必要を生じさせていることを意味する。日本企業に対する拡大生産者責任（EPR：Expended Producers Responsibility）を認めようとの動きは，そのまま，アジア諸国内での企業活動に及んでいく。日本が持続可能な発展を遂げるためには，アジア全体としての持続可能性を追い求める必要があることを意味する。

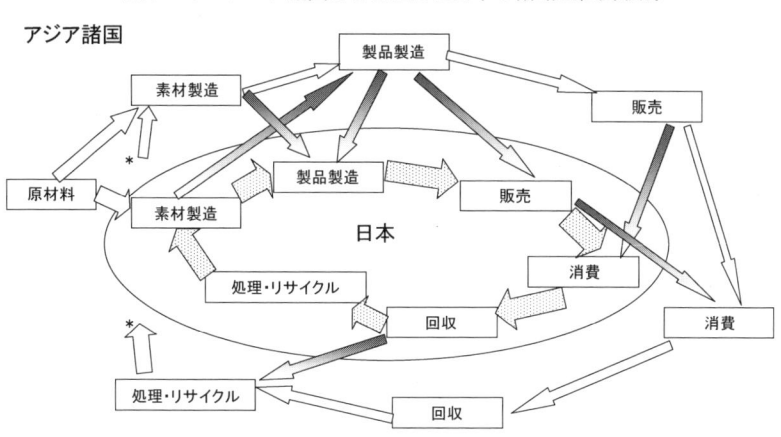

図5－5　アジア諸国を巻き込んだ日本の循環型社会形成

（資料）筆者作成

4．市場に任せたアジア環境産業の発展

4-1．日本からアジアの環境市場への資金供給

　民間でできる事業は効率を重視する民間企業に任せた方が，社会的コストが少なくて済む場合が多い。この点は，環境産業がアジアで展開していく際にも当てはまると考えられる。

　ただし，アジア諸国内には，日本およびシンガポールのように，一人当たり国民所得が2万から3万ドルに達する国がある一方，ミャンマーのように100ドル台の国もあり，また，ラオスおよびカンボジアのように300ドル台に止まる諸国も含まれている（2004年データ）。このため，環境産業の発展を考える際にも，民間企業への発注が民間部門の資金，あるいは各国政府の資金として生じる諸国と，日本および国際援助機関等からの援助に依存せざるを得ない諸国が存在していることを考慮する必要がある。

　表5-3で示すように，自己資金で環境産業への発注が進む韓国や台湾が存在する一方，自己資金とともに円借款が資金の出所となっている国としてシンガポール，タイ，マレーシア，中国が存在する。また，円借款と無償援助の併用が行われているインドネシア，フィリピン，ベトナムがあり，さらに，より発展段階の前段に位置するラオス，カンボジア，ミャンマーのように無償援助が第一の資金源であり，円借款が補助的な役割を果たす国も存在している。

　上記諸国中，自己資金の備えがある韓国，台湾，シンガポール，タイ，マレーシア，中国の各国においては，現在の段階においても，「市場に任せた環境産業の発展」が可能となる段階にあると考えられる。一方，インドネシア，フィリピン，ベトナム，ラオス，カンボジア，ミャンマーの諸国は，「援助を通じた環境産業の育成」が必要な段階にあると言える。

　ただし，現在，日本の環境関連企業がアジアに進出を計画した際に，市場を獲得できる競争力を持つかという点に関しては，大きな課題が存在している。

　以下では，①民間資金により設備の設置とサービス提供に対する支払いが行われる分野，②ODA資金に依存して設備の設置が進められていく分野，③国際援助機関等の資金が投下されてその資金の回収が目指される分野，さ

表5-3 アジア環境市場への資金供給

	自己資金	円借款	無償援助
韓国，台湾	○		
シンガポール，タイ，マレーシア，中国	○	○	
インドネシア，フィリピン，ベトナム等		○	○
ラオス，カンボジア，ミャンマー等		△	○

(資料) 筆者作成

らに，④二酸化炭素削減のために京都メカニズムの一貫として導入が決まったクリーン開発メカニズム（CDM：Clean Development Mechanism）関連部門への資金投下の分野，の四つの分野に分けて，それぞれ日本の環境産業の競争力はあるかを検討する。

① 民間資金の投下先としては，NOx，SOx対策施設，排水処理施設，廃棄物対策施設があるが，これらの分野において，日本企業が持つ国内での技術は，アジア諸国においてはオーバースペックとなってしまう。アジア各国における適正技術の導入が求められており，日本の設備とサービスは高コストとなっている。国内の設備そのままの輸出は難しくなっている。

② ODA資金が供与される対象としては，インフラ整備としての廃棄物処理，上下水道整備がある。これらのODA資金の投下による一般円借款案件においては，アンタイドの借款供与となるために，中国，韓国等の地場企業が落札するケースが多くなっている。

③ 国際機関等の投資による分野は，廃棄物利用発電，広域上下水道，新エネとしての風力およびバイオマス，上下水道民営化等の業務がプロジェクトとして取り組まれる場合が多い。こうした世銀，アジア開銀等が実施する大型案件は，アジア地域においても，計画作りの段階で競争力を持つ欧米企業が落札するケースが多くなっている。

なお，国際機関，援助機関の資金は，既存の石炭発電所の改善といった，中国，インド等のCO_2を多量に排出する国のCO_2およびSOxの削減に即効性がある分野には，現在提供されなくなっている。これらの施設が，例えば石炭からガスに燃料を変更するといった場合に，資金が提供されている。

④ 京都メカニズムに基づくCO_2削減を目指すCDMの実施に関し，省エネ，植林，風力，バイオマスといった事業を計画する際に課題となるのは，

そのプロジェクトが認証されるための用件がきわめて厳しいと言う点である。追加性（Additionality）とよばれる省エネの実効性の確保が証明できる必要がある。しかも、石炭発電といった既存設備の改善のみではCDMと認められることは困難である。

表5－4は、アジア環境市場への資金供給と進出可能性がある分野を示している。

ごみ処理の分野では、韓国、台湾およびシンガポールにおいて、ごみ焼却用のガス化溶融炉の需要が発生しており、日本と似たダイオキシン対策の導入が必要な状態が生じていることがわかる。

次に、タイ、マレーシア、中国、インドネシア、インド、ベトナム、フィリピンにおいては、流動炉と流動床ボイラーの導入の可能性がある。

表5－4　アジア環境市場への資金供給と進出分野

	資金調達	ごみ処理 ガス化溶融炉	ごみ処理 流動炉,流動床ボイラー	水処理 上下水道,排水	洪水対策 ポンプ場	大気 脱硫	CDM 廃棄物発電,バイオマス,風力,太陽光
韓　国	自己資金	○					
台　湾	自己資金	○					
シンガポール	自己資金,円借	○					
タ　イ	自己資金,円借		○	○	○		○
マレーシア	自己資金,円借		○	○	○		○
中　国	自己資金,円借		○	○	○	○	○
インドネシア	円借,無償		○	○	○		○
インド	円借,無償		○	○	○		○
ベトナム	円借,無償		○	○	○		○
フィリピン	円借,無償		○	○	○		○
ラオス	無償,一部円借			○	○		○
カンボジア	無償,一部円借			○	○		○
ミャンマー	無償,一部円借			○	○		○
スリランカ	無償,一部円借			○	○		○
ネパール	無償,一部円借			○	○		○
バングラ	無償,一部円借			○	○		○
モンゴル	無償,一部円借			○	○		○

（資料）筆者作成。参考資料：地球産業文化研究所（2003年）

水処理においては，上下水道と排水の分野で日本企業が進出できる可能性がある。この分野では，韓国，台湾およびシンガポールは自国の企業が実施できるために，この3カ国を除いた諸国において進出の可能性が残されている。アジア諸国が深刻な問題として対処しようとしている洪水対策においても，水処理の場合と同じく，韓国，台湾およびシンガポールの3カ国を除いた諸国において進出の可能性がある。大気汚染のうち，脱硫設備の導入が現在大きな意味を持っているのは中国である。
　また，CDMの実施に関しては，廃棄物発電，バイオマス利用，風力，太陽光といった分野に関して，韓国，台湾，シンガポールの3カ国を除いた諸国で導入の可能性が存在している。

4-2. アジアの環境産業規模

　次にアジアの環境産業の規模を検討する。2000年現在で環境産業の売上高は，中国が50億ドル，台湾が43億ドル，韓国が39億ドル，シンガポールが33億ドル，インドが20億ドル，香港が15億ドル，インドネシアが13億ドル，マレーシアが12億ドル，タイが9億ドルである。
　図5-6で示すNEDO（1998）および日本機械輸出組合（2000）が予測した2010年におけるアジアの環境産業の規模は，中国が150億ドルと2000年と比べて3倍増と予測され，そのほか台湾が2010年で110億ドル，韓国が100億ドル，シンガポールが70億ドル，インドが60億ドル，香港が50億ドル，インドネシアが大きく増えて90億ドル，マレーシアが50億ドル，タイが53億ドルである。このようにアジアの環境産業は，各国ともその規模を大きく増やすことが予測されている。
　9カ国の総合計は，2000年が234億ドルであるが，2010年には723億ドルに達する見込みである。
　なお，2000年現在で，各国の環境市場の規模は，水処理関連市場が最も需要が大きく，次いで廃棄物関連となっており，大気汚染関連は前二者よりも少ない。
　一方，日本の環境市場の規模を見ると，プラント関連のみで2000年現在140億ドルとなっており，環境産業全体では1,800億ドルに達している。2000年において，アジア全体の環境市場の規模は，日本の環境市場の7分の1に過ぎ

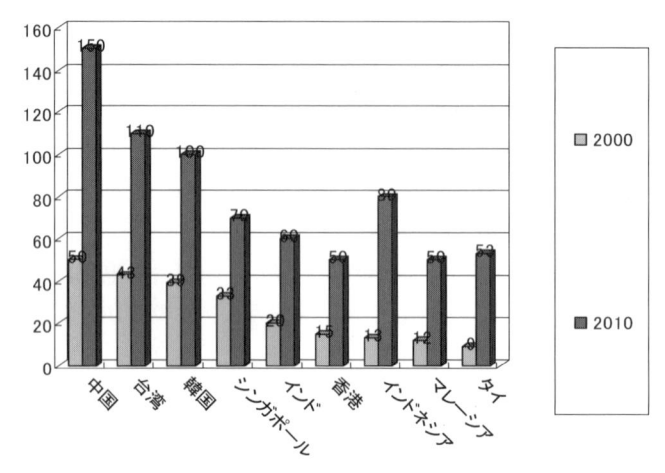

図5-6 アジアの環境産業の今後の発展の予測（単位：億ドル）

（資料）NEDO（1998）および日本機械輸出組合（2000）より作成

ない。しかし，日本の環境プラント部門では取替え投資が行われていくことになるが，アジア諸国の環境市場では，新規投資が増え，日本の環境産業にとって魅力的なはずである。環境関連産業向けの投資額は，日本においては，公害が激化したピーク時には全設備投資の20%に達した。こうした経緯から見ると，今後，アジア諸国が発展するにつれて，アジア諸国の環境市場は，日本の環境産業にとってきわめて重要となっていくと思われる。

4-3. 環境市場の育成と規模拡大

図5-7で示すように，エネルギー消費および環境負荷を横軸にとり，コストを縦軸にとると，削減コストの曲線を引くことができる。コストがマイナスとなる省エネ部分が存在し，省エネに取り組むことで利益が出る場合が少なからずある。この部分を見つけ出してプロジェクトとすることで，環境産業の育成につなげることができる。

コストがあまりにかかりすぎる部分は，企業としては取り組むことは得策ではなく，その部分は事業としても切り離していくことが正しいと考えられる。しかも，企業としては，コスト負担を一続きで把握して，つまり図5-

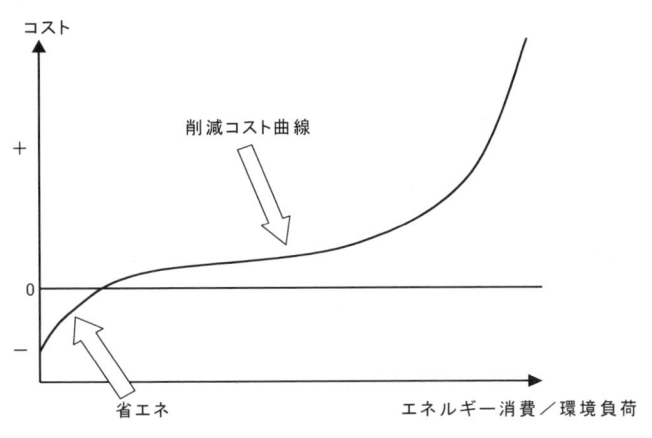

図5-7 エネルギー消費および環境負荷の削減コスト（模式図）

（資料）インタビューに基づき作成

7の曲線で示すように，継ぎ目のない「シームレス化」された存在として，どの部分まで取り組むか，あるいはどの部分はそのままとして，排出権取引でまかなうか等を把握する必要がある。最終的には環境費用を原価へ算入でき，製品の価格に転嫁できるように，個々の企業は自社のエネルギー消費および環境負荷とその削減のためにかかるコストを把握しておくことが重要となる。

省エネにより利益の獲得を目指すことが重要だと述べたが，プロジェクトの標準的な利益率は，中国，インドの発電等では，IPPプロジェクトとして民間企業が省エネ・プロジェクトとして採算を確保し実施することが十分可能な状況が生まれている。

その他のプロジェクトの収益率（ROR）は，上下水道，汚水処理インフラでは6～9％となっている。確かに道路では29％，通信では19％，電力では11％（いずれも世銀プロジェクト 1983～92年）（宇沢ほか 2000 p.135）という数値となっており，環境関連プロジェクトは，他の案件に比べると低い数値にある。しかし，それでも採算ラインは何とか確保できており，成長するマーケットの中でサービスを提供することで，さらに収益を伸ばせる可能性を増大させることができる。

177

しかも，環境問題は深刻化した後の対応では，多くの費用を要することが知られている。事後的環境浄化コストおよび補償コストは，予防措置先行投資コストの1.4倍から，多い場合には102倍に達するとの報告が行われている（Kato 1996）。

4−4. 機械産業・エンジニアリング産業の育成

環境産業がアジア諸国で育つためには，機械産業が各国で育っていることが必要と考える。プラントのメインテナンスをするにも，機械産業が存在して，機械の保守・整備を実施できる技能の存在が必要と考えられる。さらに，機械産業が存在することで，その後，エンジニアリング産業が育つ素地ができるはずである。

この観点から，アジア諸国の機械産業における貿易特化係数を算出してみた。貿易特化係数は，（輸出−輸入）/（輸出＋輸入）により計算できる。数値はプラス1からマイナス1までの値をとり，輸出競争力が強い場合にはプラス1となり，完全に輸入に依存する場合にはマイナス1となる。

図5−8で機械産業の貿易特化係数を見ると，多くのアジア諸国で機械産

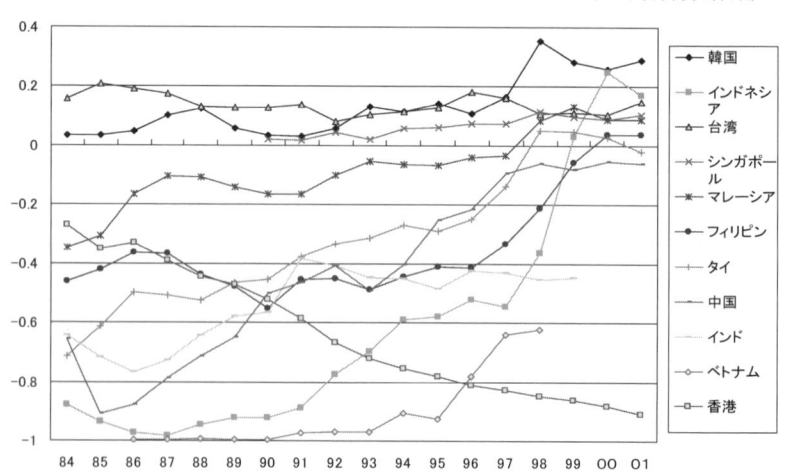

図5−8 アジア諸国における機械産業の発達状況（機械産業・貿易特化係数）

（資料）Asian Development Bank, Key Indicators of Developing Asian and Pacific Countries に基づき試算

業が発展してきていることが読み取れる。数値がマイナスからプラス方向に大きく上昇している諸国が多く存在する。機械産業の成長があり，次いで環境産業の展開があり，そしてエンジニアリング産業が育成されるという好循環を，多くのアジア諸国は続けていると考えられる。

所得が4,500ドルを超えると一気に脱硫設備が導入されるという経験を日本はしてきており，70年代半ばに脱硫設備が導入された。台湾と韓国は，80年代後半に脱硫設備が導入されている。アセアン諸国および中国等のアジア諸国は，脱硫設備導入の予備軍となっている。

ただし，自国産業の保護・育成の観点から，中国とフィリピンではエンジニアリング産業の活動に規制が存在してきた。こうした規制は早期に撤廃される必要があり，WTO加盟とともに，公平な競争がアジア諸国内で実施されるように働きかけていくことも重要である。

4-5. アジアにおけるエネルギー消費量の減少——
アジアでのトップランナー方式導入による

アジア諸国内において，エネルギー多消費産業に対してトップランナー方式を導入するといかなる事態が生じるであろうか。その結果を図5-9は示している。以前は日本が多くの部門でトップランナー役を果たしたと考えられる。しかし，2000年のデータに基づき算出すると次のような結果が得られる。

アジアでのトップランナーは産業毎に異なっており，化学ではマレーシア，電力では日本，鉄鋼では韓国，セメントではフィリピン，紙パルプではタイとなっている。

エネルギー消費の削減可能性を数量で見ると，化学＞鉄鋼＞電力＞セメント＞紙パルプの順となっており，化学産業のエネルギー消費量削減の可能性が大きいことがわかる。最大では40％，石油換算2.65億トンのエネルギー節約を目指すべきであると考えられる。

アジア諸国内において，エネルギー効率の向上のための競争が生じることは望ましいことであり，日本のみが中心となるのではなく，環境負荷の低減を目指した最適配置の構想が作成されることが必要となっていることがわかる。

図5－9　アジアにおけるエネルギー消費量の削減可能性
（左軸：石油換算 億トン，右軸：削減率%）

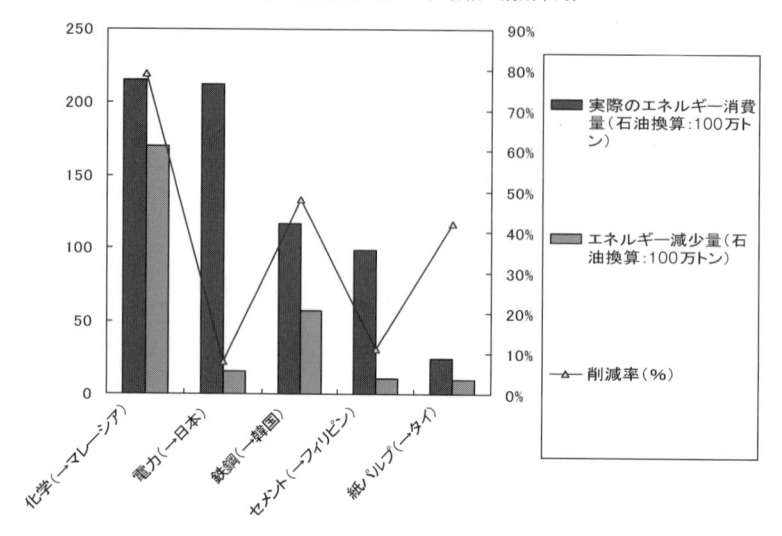

[図：化学(→マレーシア)，電力(→日本)，鉄鋼(→韓国)，セメント(→フィリピン)，紙パルプ(→タイ)の実際のエネルギー消費量(石油換算：100万トン)，エネルギー減少量(石油換算：100万トン)，削減率(%)を示す棒グラフおよび折れ線グラフ]

（資料）OECD IEA エネルギーデータに基づき試算

4－6．CO_2 排出量の減少──アジアでのトップランナー方式導入による

　CO_2 排出量が多い産業につきアジア諸国でトップランナー方式を導入した場合，どのような結果が生じるかを示したのが図5－10である。図5－10で示すように，トップランナーは，電力では韓国，鉄鋼ではタイ，セメントでは韓国，化学ではシンガポール，紙パルプではタイとなる。
　なお，電力では，原子力と水力を除いた石炭，石油およびガス等の化石燃料を用いる火力発電所からの CO_2 排出量を比較している。CO_2 排出量は，中国とインドの石炭火力からの CO_2 排出量の大幅削減が達成できれば，その効果は大変大きい。
　その他，鉄鋼，化学でも大幅削減を目指すことができるはずであることを，図5－11は示している。アジア全体としては，最大では68%，25億トンの CO_2 削減を目標とすべきであると見積もることができる。

180

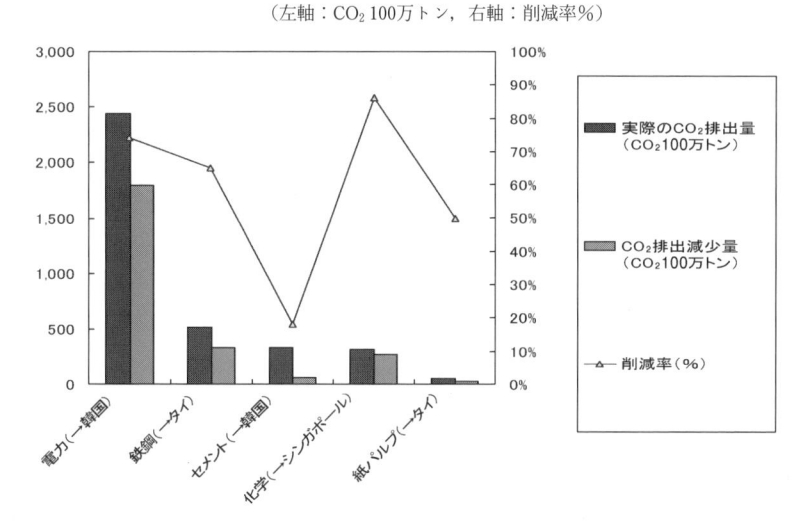

図5−10 アジアにおけるCO₂排出量の削減可能性

(左軸：CO₂ 100万トン，右軸：削減率%)

(資料) OECD IEA エネルギーデータに基づき試算

4-7. アジア主要国の環境関連法規・整備状況

環境産業の発展のためには各国において法制度の整備が進められる必要がある。表5−5は，各国における環境関連の法制度の導入がいつ実施されたかを示している。

法制度には，環境権と言う環境に関する基本的な権利を認めるかどうか，環境基本法の制定がいつか，大気，水質，廃棄物，都市計画，環境アセスメント，環境会計につき，いつ制度が導入されているかを，法律の制定年で示している。

表5−5からわかるのは，明らかに日本が大気（1968年）と水質（1970年），さらに廃棄物のための法律（1970年）の制定で先行したということである。

日本に続くのは台湾，マレーシア，フィリピン，シンガポールであり，70年代において法律の制定が行われている。80年代にはインド，中国での導入が進み，さらに90年代に入ってから，韓国，インドネシア，タイ，ベトナムでの法律制定が行われている。

ただし，日本は公害への対応は早かったものの，環境アセスメント制度の

表5－5　アジア主要国の環境関連法制定年

	環境権	環境基本法	大気	水質	廃棄物	都市計画	環境アセス	環境会計
日　本		93	68	70	70	68	97	
台　湾			75	74	74		94	
マレーシア		77	77	75	89	76	87	
フィリピン	○	77	77	75	90	92	78	
シンガポール		99	71	75				
インド	○	86	81	74			78	
中　国		89	87	84	95	92	2002	
韓　国	○	90	90	90	91	2000		
インドネシア	○	97	93	90	88		93	94
タ　イ	○	92	92	92	92		93	
ベトナム		93	93	93			98	

（資料）アジア経済研究所・作本直行（2003）ほか各種データに基づき作成

　導入は1997年であり，アジア諸国と比べても大きく遅れてしまった。環境産業をサービス産業として育てるためには，環境アセスメントのノウハウの蓄積は必須であり，このアセスメント制度導入の遅れは，日本の環境産業がアジアに進出していくことを考えた場合にも，ノウハウ蓄積の不足と言う問題を提示することになる。日本の環境経験の優位性は，90年代の空白の10年により消滅したとの言葉も聞かれる（ヒアリングによる）。そうである以上，日本の環境産業は，今後はアジア諸国とともに学ぶ姿勢が必要であると考えられる。

　もう一つ日本が遅れた法律は，環境基本法である。民間部門を育てて，民間の創意工夫により経済的な手段を多用して環境負荷を減らすためには，環境基本法を制定して，その下に大気，水を始めとした多くの関連法規を配置し，整合性を取りながら，経済的手法の導入を進めることが一般的であるが，日本はこの点でもアジア諸国と比べると，制定年は決して早い方ではない。こうした手法はフレームワーク方式あるいはアンブレラ方式と呼ばれる（作本直行編　2002　p.226）。

　しかも問題なのは，日本の経済的手法の導入が不徹底である場合が多く，例えばデポジット制度では，リサイクル率は一見すると向上しており，うま

くリサイクルが行われているように見えるものの,実際にはリターナブル・ビンの利用量が激減しており,しかも,回収されたペットボトルの85％は焼却されているというように,決して環境負荷の軽減に繋がっていない。日本は韓国のデポジット制度を目標として,制度の再構築が必要であるとの指摘が行われている（ヒアリングによる）。

そもそも日本の環境政策は,60年代および70年代において成功したと言えるのかという問題が現在議論されるようになってきている。単に,産業化の手法を公害対策に適用したことで,環境政策の根本的な意味を喪失したのではないか,長期戦略が欠如しており,目的意識の欠落がその後の日本の環境産業の発展を妨げたのではないかという疑問が提示されている（寺尾忠能 2002 p. 24）。これに対し,行政指導を利用した直接規制と民間企業の公害防止投資に対する低利融資と税制上の優遇措置の導入に対しては,OECDが非経済的なアプローチとして成功したとの評価を出している（OECD 1977）。

環境負荷の抑制に効果があったのは,地域からの切実な要請に基づき作成された条例であったとの見方が出てきている（藤倉良 2002）。

このように見てくると,日本の環境への取り組み経験から得られる教訓としては,①政府主導の政策に基づく急速な産業化は,環境負荷を拡大し汚染が急拡大する,②社会的な認識の高まりをもたらす分権が必要である,③産業化の手法を公害対策に適用することが応急措置としては有効であるものの,④より長い目で見たときには,環境産業の育成により国内市場を育て,民間企業を育て,それらの企業が環境への取り組みを強める方向を持たせた方が,最終的には社会的なコストも少なくて済む,と言わざるを得ない。

ただしそれでも,今後,日本がアジアに対して大きな役割を果たしていけると考えられる分野が存在している。それは製造業の省エネ分野である。中国およびタイで省エネ法が導入されており,日本の制度に倣ったエネルギー消費効率向上のための制度の導入も一部開始されている。長年培った日本の経験が活用可能な分野で,集中して協力を行うことが望ましい。

4-8. アジアにおける環境産業育成の課題

日本の環境産業の体質転換策は,ぜひとも必要である。設備機器等のハードからソフト重視へという戦略が必要であり,この方針を日本国内で採用す

ることは，今後アジアの環境市場への日本の環境産業の参入のためにも重要であると考えられる。

アジア諸国における課題は，制度の実効性の確保（例えば法制度等）が未だ不十分であるという点にある。

例えば，製品の品質を向上させ，環境負荷を低下させるためには，部品調達および素材調達に関する一定の基準設定が必要となる。さらに，使用済みの製品を回収して，アジアに展開する各国内の工場を結んだ製品リサイクルに取り組むためには，リサイクル品に関する輸入制度，輸入できるための許可制度の整備がぜひとも必要となる。

このように，環境規制は強化されざるを得ず，その一方で，不必要な規制・課税は廃止される必要がある。

インフラが未整備である場合にも大きな問題が生じる。環境測定機器の設置が不十分であれば，そもそも基準の設定と排出の動向把握が困難となる。また，リサイクル処理施設が設置されていない，あるいはうまく機能していない場合には，循環型社会に向けた取り組みはうまく機能しない。

人材の育成も大きな課題となる。環境へ配慮する必要性，その意味と効果に関する教育が不足したままでは，環境への取り組みが促進されることはない。アジア諸国においても，省庁を対象に，グリーン調達制度を整備し，合わせて情報提供を強化していくことは，効果が大きいと考えられる。また，リサイクル素材・部品の製造業者の育成に向けた取り組みを強め，優秀な事業者の表彰制度，ISO へ取り組んだ企業への優遇政策を導入することは有効である。

今後はアジア諸国内では，環境産業関連でもいっそうの民営化が進み，BOO（Build, Own, Operate），BOT（Build, Operate, Transfer）導入も行われていく。このように装置の発注に止まらず，その運営に民間企業が携わる機会が増大することで，装置および製品の販売から，さらにソフトとハードのパッケージとしてのビジネス展開が必要となる状況が増大する。

4-9. アジアの経済連携強化と環境産業の育成

アジア諸国における環境産業の成長と環境市場が立ちあがることは，「アセアン・プラス3」の取り組みを進める際に有効である。EUはロメ協定を

締結して，EUと途上国間の通商，資金，技術援助および関税引下げを実施した。アジア諸国においても，「多国間環境戦略」を策定し，まず各種のソフトローを適用し，各国が技術的基準を採択し，環境保護のための制度の整合性を確保し，環境政策の実効性を確保することを目指すことが重要である。ソフトローの積上げを行うことで，ハードロー化を目指し，さらに「地域条約」へとその意義を高めることが望ましい。

以上のようなソフトローの例としては，①環境ラベルの相互認証（既導入国：日本，中国，韓国，台湾，シンガポール，インド），（検討中：インドネシア，マレーシア，フィリピン），および，②環境ネガティブラベルの相互認証（例：タバコの健康被害）を上げることができる。

また，非関税障壁問題への取り組みを強化するためには，アセアン全体で，①グリーン調達，②環境資源勘定の作成，③環境産業連関表の作成といったプロジェクトに取り組むことが有効であると考えられる。環境関連の取り組みはアジア諸国の産業競争力強化にも繋がり，しかも他の問題と異なり，取り組むこと自体が問題となることはないため，各国が率先して参加することができる。アジアの経済連携の強化のために環境面からの取り組み強化を図るとともに，その実効性を上げる政策を導入していく必要がある。

5．援助を通じたアジア環境産業の育成

5-1．アジア途上国の産業発展と援助理念

アジアの途上国の産業発展の状況を見ると，国内で存在している産業が2分されている状況が生まれている。外資系企業とそのサポーティング産業，および地場企業と国営企業とである。外資系企業は製品を輸出し，グローバルな競争に備える効率化を遂げているが，一方，地場企業と国営企業はこうした外からの圧力を受けずに，国内の消費財を国内需要に向けて供給する役割を担ってきた。小規模な工場が多いために環境汚染を生じさせてしまっている場合も多い。

一方，外資企業とそのサポーティング企業は，アジア各国がWTO加盟を進めるとともに，いっそうの競争に踏み込むことを要請されている。図5－11で示すように，国内でこのように競争力に格差がある二つの勢力が存在し

図5-11 アジアの発展途上国における産業構造

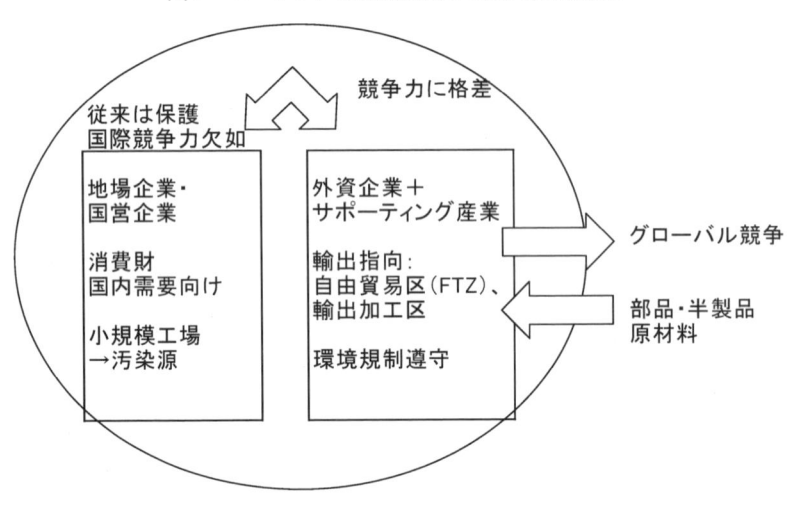

```
            競争力に格差
  ┌─────────────────────────────┐
  │ 従来は保護                    │
  │ 国際競争力欠如                 │
  │                              │
  │ ┌──────────┐ ┌──────────┐    │
  │ │地場企業・ │ │外資企業＋ │    │
  │ │国営企業  │ │サポーティング産業│  グローバル競争
  │ │          │ │          │    │→
  │ │消費財    │ │輸出指向： │    │
  │ │国内需要向け│ │自由貿易区(FTZ)、│ ←部品・半製品
  │ │          │ │輸出加工区 │    │   原材料
  │ │小規模工場 │ │          │    │
  │ │→汚染源  │ │環境規制遵守│    │
  │ └──────────┘ └──────────┘    │
  └─────────────────────────────┘
```

（資料）筆者作成

てしまう状態が生まれている。しかも，WTO加盟は格差を固定化する傾向を生み出している。例えば，原産地規則の適用がWTO規定により各国で制限されることは，輸出企業としての外資企業には問題がない規定であっても，国内の市場を確保することで漸く販売先を確保してきた地場企業と国営企業にとって死活の問題となる。

　成長から取り残された地場企業と国営企業とは，その国にとっての「適正技術」により労働集約型の工業化を進めてきたが，次第に行き詰まりの状態となってきている。80年代には，世界銀行を中心とした構造調整政策が導入されて，民活・民営化が目指され，成長とともに公平な分配が行われるよう，政策誘導が多くの途上国で行われた。ただし，こうした変革を目指す政策で，既存の企業が体質を全面的に変換することは，実際には大変困難であった。国の成長を牽引したのは，直接投資により海外から参入した外資系企業と，その外資系企業により育てられた新興のサポーティング産業であった。

　産業発展の機会を失したかに思われる地場企業と国営企業に属する人々に対しては，世界の援助政策は転換された。最低限の充足（BHN：Basic Human Need）を満たすことを目指すアプローチが，強化されるようになった。

さらに，社会的な安全網を張ること，ソーシャル・セーフティネット重視の考え方へと移っていった。現在では，持続可能な発展を遂げるための参加型の開発が重視され，地元の人々が加わった貧困の克服と，戦乱からの安全を少なくとも確保しようという，人間の安全保障の重視，飲料水と環境衛生の確保の視点が重んじられるように変わってきている。

5-2. アジア金融危機後の援助方針に関する議論

アジアでは1997年に金融危機が発生し，タイ，インドネシア，マレーシア，韓国が大きな経済的な影響を受けた。この経済的な混乱は，インドネシアで特に長く続いてきており，その後の経済の回復過程をめぐっては，以下の二つの方針のどちらが採用されるべきかに関して大きな議論が巻き起こった。

① 従来型の大型インフラ建設（いわゆる箱もの）中心
② 中小企業振興の小規模資金と技術協力，教育・訓練・人材育成，ソーシャル・セーフティネット形成，ソフトインフラ重視

上記の二つの方針のうち，②を実施するためには，今までに育成が足りなかった部分が必要であることが明らかとなった。それは受け手の組織作り，人材の確保，モニタリング制度の確立とその維持，関連法制度整備と実施体制の確立・維持であった。

今まで取り組みが遅れていた部分を補い，持続可能性を重視して，環境問題に取り組む体制をとるためには，多くの準備が必要であることが明らかとなった。

5-3. アジア諸国の発展経路（Path Dependence）

図5-12は，世界の途上国の発展経路に関する議論の状況を示す模式図である（参考：Meier & Stiglitz 2000）。横軸に環境の質をとり，縦軸に所得水準の上昇をとると，中米とアフリカ諸国では環境の質が大きく悪化し，所得水準の上昇は小さい。一方，中国，タイ，インドネシアは環境の質は悪化したものの，所得水準が大幅に上昇している。しかしながら，タイ，インドネシアでは，その後所得水準が少なからず低下した。この状態から，持続可能な発展状態である，環境の質が向上しつつ所得が上昇する状態への移動は可能かどうかに，現在大きな関心が寄せられている。

図5-12 アジアにおける所得上昇と環境負荷の関係（模式化図）

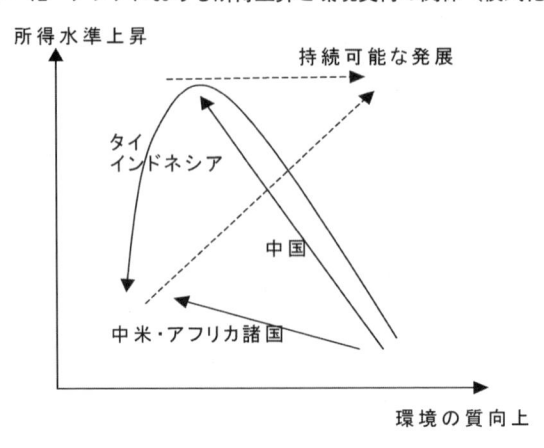

（参考資料）Meier & Stiglitz（2000）"Frontiers of Development Economics"を参考に筆者作成

1997年に発生した金融・経済危機の影響を受けたアセアン諸国とNIES諸国は、どのような方向に向けて発展を遂げようとしているのだろうか。一方、深刻な経済的な打撃を受けずに90年代も一貫して好調な経済を維持し続けた中国は、どのような方向に向かって経済発展を遂げていると考えられるだろうか。図5-13は、縦軸に一人当たりのGDPをとり、横軸にCO_2排出量を採用している。いずれの指標も1990年の数値を1として指数化している。

図5-13を見ると、中国は好循環に入ってきた可能性が存在している。一方、タイ、インドネシア等のアセアン諸国は、経済発展を遂げるとともに、環境負荷を増大させてCO_2排出量も大幅に増大してきたが、97年の危機を境目にして、一人当たりGDPが減少するとともに、CO_2排出量も減らしていることがわかる。経済が底を打ち回復に向かった99年には、再度CO_2排出量が増大しており、一人当たり所得はタイのように伸びるか、あるいはインドネシアのように伸びないかという差が生じていることが読み取れる。こうした状況から見ると、アセアン諸国が、経済発展を遂げながらCO_2排出量を減らす方向に舵を切ることは、なかなか困難であることがわかる。産業の構造を大きく変化させ、CO_2排出量が少ない産業が、危機が発生した後に育ってくると、CO_2排出量の減少に効果がある。しかし、このような方向に向かう

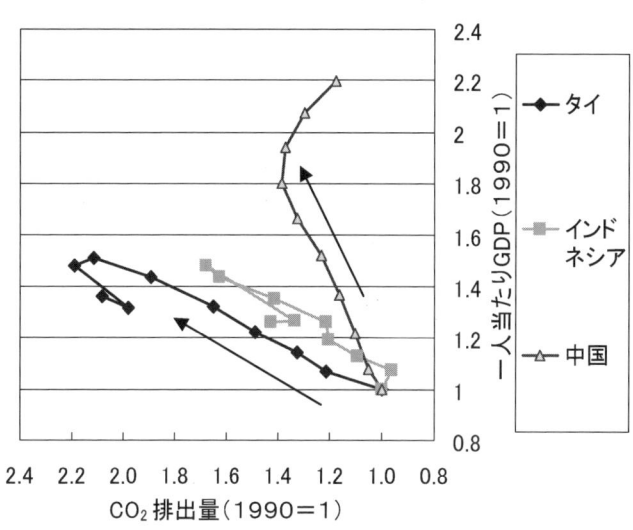

図5-13 中国,タイ,インドネシアの CO_2 排出量と一人当たり GDP の推移
(1990年=1とする)

(資料) OECD IEA のエネルギーデータに基づき試算

傾向は,アセアン諸国においてはまだ生じていない。

一方,中国は,以前からエネルギー源としては石炭に依存しており,一人当たりで見ても石炭の消費量が多く,一人当たりの CO_2 排出量も多い。このため,経済が発展するとともに,石油およびガスの消費量が増大し,効率がよい生産・発電設備の導入も次第に始まっており,現在 CO_2 を減らしながら GDP を増大させる好循環に入ってきた可能性が高い。いっそうの CO_2 排出量の削減に向けて,国内制度の整備と技術導入の促進が行われていく必要がある。

5-4.「開発ミクロ・援助論」から見た環境協力

途上国援助における最大のテーマは,近年では国連のミレニアム開発目標が2000年に設定されたこともあり,貧困克服であるといわれることが多い。貧困は都市でも農村でも生じており,いかにして貧困者にまで援助が到達するのか,技能の向上はいかにして可能となるのか,参加型の開発を実施でき

るための条件は何かについて,多くの議論と実地の試行錯誤が行われてきている。

図5－15はそうした考え方の一端を示している。現在の考え方は,国内で政府が補助金を与えて市場の育成にゆがみを生じさせるのと,国外から援助が与えられて被援助国の国内市場がゆがめられるのと差がないのではないかというものである。ただし,一定程度まで社会のインフラ(制度面を含んだ社会関係資本)が整うまで,また,一人当たり所得が一定程度まで向上するまで,援助者が被援助国の政策の実施のために加わって,ある程度の社会制度を操作することは,むしろ発展をもたらすとの考え方が出されるようになっている(Stiglitz 2000)。

図5－14では逆U字の関係が記載されているが,一定の社会関係資本の蓄積が進み,それとともに一人当たり所得が上昇すると,市場経済化の段階に移行することができるとの関係が途上国には存在することを示している。

図5－15は,現在主流となりつつある途上国援助のあり方について示している。国際ドナーである政府,援助機関およびNGOは,途上国に財政的支援として資金を支出するのを基本とする。モノによる紐付きの援助ではなく,国あるいは自治体に向けて資金を出す。ここで資金の転用可能性(Fungibility)が問題となる。資金が転用可能であれば,援助資金を受けたことで財政的に余裕ができた分が浪費されてしまう可能性がある。当座の資金的余裕が

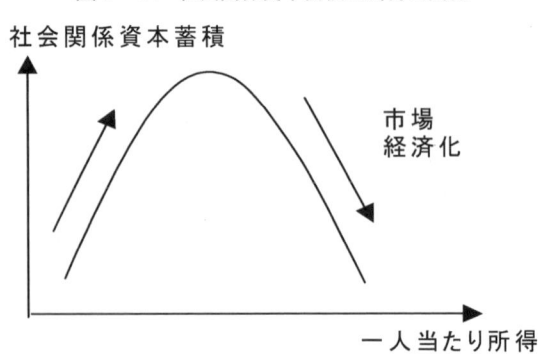

図5－14 社会関係資本蓄積と所得の関係

(資料)筆者作成

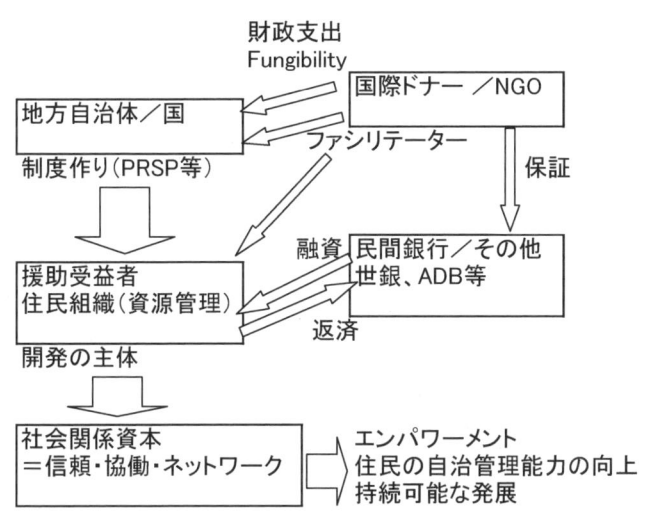

図5-15 援助方式の考え方（最近の動向）

```
                    財政支出
                    Fungibility
                         ↙↙      国際ドナー／NGO
     地方自治体／国 ←←
                    ファシリテーター      ↓ 保証
     制度作り(PRSP等)
          ↓              融資  民間銀行／その他
     援助受益者         ←←    世銀、ADB等
     住民組織(資源管理)
                         返済
     開発の主体
          ↓
     社会関係資本        → エンパワーメント
     ＝信頼・協働・ネットワーク  住民の自治管理能力の向上
                         持続可能な発展
```

（資料）各種資料とインタビューに基づき筆者作成

生じると，途上国では特に補助金等として浪費される可能性が高くなる。この Fungibility に対処するためには，国際ドナーである政府，援助機関および NGO は，ファシリテーターとして，被援助国の政府，自治体，さらには援助受益者，住民組織にまで出かけていき，密接な関係を維持しながら制度作り，開発計画作りを行っていこうという考え方である。このように資金を出した以上は，口を出そう，途上国にまで出かけていって現場での意思決定とその実践に，外部者としてではあるものの，できるだけのお手伝いをしましょうとする考え方が現在主流となりつつある。この点はきわめて注目される。

英国政府は，国際開発庁（BFID）をこうした考え方に沿うように機構改革し，援助の内容も，モノの援助は2割に止まり，資金援助が8割に達している。

途上国においては，発展を目指し，貧困を削減する方針として計画書を作成する必要があると考えられ，そのための文書として貧困削減戦略文書（PRSP：Poverty Reduction Strategy Paper）が作成されることになる。こ

のPRSPに従って国内政策を実施していくことが，世界銀行の融資，IMFの支援を受けるための条件（コンディショナリティ）となる。しかも，PRSPを被援助国が自ら作成することで，国内各機関，階層等のあらゆる方面からの広範な参加が得られる可能性が増大すると考えられている。

　このような住民参加を伴った援助が実施されることで，社会関係資本（Social Capital）と呼ばれる，住民のネットワーク，信頼関係，社会規範などの社会の中に存在する制度・慣習に働きかけることができ，成果を確実なものとすることができるようになると考えられている（佐藤寛 2001）。住民の自治管理能力の向上が可能となることは，エンパワーメントと呼ばれる住民の能力の向上をもたらし，結果として，持続可能な発展をもたらすと考えられている。

　なお，民間銀行，あるいは国際援助機関である世界銀行，アジア開発銀行等が援助対象者に対して融資を行うときには，国際ドナーはその保証を行っている。

　以上が，新しい援助理論の概要である。こうした援助政策の国際的な転換は，1995年にデンマークのコペンハーゲンで開催された社会開発サミットで宣言文として盛り込まれたことで，世界の潮流を支配するに至っている（柳原透 2003）。

5-5. 援助理念の改革

　日本の援助は，図5-16で示すように，従来は要請主義に基づき，商社を中心に案件発掘が行われた後，各国政府からの提案が日本政府宛に出され，その要請に基づき日本政府がODAを実施するという体制であった。

　現在は，要請主義に対する見直しが行われており，提案型と呼ばれる，ODA対象国のニーズに合致した支援が実施できるように，日本側の体制作りが思考されている段階にある。ただし，ここで指摘しておきたいのは，現

図5-16　従来型の日本のODA実施方式（要請主義）

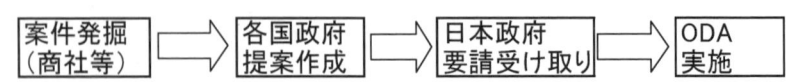

案件発掘（商社等） → 各国政府提案作成 → 日本政府要請受け取り → ODA実施

（資料）筆者作成

在日本でODAに関して議論されているODAの「国益」論，あるいは「顔の見える援助」という考え方は，すでに世界の援助関連機関においては古い考え方であるという点である。今まで述べてきたように，モラルオーソリティ論（Moral Authority）と呼ばれる「資金を出し，かつ人を出す」，「世界から尊敬される立場を確保する」との考え方が，現在では主流となっている。この考え方に沿うことで，提案型の人をできるだけ出す直接的な支援が行われるようになってきている。

従来，日本では，ODAは，①外交カードとしての「お土産」という傾向が強く，また，②輸出企業のための市場開拓のためのもの，との考え方が根強い。お土産を持たないと尊敬を得られない外交は望ましい状態ではなく，また政府の支援を最初から最後まで受けないと海外市場に進出できず，しかも提供するのは「もの」としてのプラントのみという支援があると，その体制に慣れてしまうというマイナスの効果を生んでしまう可能性が高い。

日本でも，提案型に対応した体制作りを進めることが必要であり，そのためにはODAの簡素化と，人材を海外に出すことに中心を置く必要が生じている。たくさんの人が海外に出て，政策作り，技術支援，教育，医療等々の分野で活躍し，アジア諸国の発展のためにともに考えていく体制作りが目指される必要がある。「もの」中心から「人」中心の支援へと，政策の重心が移っていく必要がある。こうした理念に沿うように，援助基本法が制定され，援助省（あるいは対外協力省）が新たに設立されることが検討される必要があると考える。このように組織の変更を伴う方針の大転換を行うことで，「要請主義」から役に立つ「提案型」への変換が可能となると考えられる。

従来から，外務省は外交を司るための外交機密に束縛されている。外国政府内に直接入り込んで提案型の政策の作成に携わり，提案に従って政策を実施し，その評価までのプロセスに入るまでには至っていない。また，国際協力銀行（JBIC）は，銀行として守秘義務を守る必要があり，組織そのものが「提案型」に馴染まなかった。いずれの組織も当該国内に入り込んで，提案作りを途上国の担当者と一緒に行うことは困難であることがわかる。このような状況にある以上，組織そのものが根本的に抱える問題が存在することから，組織自体を組み替えることが必要となる。英国がすでに援助組織を刷新し，提案型に対応した組織を別途設立したことが参考となる。

要請主義から提案型へ転換することで，要請主義の下では案件として上がってこない環境関連の地元に密着したプロジェクトを掬い上げることが可能となる。例えば，省エネ案件は，製造現場での実際の調査が重要である。また，プラントの修繕・保守，小規模な改善，新規の機器（小規模な）付加が，エネルギー効率の向上には有効である。要請主義においては，個々の専門家の努力に過度に依存してしまう場合が多かったが，提案型を採用することで，地元のニーズをじっくりと汲み取ることが可能となる。

　なお，2003年度より学術審議会（学審）において，各国別の政策研究である「地域研究」が初めて認められることになった。従って，アジア諸国における各国別の政策作り支援における「学」の分野からの協力が格段に得やすくなったことになる。従来は，国別の研究プロジェクトに対する研究費は出されておらず，東洋史研究等の名目の中で漸く国ごとの研究が認められていたに過ぎない。

　このようにして見ると，産官学のうち，ODAを13省庁が所轄している「官」の部分の対応の遅れが目立つといわざるを得ない。官の分野における従来の要請主義からの脱却，モデルプラント建設とその評価（実施しないよりはよかったとの評価が行われてきた）から早期に脱却し，提案主義の採用に見合った，今まで述べてきたような人材育成を目指す体制を早期に整備する必要がある。同時に実施すべき施策として，人材バンクの一本化，プロジェクト単価の引下げ，モノ作りから人作りへの転換（日本の人材を育てること）を実現すべきである。

5−6. 米国および欧州のアジア環境支援

　米国は1992年より，米国国際開発庁（USAID：The United States Agency for International Development）と商務省が，アジアでの環境技術サービスの支援を目指して支援プログラム（US-AEP：United States-Asia Environmental Partnership）を開始している。アジア諸国9カ国，2地域の，合計15都市に事務所を開設して技術協力を行ってきている。事務所には環境専門家を駐在させており，情報を収集するとともに，米国企業の契約締結の支援，交渉実施の支援を行っている（財団法人機械振興協会経済研究所 2002およびNEDO 2000）。

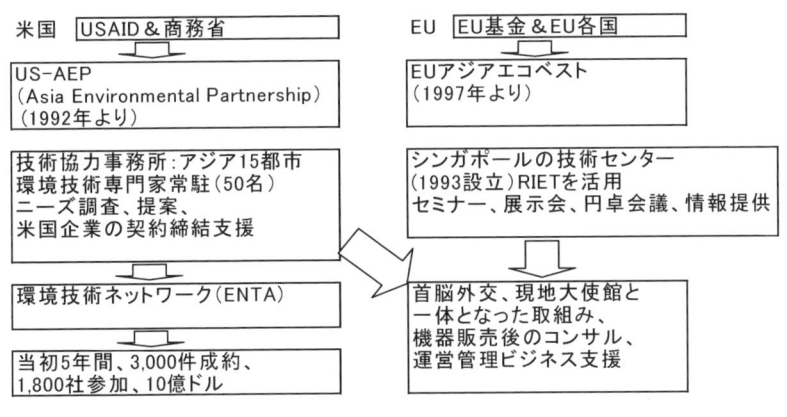

図5-17 米国および欧州のアジア環境支援体制

```
米国  USAID＆商務省                    EU  EU基金＆EU各国
┌──────────────────────┐        ┌──────────────────────┐
│US-AEP                │        │EUアジアエコベスト       │
│(Asia Environmental   │        │(1997年より)          │
│ Partnership)         │        │                      │
│(1992年より)          │        │                      │
└──────────────────────┘        └──────────────────────┘
┌──────────────────────┐        ┌──────────────────────┐
│技術協力事務所:アジア15都市│        │シンガポールの技術センター │
│環境技術専門家常駐(50名) │        │(1993設立)RIETを活用   │
│ニーズ調査、提案、     │        │セミナー、展示会、円卓会議、情報提供│
│米国企業の契約締結支援  │        │                      │
└──────────────────────┘        └──────────────────────┘
┌──────────────────────┐        ┌──────────────────────┐
│環境技術ネットワーク(ENTA)│        │首脳外交、現地大使館と   │
└──────────────────────┘        │一体となった取組み、     │
┌──────────────────────┐        │機器販売後のコンサル、   │
│当初5年間、3,000件成約、│        │運営管理ビジネス支援     │
│1,800社参加、10億ドル  │        │                      │
└──────────────────────┘        └──────────────────────┘
```

（資料）筆者作成

　US-AEPでは，収集した情報とデータを環境技術ネットワーク（ENTA：Environmental Technology Network for Asia）に載せてこのネットワークに登録している企業に提供している。当初5年間のみで3,000件以上の成約が，米国環境産業の企業1,800社以上と成立しており，売上高合計は10億ドルを超えたと報告されている（NEDO 2000）。

　欧州諸国は，アジアエコベストとの名称で，欧州の環境産業のアジア進出支援プロジェクトを1997年より開始している。1993年にシンガポールにEUが設立した技術センターを拠点として，セミナー，展示会，円卓会議，それに情報提供といった活発な活動を行っている。欧州各国の在外公館を利用し，首脳外交，現地駐在外交官も加わった官民一体となった支援体制で，受注活動に成功している。

5-7. 欧州における「緑の党」の役割

　欧州における環境問題への認識が深まるに際しては，緑の党の役割が大きかった。緑の党は欧州の各国で活動するとともに，多くの政党と政策合意を結ぶに至る。政策綱領としては，①環境保全，②社会正義，③民主主義・人権をあげることができる（フランス緑の党 2001およびリピエッツ 2000）。緑の党は欧州各国の議会で支持を広く得るが，単独で政権をとるほどの勢力と

なることはなかった。そのために,「複数の緑の党」と呼ばれる政権党との契約を締結する方針を採用した。緑の党の公約を取り入れることを条件として政権に加わるが,ただし,党の自立は確保するとの政策をとった。政権党に加わることで,環境政党は次第に公共政策全体の把握が可能となっていった。

緑の党は政権内で次第に発言力を増すとともに,公共部門が本来業務に立ち返るべきとの主張を貫き,「身分の正規化」と呼ばれる,公務員の本来業務と実際の業務との間の関係の見直し,部局の設置の適正化に取り組んだ。また,必要に応じた新部局の立ち上げを実施するというように,行政サイドの見直しを実施していくことになった。また,環境政党として省エネルギーにも取り組み,多元輸送機関(マルチモーダル)の導入に取り組んだ。緑の党は,EU各国でそれぞれの政権党と公約を結んで政権入りしたために,EU全体でのエネルギー消費の効率化に取り組むことも可能となった。こうして,EU全体におけるライフサイクル・アセスメント(LCA)の実施が可能となる基礎が形成された。

緑の党の考え方は,実践を経てさらに発展し,サブシディアリティと呼ばれる,問題の発生した場所での問題への対応とその解決を促す考え方を行政に導入することになった。こうした考え方で,欧州の環境問題に対応した

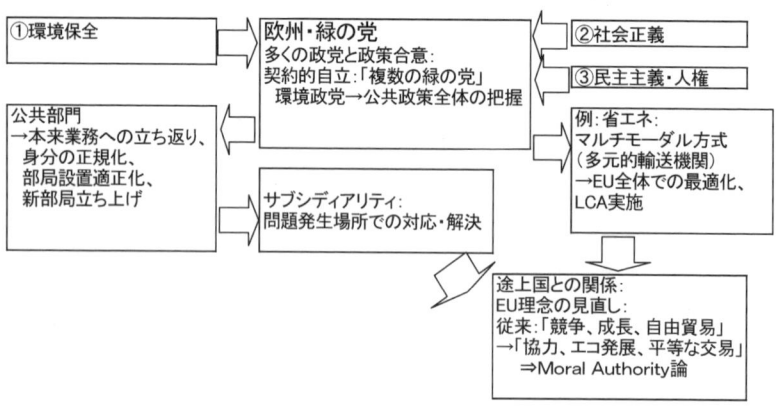

図5-18 欧州における緑の党の理念形成

(資料)筆者作成

196

EU 各国は，その次には対外諸国・地域に対してもその政策のあり方を問うことになる。

　EU の途上国との関係は，そもそもの理念として「競争，成長，自由貿易」であったが，その後，緑の党の影響を受けて，「協力，エコロジカルな発展，平等な交易」というように，より途上国の立場に近付いた内容へと転換していくことになった。

5-8. アジア諸国の制度作りへの協力

　世界銀行は「ガバナンス論」を掲げ，IMF とともに融資の条件としてコンディショナリティを途上国一般に適応しようと試みた時期があった。ただし，途上国を一律の経済モデルで割り切ろうとする試みは，その不適切さを指摘され，その反省に立って被援助国の参加型開発を目指す試みとして作成が勧められるようになったのが，先に述べた貧困削減戦略文書（PRSP）であった。

　アジア諸国に対する欧米諸国の環境関連の取り組みは，現在強化されており，アジアでの存在感を増すとともに，環境市場の獲得にも成功している。

　EU および欧州諸国は，環境名目による崇高な理念の下でアジアに積極的に進出している。一方，米国は，商務省始め多大な情報を民間企業に提供しつつ，アジアの環境市場への進出を商務省が直接ホームページ等で指南している。

　日本もこれらの成功事例に従い，各国の歴史から学び，固有条件を考慮しつつ，アジア各国に対して日本の人材を多く出すことで，各国における計画作りの段階から参入を果たしていくことが必要である。多様な人材がアジア諸国の環境市場の発展に貢献することで，ソフト面での協力を強めていくことが可能となり，前述した社会関係資本の強化にも貢献していくことができる。

　その事例としては，環境法のエンフォースメントがあり，法の執行と効率的運用を図ることで，アジア諸国の環境行政組織が脆弱である点を改善し，司法制度の基盤を強化し，司法の独立を確保し，規則命令の不備を補い，人材不足，そして環境技術者も不足である点に関しても，補強策あるいは長期的な人材育成策を導入することが可能となる。

また，裁判外での紛争処理制度（ADR：Alternative Dispute Resolution）に関し，その存在意義を正当に評価することができるようになり，訴訟中心主義を見直し，調停，仲裁，イスラーム諸国であればシャリア裁判[3]，そのほかの慣習法が社会でいかなる役割を果たしているかを正当に評価することができるようになる。こうしたソフト面に，日本の人材が係わり，調査・研究し一緒に考える体制を形成することで，最終的には，環境を守り，雇用を拡大し，労働条件を改善し，消費者を保護することが可能となると考える。

各国固有の環境市場の育成に取り組むことは，以上のような途上国がそれぞれ持つ固有の文化を守りつつ，制度のハーモナイゼーションを促進することを意味している。こうした努力を積み重ねることが，アセアン・プラス3の実体ある経済圏形成に向けた実現のための基盤整備となると考えられる。

6. アジアの環境市場育成に向けた政策のあり方

今までの検討により，環境市場の育成の必要性とその効果が確認できた。また，環境関連の援助業務の再構築の必要性も確認できた。これらの検討に基づき，以下のとおり，政策のあり方につき提言を行ってみたい。

6-1. 提言① 民間企業のアジア環境市場への参入策

産業構造審議会の報告書は，「環境立国宣言」との言葉が記載されている（経済産業省環境政策課 2003）。さらに一歩進めて，日本国政府として，「循環型社会」作りで日本は世界のトップランナーとなるとの宣言を掲げる必要がある。

政府として「環境立国宣言」をするとともに，「循環型社会」を実現させるとの宣言をする必要があるのは，アジア諸国との連携強化，制度の整合性確保の先駆的役割を，日本の環境産業が発展することで促進できるからである。さらに，日本の環境関連の制度，およびその実施状況に問題が多いことから，「環境立国宣言」と「循環型社会」を実現させると宣言して，その実施を促進させる必要性が生じている。日本が環境立国を標語として掲げる背景には，実は国内制度の実施が不徹底で，成果が出るどころか制度の悪用あるいは制度のゆがみによる逆効果が発生している例が少なからず存在している

ことが上げられる。つまり現状は,「国内を正す」必要があるということを意味している。国内を正すための一つの有力な手法は,規制緩和をできるだけ早く徹底して進めることにより,競争を促進して,制度の徹底と実効性のある競争を促し,効率の悪い企業の淘汰を進めることである。このように,企業の体質強化を進めると,日本に存在している高コスト体質が是正されていく。

　企業体質が強く,しかもコスト競争力も兼ね備えた環境産業が日本国内に存在すると,その企業が,次に課題として取り組むべきなのは,環境産業だからこそ必要となる国内コストと国外コストの平準化に取り組むことである。日本から出たリサイクル品・廃棄物を回収し,再度素材製造にアジア諸国において用いるとすれば,その回収コストを,日本とアジアにおいて分け隔てをなく把握する必要が生じる。このコストには,行政との交渉に要する費用,国外における日本政府の不作為により生じるコストまで含んでいる。日本政府が海外において,日本企業が望むような対応を即座に採用することができるか,その対応が効果を持つかが重要となる。企業におけるリスク把握が,日本国内と国外とを一緒に分け隔てなく含むことで,その間に継ぎ目が存在しない,つまり「シームレス」な関係が必要となる。企業は,従来国内と国外を分けて事業展開を行ってきた面が強いが,今後,循環型社会においては,製造原価にこうした在外の費用をすべて算入していく必要が生じる。こうして,本来の意味のライフサイクル・コスト計算（LCA）の徹底が目指されることになる。

　環境関連企業は,プラントを製造・販売する単品の商売に止まらず,付加価値をつけた継続的なビジネスの構築にアジアにおいても取り組む必要がある。プラントと機器販売を超えた,サービス提供のビジネスモデルを構築するためには,環境ソリューションと呼ばれる顧客との関係強化が必要である。そのためには,顧客のニーズを,機器選定,プラント建設,計測,土壌対策,大気保全,運営,維持管理,補修,教育訓練といった多様な面から把握する必要がある。しかも,柔軟な契約形態を採用して顧客のニーズを満たす工夫も必要となると考えられる。

　一方,プラント・エンジニアリング産業においても,提案力を強化して,地域開発に参加し,制度の整備そのものにも加わることが必要となる。この

ように，アジア各国の開発計画に参画していくことで成果を出すことが期待されている。

6-2. 提言②　国の支援策：「アジア市場獲得戦略」

　国の支援策として提案したいのは，「物を出さずに，人を出せ」ということである。不況下にある日本にとって，不況脱出の方策としてきわめて重要と考えられる施策は「人材流動化」策である。環境立国化を基礎とした，アジア各国と日本における日本人の活躍の場としての職場の確保は，日本経済再生の起死回生策となると考えられる。人材をアジア諸国に出すのは，テーマ別期限付きプロジェクトの設定によるプロジェクト実施要員の派遣である。

　先に，箱モノから人重視への転換を図るべきだと述べたが，箱モノであるプラント等の輸出重視から，日本の人材の育成を重視しつつ，アジアへ大量の環境関連人材を派遣するための支援体制の充実促進が必要となる。

　経済産業省が1992年より開始してきたグリーンエイドプラン（GAP）は，プラント／エンジニアリング産業の赤字減らし策として開始されたものであるが，その後も現在までモデルプラントの供与を行ってきている。また，環境関連の無償援助も同じ発想であり，やはりモノ重視の思想から脱却できていない。

　政府が担当すべき分野を明確化する必要がある。政府が対応すべき分野は立法，行政分野であり，知的所有権，模倣部品の流通，企業ノウハウの盗難といった問題に対処することが求められる。

　環境産業の適正化を図るためには，円借款依存から脱却して，FS実施，プレゼン，企画・コーディネート，コスト／リスク管理，市場形成，現地ニーズの把握，ダウングレード実施等のソフト面での実作業を，日本人の人材育成を目指しつつ達成していくこと，計画作りとその実施に日本人が関わっていく体制の整備を目指すことが必要である。各国に派遣するのは環境スペシャリストであるが，実際には日本にはすぐに海外に派遣できる人材の層はそれほど厚くない。重要なのは，今後，海外で活躍していける人材の層を長い目で見つつ育てていくことであり，そのためにはある程度までの教育を終えた若手人材を，トレイニーとして海外の現場へ送り，実地に仕事をしつつ経験を積ませていくことが，人を育てるという意味でも効果的である。こう

した努力を積み重ねていくことで，アジアへのビジネスとしての環境産業進出と育成を可能とする体制整備が整っていくと考えられる。初めにモノありき，あるいは資金拠出ありきではなく，人づくり，人材養成，キャパシティービルディングが最も重要であるとの共通認識を持つ必要がある。

環境産業がプロジェクトあるいはサービス業務を受注していくために，途上国が資金を準備する必要がある。そのための資金としては，例えば日本の中で民間主体の各種の環境ファンドを設定する工夫が必要である。ただし，投資リスクへの対応として，貿易保険の活用による輸出信用保証制度の拡充，さらに為替変動リスクへの保険の付保の強化，PLリスクへの国の支援の強化が期待される。なお，知的財産権への保険制度の拡充は，日本貿易保険が実施してきており（日本経済新聞 2003年9月28日），この面では，望ましい方向に制度の整備が進んでいると言える。

アジア諸国とのFTA交渉は，2005年以降，本格化してきている。この交渉を進めるに当たり，環境分野は，相互の利害の衝突が大きくなく，成果を得やすい部門である。従って，他の分野を後回しにして交渉を進めることで，成果が出たことを印象付けることが可能となる。

そのような交渉の内容としては，以下の7項目をあげることができる。

① 「規制の輸出」，「制度の輸出」に対する支援（制度整備によるソフトインフラの整備，各国の裁判制度，環境基準作り，基準認証制度整備に日本からも参加し，積極的な関与を行う）
② ファイナンス制度拡充 → (a)オペレーション＆メインテナンス（O＆M）へのファイナンス支援，(b)ライセンス供与へのファイナンス支援，(c)初期投資負担へのファイナンス支援 → 日本進出企業への支援策
③ BOT，BOO促進 → 貿易保険等の支援策の拡充
④ 政府による交渉支援 → 相手国の公共料金問題発生時，あるいは為替変動時等のシステミック・リスクへの対応
⑤ 環境と省エネにおけるトップランナー方式導入支援と対策推進
⑥ 民間投資案件とODAの連携確保
⑦ 情報提供での連携確保

現在，援助の世界では，自国利益の追求（国益を目的とする）のみでは説

得力を欠く状態が生まれている。日本は環境を前面に出し，環境をキーワードにしてすべてのシステムを組み替えていき，しかも人への支援を中心に置くことで，FS 作りから環境＋技術協力＋都市作り・交通体系整備等の多面的な内容を含んだ各国ごとの協力体制を整備することが可能となる。

6-3. 提言③ 国のアジア環境市場育成策

　国内と国外での対応が，日本と米国では逆とされ，「内で親密，外で疎遠」と言われる。日本企業と日本政府とは，国内では親密であるが，国外に出るとお互いに大変よそよそしく，協力関係が存在していないと言われる（筆者ヒヤリングによる）。アジアにおける地域経済圏が，今後，成立しようとしている時代に，在外企業の支援のための体制はいかにあるべきかが検討される必要がある。しかも，官の力を削ぎ民営化することが規制緩和を意味する時期は，欧米諸国ではかなり前に終焉していると考えられる。民間でできることは政府はやらないとしても，民間と政府の間の連携，人材の移動の円滑化はぜひとも必要である。

　先に「5-5. 援助理念の改革」の項で述べたが，ODA のための組織に関しては，その目的の変化に対応した再編・組み換えが必要な時期が到来している。アジアにおける経済連携協定の成立がスケジューリングされているときに，在外公館の役割を変更することも当然検討されるべきである。欧米諸国の大使館では，展示会等で，個別企業にも施設を利用させることが普通に行われている。環境支援を前面に出した ODA 体制作りを目指し，援助基本法を設定し，経済協力省（援助省）を設立し，さらに JICA の独立法人化を契機とした ODA 関連組織の全面的な体制組み換えを行うことの是非も，当然検討されるべきと考えられる。

　こうして体制を整備した上で，アジア各国内に長期継続的な広域プロジェクトを形成することを目指すべきである。大気，廃棄物，上下水道，発電，交通，都市形成といった環境関連の分野を特に集中的に取り上げて，民間資金と ODA を効果的に連携させていく方策が練られるべきである。計画の作成のためには，日本の人材を派遣し，その人材が加わった「発展戦略チーム」が提案型プロジェクトを形成していくべきである。こうして，アジアの環境ビジネスで，広範な人材の支援を受けつつ，民間企業が競争する体制が各国

において整備されることになる。日本人の人材養成に資金を重点配分することが，環境産業育成策において最も重視されるべきである。

このように，日本側の体制が整うことは，日本における環境産業の活性化，地域研究の活発化にも結びつく。アジア各国の「発展の見取り図，産業別マスタープラン」作成に，日本人スペシャリストが加わり，日本人トレイニーも加わって実施されることは，各国の産業史においても画期となる出来事となる。こうして作成されたアジア各国の「産業政策」に基づいて，アジアの循環型社会形成への取り組みが始まり，最終的にはアジア経済圏形成への基盤作りへと結びついていくことになる。環境産業の育成がアジアの一体化に果たす役割は大変大きい。環境産業のアジアにおける活動の活発化を促進する効果を認識し，政府は本節において記述した諸施策の導入を進め，また企業においては，日本とアジアの両方における取り組みを強化・拡大する必要がある。

第4節　持続可能な開発の再把握

本章では，持続可能な開発という考え方は，地球環境問題の深刻化，重要性の認識が深まるとともに，再定義される必要が生じていることを述べた。環境保全と開発とは相反するものではなく，不可分なものであり，環境を保全してこそ将来にわたる開発が可能となるとの理解も次第に受け入れられるようになってきている。

環境に加えて，土地，水，食料・エネルギー等の各種の資源量も制約があり，こうした制約が存在する中でいかにして発展を確保するかが重要な課題となってきている。制約が存在するということは希少性に配慮すると言うことであり，従来価格が設定されずに商業ベースに乗らなかった資源あるいは財についても，ビジネスとして扱われる可能性が出現するということを意味する。

こうした点から見て重視されなければならないのが，産業としての環境への取り組みである。財は希少性が理解されれば価格がついて取引されることになるのであり，水，空気に加えて，二酸化炭素の排出量等も削減策を提示することで取引が成り立つことになる。省エネルギーが商売として成り立つことは，地球環境全体から見て大変望ましい状態と言うことができる。

　持続可能性の意味が次第に変遷してきており，従来のように受身で環境を守れという企業の保身策の意味から脱して，積極的に提案しビジネス化していく可能性がある財，あるいはサービスとして理解される必要があるという点が重要である。

　環境をビジネスとして捉える以上，競合するライバルとして他社・他国が当然登場することになる。ただし，倫理感の裏づけを持った理念としての環境ビジネスとして提案できるかどうかで，そのビジネスの価値が異なってくる。アジアにおける環境産業の展開を見る場合にも，米国の進出の仕方と欧州諸国の進出の仕方とでは，流儀が異なっており，いずれも日本およびアジアの各国において参考になる面を多く持つ。

　第3節で提言としてすでに述べたように，日本政府においては日本の発展と日本企業の市場獲得を支援するという大方針の下，アジアでの日本企業が環境機器，環境関連サービスで進出することで，同時に日本国内での環境負荷低減，サービスの高度化と，環境関連コストの引き下げを目指すことが望ましい。持続可能性を追求していくことは，循環型社会の形成にそのままつながって行き，製造サイドにおいて，日本とアジアが分業しているということは，廃棄物の再利用の面でも当然に日本とアジアがつながっていることを意味している。製品のマテリアルリサイクルの面において，国内外を分ける壁は従来になく低くなってきており，日本で求められる環境規制は，できることならばできるだけ早期にアジア各国においても導入することが望ましくなっている。所得が向上するのを待って，その後で環境問題に取り組み，環境関連の排出量規制を強化し，環境機器を導入するのでは遅すぎるという状況が生じている。アジア各国においては，早めに大気，水，土壌，製品の品質等に関する規制を強化することが，環境負荷の軽減につながり，健康被害も軽微で済み，国民経済的に見ると結局は安くつくという認識が必要となっている。

アジアの環境産業がビジネスとして立ち上がろうとしていることからもわかるように，持続可能性を求めることが，発展そのものを意味するというきわめて積極的な課題が目前に生じていることを理解して行動することが必要となっていると言える。

注
1) World Commission on Environment and Development, 1987
2) パレート基準は，将来世代を含むすべての人々の満足度を現状で得られる以上にすることは社会的に望ましいとする考え方である（赤尾 1997 p. 158）。厚生経済学上の選択の基準で捉え切れず，市場での評価がなされていない部分が，ここでは外部性を意味することになる。
3) シャリアとは，イスラーム教で神の教えに基づく法のことで，社会生活をすべて規定している。従って，シャリアは，民法分野，刑法および訴訟法，さらには憲法，国際法までを含む。シャリアの法源は，神の書であるクルアーンにあるとされる。

第6章
グローバル化の進展と国際開発論の将来

第1節 モビリティの拡大と途上国経済

　現在の世界は輸出入が活発化してモノが大量に移動するようになるとともに，人の移動も活発になっており，モビリティの拡大が生じている。さらに人が移動しなくても通信手段が発達したために，情報のやり取りは格段の進歩を遂げており，世界が一体化したという言い方がなされるようなグローバル化が進んでいる状況が，特に先進国間においては見られる。

　図6－1は，世界の航空貨物輸送量を，国別に所得グループ（高所得，中所得，低所得，およびそれ以下）に分類して比較している。高所得OECDの輸送量が飛躍的に伸びている一方，中所得国（＄826から10,065）においても，航空貨物輸送量は，高所得国のおよそ4分の1程度に止まることがわかる。

　図6－2は，世界の航空貨物量を地域別に分類している。米国とEUの航空貨物量が飛躍的に増大していることがわかる。また，アジア太平洋地域の航空貨物量も急増しているが，その量は2004年現在でEUの半分程度に止まる。中南米の航空貨物量は横ばいとなっており，その他の地域の取扱量は，米国およびEU，それにアジア太平洋地域と比べるときわめて少ないことがわかる。

　現在，通信手段が飛躍的に発達しているが，この点を確認するため，インターネットを利用する人の数を，国別に所得グループ（高所得，中所得，低所得，およびそれ以下）に分類して比較する。インターネットが普及を始め

図6－1　世界各国の所得グループ別の航空貨物輸送量推移（100万トン・km）

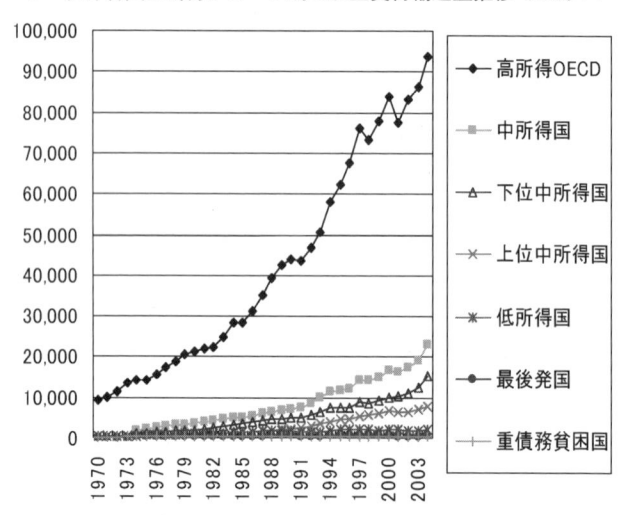

(資料) World Bank, World Development Indicators 2005より作成
(注) 各国の所得グループへの分類は，2004年の一人当たり GNI（gross national income）に基づいており，低所得（low income）は＄825以下，中所得下位（lower middle income）は＄826から3,255；中所得上位（upper middle income）は＄3,256から10,065；高所得（high income）は＄10,066以上と分類。

て以来の利用の歴史は10年ほどしかないが，通信手段が高度化，迅速化する恩恵を受けているのは，高所得 OECD であることが図6－3からはっきりと読み取ることができる。2004年では，高所得 OECD においてすでに1,000人中563人がインターネットを利用していることがわかる（以下すべて2004年の数値。1,000人につき）。次いで，高所得非 OECD が2004年で345人となっている。上位中所得国では159人と高所得非 OECD の半分以下となっている。中所得国の平均では90人であり，低位中所得国では74人となっている。さらに低所得国では24人であり，重債務貧困国では11人であり，最後発国では8人となっている。このように所得に応じてインターネット利用人口は明らかに異なっていることがわかる。利便性を獲得できた人は，コスト的にも安価に世界各国と連絡をとり，情報の交換を行うことが可能となっていることがわかる。通信情報システム高度化の恩恵は，所得格差を拡大する方向に

第6章 グローバル化の進展と国際開発論の将来

図6-2 世界の地域別の航空貨物輸送量推移（100万トン・km）

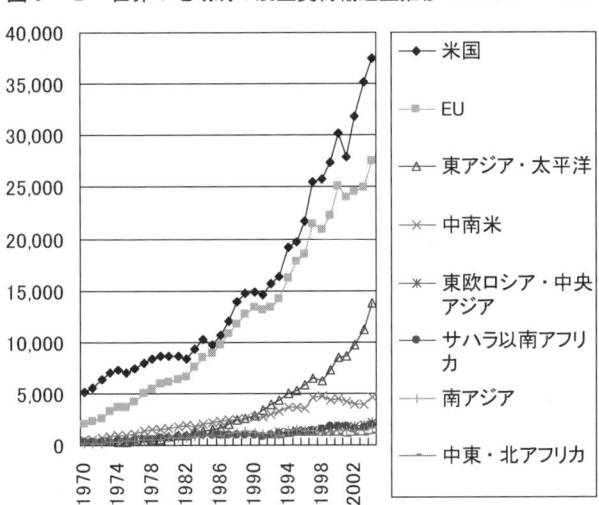

（資料）World Bank, World Development Indicators 2005

図6-3 世界各国の所得グループ別のインターネット利用者数の推移
（単位：1,000人当たり人）

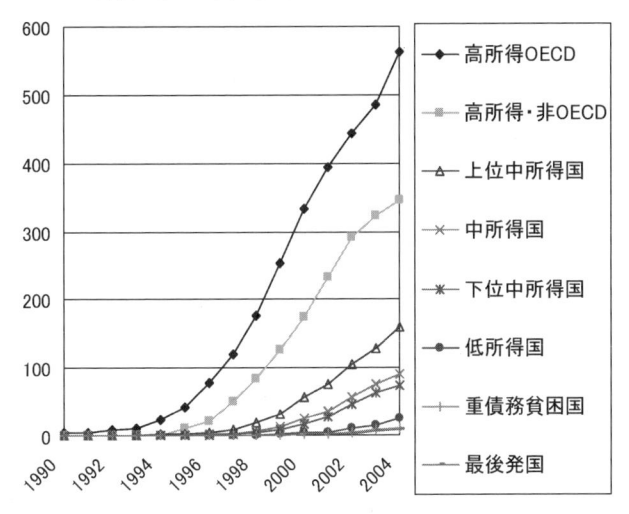

（資料）World Bank, World Development Indicators 2005
（注）所得グループの分類は図6-1と同じ。

図6－4 世界の地域別のインターネット利用者数の推移（単位：1,000人当たり人）

凡例：米国、EU、東欧ロシア・中央アジア、中南米、東アジア・太平洋、中東・北アフリカ、南アジア、サハラ以南アフリカ

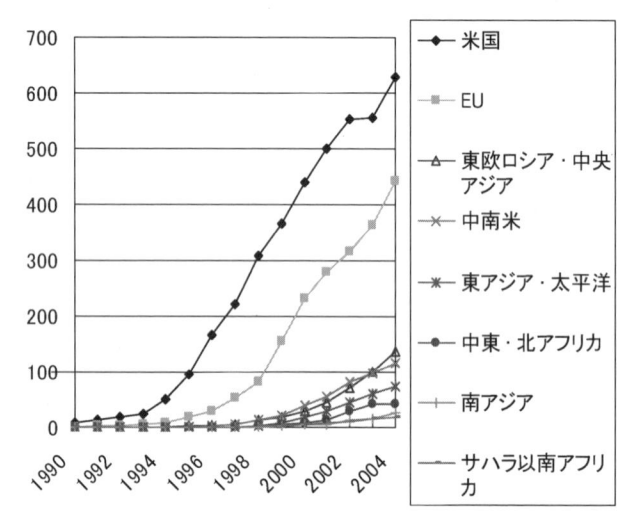

（資料）World Bank, World Development Indicators 2005

働いている可能性があると言わざるを得ない。

　図6－4は，地域別にインターネットを利用する人の数（1,000人につき）を示している。米国が圧倒的に先行し，これをEUが追うという傾向が見られる。2004年では，米国では1,000人につき630人がインターネットを利用しており，きわめて高い比率が達成されていることがわかる。EUでは443人，東欧ロシア・中央アジアでは138人，中南米では115人，東アジア・太平洋では74人，中東・北アフリカでは42人，南アジアでは26人，サハラ以南アフリカでは19人となっている。インターネットの利用に関しては大きな地域間格差が生じていることがわかる。

　グローバル化あるいは国際化と呼ばれる通信情報革命によりもたらされた技術革命により，世界各国間の交流が活発化したかに見えた状況は，実は先進国と途上国間の格差を拡大し，その格差を固定化する方向に向かっている可能性がある。しかも，中進国を先進国がふるい落としつつ技術進歩が進み，資本の投下も先進諸国の意のままに進んでいるとすれば，グローバル化は新たな紛争の種を提供しているだけということを意味してしまう。

こうした危惧を述べる声は早くから聞こえてきていた。例えば国連開発計画（UNDP）は，1999年に発表した人間開発報告において，80年代以降に先進国とそれ以外の諸国との間の格差が拡大している状況に警句を発していた。唐沢（1999）は，市場原理主義に基づくグローバリゼーションや市場経済化，情報化の世界的潮流は，それ自身が自己目的化し，半ばイデオロギー化する傾向が生じていると警告していた。世界はおそらく資本の論理，あるいは市場の論理に任せておいただけでは修復不可能なところまで，先進国とそれ以外の諸国との間の格差を拡大し，固定化する方向に進んでしまっている可能性がある。

　情報化を進めるためには通信インフラの整備が不可欠であり，しかも，情報システムの陳腐化の速度は速く，現在利用できる設備を投資しても，数年後には時代遅れにならざるを得ない。それでも，今有用な設備は今設置しないと利用できない状況があり，投資資金の回収が遅れがちな途上国においては負担は大きい。途上国においては，周回遅れとなる場合もあるかもしれないが，後から設備を設置するという後発性の利益を確保できるように，十分検討しつつ，情報化，グローバル化の利益を獲得する工夫が必要となっている。

第2節　社会問題としての途上国の発展

1．開発論の課題

　2000年に開催された国連ミレニアムサミットで，「ミレニアム開発目標」（Millennium Development Goals：MDGs）と呼ばれる，貧困を2015年までに半減させる目標が設定された。国連という場で貧困に取り組むとの方針が明確に定義されたことで，現在では，国際開発論における最大の課題が貧困問題にあり，貧困半減という目標に向けた具体的な施策の実施が重視されて

いると言われるようになってきている。

　例えば，斉藤（2005 p.i）は，「……貧困の解決を目指す「開発」は理論的に真摯に探求されなければならないと同時に，実践的解決方法が求められている。国際開発研究はきわめて実際的課題であり，机上の空論では無意味である。」と述べる。

　貧困の問題にさらに付け加えるべき課題があるとすれば，それはミレニアム開発目標でも取り上げられている社会的弱者の問題であるということができ，目標がすでに数値で国連により掲げられているという意味で，これら2項目の問題を検討するのが国際開発論の現在における目前の最大の課題ということができる。

　ただし，2015年に貧困者数を半減させる目標が達成できたとしても，国際開発論が取り組まなければならない問題が解決されたことには勿論ならない。それは，グローバル化と呼ばれる世界各国・地域に対するアクセスと交易・交流が緊密化する傾向が生じている中で，国際開発論が取り組まなければならない課題，対象，範囲，目的が，今日，いずれも大きく変わってきていると考えられるためである。大きな構造変化が生じているとすれば，その中で常に存在し続ける開発論が取り組むべき課題に，柔軟に取り組めるための理論的な基盤となる考え方は何かを再検討しておく必要性は，従来にもまして大きくなっていると言える。

　しかも，世界のどの地域においても，また先進国を含めたいずれの国においても，社会的な弱者が存在していることは紛れもない事実である。国際開発論が担うべきなのは，グローバルな課題を設定しつつ個別の地域および国の歴史的な成り立ちを理解して，必要であれば個々に異なった対応をとりつつ，できるだけ地域住民が自立できる仕組みを作るための理論的な手助けをしていくことにあるとの立場を本書ではとってきた。本書の副題が「地域主義からの再構築」とあるのは，国際開発論が担うべき分野が，地球規模で考えつつ，地域の単位で行動し，しかも成果を出せるような枠組みを提示することにあると考えたためである。

2．グローバル化と開発論

　グローバル化が進んで，関税障壁が大きく削減され，世界の貿易量が年々急増していても，各国・各地域の歴史的な成り立ちが異なるとともに，天然資源の存在量，産業の構成，文化・社会・宗教・国民性等が明らかに異なっている事実がある。差異の存在を前提にしつつ，貧困と弱者の存在に十分に配慮した上で，目指すべき発展の方向性が各国・各地域において明示されることが必要となる。

　近年においても，世界の各地域の政治・経済状況は目まぐるしく変化してきており，変化が大きい時代に入ってきたことは事実である。しかも，経済が好調に推移すると，多くの社会的な問題点が見えなくなるという可能性も高まる。

　例えば80年代末から90年代初めにかけて，旧ソビエト連邦および東欧諸国の社会主義政権の崩壊が生じ，開発論は，資本主義対社会主義という東西対決の視点からの考察を行う意義を失うことになった。多くの移行経済国の出現と全世界を覆う市場取引の出現は，従属論に基づき，南北対立を固定的に見て，発展できない南の途上国の問題を考える開発論という思考のあり方を過去のものとしてしまうことになった。

　その後，これら旧ソ連邦に属した社会主義から資本主義国への移行経済諸国は，長い経済停滞期間を経た後，エネルギー価格高騰の恩恵を資源輸出に依存する国が受け，経済の急回復を生じさせるところも出現している。ただし，今後，さらに発展が続いて，資源輸出依存の経済からの脱却が可能となり，持続的な成長軌道に入ると言い切れるかについては，もうしばらくの時間をかけて見守る必要がある。

　本書中でも分析してきたように，開発論の取り組むべき主要な課題は，時代とともに変遷してきており，しかも，課題が一時的に見えなくなり，解決されたのかどうかの判断がつかなくなる場合も生じ得る。

　グローバル化の成果として，途上国においても，欧米およびアジア諸国をはじめとして全地球的な規模で広がりつつあるグローバルな市場を可能な限り利用しつつ，世界に接続された自国市場を育て，発展の方向性を考える必要が生じていることは確かであると言える。

3．国際開発論の対象領域

　開発論の課題として，後発の途上国の貧困を削減できるかが国連のメインテーマとなっている事実があり，現在も続いているアフリカのサハラ砂漠以南での貧困の存在，先進国の援助疲れをもたらすような，そして発展を拒絶するようなこれら地域の状況は，依然として世界全体にとって重い命題のままである。現在では，社会・政治・歴史・文化・文明論までをも取り込んだ広い概念からの貧困に対する取り組みが求められている状況がある。経済的要素が改善されるのみではとても解決できない，より根本的な取り組みが必要な課題であると考えられるようになっているのである。こうして開発経済学での取り組みを含んだ政治・社会の分析も実施し，政策提案にも結びつけることが可能な国際開発論としての分析と理論構築が求められることになる。

　一方，東アジアにおいては，他の地域と比べると，経済は押しなべて好調を維持しており，なぜ好調であるのかその要因を探る必要性が強調され，多くの議論がなされてきた。中国およびベトナムは，社会主義政治体制を継続しつつも，資本主義を経済面では取り入れ，新たな発展を開始しており，特に中国が「世界の工場」として目覚しい発展を遂げつつある。ただし，1997年に生じたアジア金融危機の衝撃は大きく，特にインドネシアのように危機前の状況まで経済が回復するのに多大の時間を要している国も存在している。ここでも経済要因に加えて，社会要因をも考察する国際開発論における議論が求められていた。

　アジアとサハラ砂漠以南のアフリカを比べるだけでも，発展する途上国が存在する一方，発展から取り残されてしまう途上国が存在していることは明らかである。さらに，途上国といっても，一人当たり所得が先進国並みに高い中東産油国も存在している。近代化をいかに進めるかという近代化論の観点から，本書では，従来は取り上げられることが少なかった中東諸国の発展過程の分析を行った。中東産油国においては，石油価格次第で経済の好調と不調が決まってしまい，産業育成，経済の改革が進まないという課題が存在していた。財政的な余裕が生じる経済の好調時には，産油国の抱える構造的な課題である人材育成の遅れ，サポーティング産業の育成といった多くの課

題に取り組む必要性が薄れ，一方，石油価格下落時には，産業と社会の構造的な問題に取り組む余裕がなく，出稼ぎ労働者の削減，帰国の強制といった手段を採用してしまう場合が見られる。国際開発論で行われる議論に基づいた着実な施策の実施が望まれる状況がある。

4．途上国の発展が目指すもの

途上国が経済発展により目指すものが他国との競争に勝つことであるとすると，それはマイケル・ポーター流の「国の競争優位の問題」(Porter 1992) に入り込んでしまうことになる（末廣 2000）。各国間の競争を煽るだけでは，国民個人個人は安定した生活を送れない危険性が生じてしまい，社会的な不安を生じさせてしまう可能性が高くなる。企業レベルで，社員を酷使する過酷な競争を生み出すか，あるいは社会問題化せざるを得ないような教育における資格競争・受験競争の激化をもたらすことは，負の側面が大きい。

すでに検討してきたように，アマルティア・センは，経済成長のためには，競争の開放性，国際市場の活用，識字能力と学校教育の水準の向上，農地改革の成功，投資誘因としての公的整備，輸出と工業化が重要であると指摘する（Sen 2002 p. 67）。世界銀行も，アジア経済危機の経験から社会的セーフティーネットの重要性を指摘するに至っている（World Bank 1999）。国，地域，社会階層，性差，それぞれのレベルで，どのような潜在能力が欠如しているのかを具体的に分析することこそが現在必要なはずで，不足した部分については，エンタイトルメントを確保するように，コミュニティ，地方政府，必要ならば中央政府が具体的施策をとることが必要となる。

このように第一義的には，コミュニティを重視しつつ，センが言うケイパビリティの拡大を試みていくことが必要となる。コミュニティが保有し管理するのは自然資本（Natural Capital：漁業，森林，鉱物資源，水，環境等）であり，こうした自然資本を組み込んだ形での小集団が多数活動していくことができる社会を構成することが期待される[1]。

第3節　地域主義からの再構築

1. 国際開発論と地域主義

　先進国について見ると，いずれの国も経済のグローバル化が進んだことによる恩恵を大なり小なり受けている。資本主義が世界を覆う範囲が拡大するにつれて，規模の経済および範囲の経済を求めて，貿易と投資が急増し，資本そのものの移動も活発化した。直接投資，さらには国境を越えた企業間の合併と買収も巨大化して行われることになった。グローバル化は，情報革命と呼ばれるIT化の波によりいっそう促進されているのが現状である。その上に自由貿易協定（FTA）の締結，地域経済圏の形成，そしてGATT／IMF体制の堅持・強化を通じ，さらにGATTをより強化する形で1995年に成立した世界貿易機関（WTO）での交渉を経ながら，明らかに先進国および先進国企業は利益機会の拡大に成功している。

　その一方，グローバル化には影の部分が存在しており，環境問題，後発途上国の人口増と難民の問題，エネルギーおよび水等の資源問題，食料問題のように，世界的な取り組みの場を確保しつつ，しかも地域の問題として人々の実践に期待し，個別対応も必要となる課題が開発論の重要なテーマとして加わってきている。国境を越える普遍的な問題として，国際開発論における議論が期待される分野が拡大していることがわかる。

　本書では，グローバル化の進展，先進国と途上国との間の格差の拡大，さらに途上国の発展に向けての課題がむしろ増大している状況を踏まえ，さらに地球環境問題，資源問題のように，将来世代に対する現役世代の責務という意味合いを持つ課題の出現に対して，そもそも問題設定の枠組みそのものも変わらざるを得なくなっているとの認識の下，国際開発論が現代的な課題にいかに応えていかなければならないかを検討した。

　本書が国際開発論における新たな視点として注目したのが，地域からの発想を大事にし，地域主義に依拠した開発論を再構築していく必要が生じているとの考え方である。

地域間の協定および二国間の取り決めが多くの国で取り組まれ，国家間の障壁となってきた関税の引き下げが国レベルで高い比率で実現しつつある現状から見ると，従来，国レベルのみで語られた通商政策，産業政策が大きな役割を果たす時代は過去のものとなり，国レベルよりは一段下がった地域レベルでの国際競争が大きな役割を果たすようになってくることが予測できる。途上国内における各地域の開発と競争力の育成という問題が大きな課題となってくる。さらに，このように国際開発論が現在抱える課題の内容を理解すると，途上国ばかりではなく，先進国における発展が遅れた地域の問題も開発論に含まれると考え，途上国と先進国の共通の課題として考えていく必要がある問題も存在することがわかる。本書では，このような従来積極的に取り上げられてこなかった視点をも踏まえつつ，環境負荷の軽減を含めた地域での取り組みにも焦点を当てつつ，地域開発と地域の競争力の確保についても検討を加えた。

2．国際開発論の取り組み

　今まで検討してきた開発論の潮流から見て，国境の持つ意味は従来とは異なってきており，中央政府に頼るべき部分が縮小してきていることがわかる。国防・軍事でいがみ合う国があったとしても，そうした国境を越えて人々は行き来し，情報通信手段を駆使して人々は情報のやり取りをしている。

　その一方，地方政府あるいは地域のコミュニティに依存する必要がある部分が拡大してきている。従来型の中央政府が担ってきた中央集権的な取り組み，あるいは政策は，次第に脆弱で，頼りにならないものと見なされざるを得なくなっているのであり，地方分権的，地域分散型の取り組みが重要性を増している状況がある。

　コミュニティに関しては，農村の従来型の共同体という意味に加えて，現在では新たに都市地域も含めて形成される新型のコミュニティの役割が増大していることに注目したい。人為的・意図的に形成される「地域住民共同体」が意識される方向が，欧州では新たな潮流として生まれている。

　インドネシアで経済危機が発生した後，多くの職を失った都市労働者が帰

農して取りあえずの食にありついたことで，インドネシアの社会不安は大幅に軽減された。帰るべき農村がなかった場合には，インドネシアの騒乱はさらに激しく，厳しいものとなったと考えられる。

従来型の成長一辺倒の考え方，開発主義と呼ばれる GDP 指標を最重視する考え方に転換をもたらし，弱者に配慮し，環境負荷の軽減を目指し，安定的な社会を構成するための地域からの発想が重視される必要がある。地球規模で考え，地域規模で行動することは，その中間に位置する国家間の争いごとを，意味のない，重要でないものとすることができる。地域住民にとっては，食の安全を確保するための十分な土地が確保されていれば，それ以上の国家間の争いに自分たちの側から積極的に関わろうとする積極的な理由は大幅に減少するはずである。

エネルギー資源に関しても，バイオマスを始めとした自然資源の積極的な利用を図ることで，化石燃料の利用を可能な限り押さえることが，地球環境問題への対策としても有効な方策となる（武石ほか 2002）。

地域分散型の太陽光，風力，小水力を併用して，これにバイオマスおよび廃棄物利用を組み合わせることで，地域自立型のエネルギー供給システムを組むことが可能となる。輸送用燃料としては，バイオエタノールの利用が拡大することが期待される。現在，小規模分散型のエネルギー供給設備の技術革新が急速に進んでおり，今後途上国での利用拡大が期待できる。地域分散型エネルギーをメインとし，従来型の大規模発電所と送電網をサブとする形に電力供給システムを形成できることが，環境負荷軽減，自然資源利用，エネルギー効率向上，送電ロス，エネルギー転換ロス削減の観点からも望ましい。

途上国でバイオマス資源が豊富な土地では，地域コミュニティでのバイオマス資源管理，循環型の利用システムを形成しながら，地域の産業発展，教育の充実，社会的弱者への配慮，環境負荷の軽減等の施策を進めていくことが期待される。

情報通信技術の急速な進歩の成果を可能な限り取り入れながら，地域からの発信を強化しつつ，大規模生産・大量輸送・大量消費ではなく，小規模生産・可能な限りの地域自然資源の活用を目指していくことが重要である。

こうした施策を取り入れていくための強固な思想は，アマルティア・セン

が準備しておいてくれており，「生活の構成要素からなる空間で議論せよ」，「財や所得や効用等といった空間から離れ」るようにとセンは指摘している（Sen 1992）。現在は，実践を通じてセンが述べた理論の意味付けを深化させ，世界の個々の地域での実情に合わせた肉付けをしていく仕事が残されていると言えるのではないだろうか。国際開発学の新たな地平の構築に向けた着実な取り組み，「地域からの発想」が求められている。

注

1）新古典派の経済成長モデルでは，$Y=f(K, L)$あるいは$Y=f(K, L, A)$と表された。所得の上昇は，労働と資本が代替的に働くことでもたらされると考えるのが基本である。

　資本ストックは，一般には，人的資本と人工資本から構成されると定義される。

　資本ストック＝人的資本＋人工資本（Human-made capital）

　人工資本（made-capital）：機械，ビル，インフラ

　人的資本（human-capital）：教育，労働経験

　ここで，自然資本を新たに定義して考慮することにする。自然資本は，天然資源のストックの価値で，財とサービスを生産するものとし，漁業，森林，鉱物資源，水，環境を含むものとする。自然資本もストックとフローが存在し，生産に伴い自然資源は消費される。ただし，再生可能資源である自然資本は，再生と新規資源の発見により資源量は増大することが特徴となる。

　計測：人工資本の計測は明白。投資される一方，償却されていく。→ 純資本ストック（net capital stock）の計算が行われる。経済成長することは，純資本ストックが同じ比率で増大すること。

　資本の将来の流列の割引現在価値が算出できる。この点を自然資本へ応用する。

　森林資源伐採の収益は，市場価格・マイナス・コスト＝資源レント（Marginal cost of extraction）となる。

　コストには，資材費，賃金，人工資本に対するミニマム・リターン（機会費用）も含まれる。

　こうして費用の算定ができる。森林の現在価値の算定が一般的な利子率を適用することで可能となる。森林の成長率も算定できる。

　森林に対するこのような計算方法は，漁業，水供給，埋蔵資源，土壌の肥沃度に

適用できる。ただし，清浄な空気，水等の快適さ（アメニティ）に対してこの評価を適用することは容易でない。→汚染する者は多数で間接的であり，把握が困難。しかも，市場価値がない場合もある。

　当面は魚，木材，鉱物資源，水供給といった市場で取り引きされる資源と同様に自然資源は評価されていくことになる。

参考文献

赤尾健一　1997　『地球環境と環境経済学』成文堂
Akerlof, George A.　1970　"The Market for Lemons': Quality Uncertainty and the Market Mechanism," Quarterly Journal of Economics, Vol. 84, No. 3 August（所収，幸村千佳良・井上桃子訳　1995　『ある理論経済学者のお話の本』ハーベスト社）
秋山裕　1999　『経済発展理論入門』東洋経済新報社
アジア開発銀行　"Key Indicators of Developing Asian and Pacific Countries"
Arrow, K. J.　1982　"A cautious case for socialism," In I. Howe (ed.), *Beyond the welfare state*, New York: Schocken Books
安忠栄　2000　『現代東アジア経済論』岩波書店
Balassa, Bela　1970　"Growth Strategies in Semi-industrial Countries," *Quarterly Journal of Economics*, Vol. 84 No. 1, February
Balassa, Bela　1971　"Trade Policies in Developing Countries," *American Economic Review*, Vol. 61 May, pp. 178-187
Balassa, Bela　1978　"Export Incentives and Export Performance in Developing Countries: A Comparative Analysis," *Weltwirtshaftliches Archiev*, Band 114 Heft 1
Balassa, Bela　1981　"The Newly Industrializing Countries in the World Economy," New York: Pergamon Press
Barro, Robert J.　1990　"Government Spending in a Simple Model of Endogenous Growth," Journal of Political Economy, Vol. 98, No. 5, Oct., pp. 103-26
Bauer, Peter T. and Basil Yamey　1982　"Foreign aid: What is at stake?" Public Interest, Summer 1982, pp. 57-70
Bauer, Peter T.　1985　"Foreign aid: Rewarding impoverishment?" Commentary, September 1985, pp. 38-40
Bhagwati, Jagdish, Pravin Krishna and Arvind Panagariya　1999　"Trading Blocs, Alternative approaches to analyzing preferential trade agreements," Massachusetts Institute of Technology
地球産業文化研究所　2003　『我が国エコビジネスのグローバル戦略研究委員会』報告書
Domar, Evesey　1946　"Capital Expansion, Rate of Growth and Employment," Econometrica, April 1946
絵所秀紀　1997　『開発の政治経済学』日本評論社
藤井義文　2002　「公害防止技術と産業組織——「日本の経験」にみる環境規制と産業技術のダイナミックプロセス」『「開発と環境」の政策過程とダイナミズム』第3章, pp. 79-106, アジア経済研究所, 研究双書 No. 527
藤倉良　2002　「日本の地方公共団体の硫黄酸化物対策——高度経済成長期に実施された公害防止協定と行政指導——」『「開発と環境」の政策過程とダイナミズム』第2章, pp. 37-78, アジア経済研究所, 研究双書 No. 527
フランス緑の党著　2001　『緑の政策事典』緑風出版
Gills, Malcolm, Perkins, Dwight H., Roemer, Michael and Snodgrass, Donald R.　1996　"Economics of Development", Fourth Edition, N. W. Norton & Company, New York, London

Hardin, G. 1968 "The tragedy of commons," *Science* 162, pp.1243-1247
Harrod, Sir Roy 1939 "The Trade Cycle," Macmillan (『景気循環論』)
Harrod, Sir Roy 1949 "Towards a Dynamic Economics," London (高橋長太郎・鈴木諒一訳『動態経済学序説』有斐閣)
原洋之介 1992 『東南アジア諸国の経済発展』リブロポート
原洋之介 2000 『アジア型経済システム』中公新書 No. 1555, 中央公論社
服部正也 1972 『ルワンダ中央銀行総裁日記』中公新書290, 中央公論社
服部正也 2001 『援助する国される国』中央公論社
Hayami, Yujiro & Vernon W. Ruttan 1985 "Agricultural Development: An International Perspective," Baltimore & London: John Hopkins University Press
Hicks, John R. 1965 "Capital and Growth"(安井琢磨, 福岡正夫訳『資本と成長』岩波書店)
Hill, Hal 1992 "The Oil Boom and After," Oxford University Press
Hirschman, A. O. 1958 "The Strategy of Economic Development," New Haven (小島清監修, 麻田四郎訳 1961 『経済発展の戦略』巌松堂)
Hoekman, Bernard, Hanaa Kheir-El-Din 2000 "Trade Policy Developments in the Middle East and North Africa" World Bank Institute, Mediterranean Development Forum
Hume, David 1739 "A Treatise of Human Nature: Being an attempt to introduce the experimental method of reasoning into moral subjects,"(木曾好能訳 1995 『人間本性論』法政大学出版局)
IMF Home Page http://www.imf.org/external/pubs/ft/aa/aa01.htm
ILO 1972 "Employment, Income and Equality, A Strategy for Increasing Productive Employment in Kenya," Geneva
石渡正佳 2002 『産廃コネクション』WAVE出版
伊藤隆敏ほか 2005 『ASEANの経済発展と日本』日本評論社
Jevons, William Stanley 1871 "The Theory of Political Economy,"(小泉信三・寺尾琢磨・永田清訳, 寺尾琢磨改訳 1981 『ジェボンズ 経済学の理論』日本経済評論社)
環境省 2001 『わが国のエコビジネス市場規模の現状と将来予測についての推計』
Kapp, K. William 1975 "Environmental Disruption and Social Cost"(柴田徳衛・鈴木正俊訳『環境破壊と社会的費用』岩波書店)
唐沢敬 1999 『アジア経済 危機と発展の構図』朝日選書636, 朝日新聞社
Kato, Kazu 1996 "Grow Now, Clean up Later? The Case of Japan." In Ismail Serageldin and Alfredo Sfeir-Younis, eds., *Effective Financing of Environmentally Sustainable Development: Proceedings of the Third Annual World Bank Conference on Environmentally Sustainable Development*. Environmentally Sustainable Development Proceedings Series 10. Washington, D. C.: World Bank
経済産業省環境政策課・環境調和産業推進室 2003 『環境立国宣言——環境と両立した企業経営と環境ビジネスのあり方』産業構造審議会環境部会産業と環境小委員会中間報告, ケイブン出版株式会社
財団法人・機械振興協会経済研究所 2002 『欧米の環境プロジェクト戦略と我が国の対応』機械工業経済研究報告書, H13委-6
Keynes, John Maynard 1936 "The General Theory of Employment, Interest and Money"(塩野谷祐一訳 1995 『雇用・利子および貨幣の一般理論』東洋経済新報社)
橘川武郎・連合総合生活開発研究所編 2005 『地域からの経済再生』有斐閣
Kindleberger, Charles P. 1965 "Economic Development," 2nd Edition. (坂本二郎・加野英

資・菅宣雄訳　1969　『経済発展論』好学社）
Krugman, Paul　1991　"Geography and Trade," MIT press（北村行伸・高橋亘・妹尾美起訳『脱「国境」の経済学』東洋経済新報社）
朽木昭文ほか　1997　『テキストブック開発経済学』有斐閣
Lewis, Arthur W.　1954　"Economic Development with Unlimited Supplies of Labour," Manchester School of Economic and Social Studies, Vol. 22 No. 2, pp. 139-191
Lélé, Sharachchandra M.　1991, "Sustainable Development: A Critical Review", *World Development*, Vol. 19, No. 6
Lucas, Jr., R. E.　1988　"On the Mechanics of Economic Development," Journal of Monetary Economics, Vol. 22, No. 1, July., pp. 3 -42
マクニール, ジム他著, 日米欧委員会日本委員会訳　1991　『持続可能な成長の政治経済学』ダイヤモンド社
Malthus, Reverend Thomas　1798　"An Essay on the Principle of Population," 1st de., Printed for Johnson.（高野岩三郎・大内兵衛訳　1961　『人口の原理』岩波書店）
Mankiw, N. Gregory　2000　"Macroeconomics," Fourth Edition.（2004　『マクロ経済学Ⅱ』東洋経済新報社）
松原豊彦　2004　『WTOとカナダ農業』筑波書房ブックレット17
Meier & Stiglitz　2000　"Frontiers of Development Economics"
峯陽一　1999　『現代アフリカと開発経済学』日本評論社
Myint H.　1958　"The Classical Theory of International Trade and the Underdeveloped Countries," Economic Journal, June
Myint H.　1960　"The Economics of the Developing Countries," Hutchinson & Co. Ltd, London（木村修三・渡辺利夫訳　1981　『開発途上国の経済学』東洋経済新報社）
中兼和津次　2002　『経済発展と体制移行』シリーズ現代中国経済1，名古屋大学出版会
NEDO　2000　『環境産業の現状と海外技術移転への対応に関する調査・研究』平成12年3月，NEDO-GET-9940
NEDO　1998　『諸外国の環境技術輸出戦略調査』
日本機械輸出組合　2000　『環境調和・循環型社会下におけるプラント産業戦略調査』中間報告書──アジア主要国における環境プラントビジネスの現状と課題──
西川潤　1976　『経済発展の理論』第二版，日本評論社
North, Douglass　1990　"Institutions, Institutional Change and Economic Performance," Cambridge University Press（1990　『制度・制度変化・経済効果』晃洋書房）
North, Douglass　1981　"Structure and Change in Economic History," New York: W. W. Norton（中島正人訳　1989　『文明の経済学』春秋社）
Nurkse Rognar　1952　"Some International Aspects of the Problem of Economic Development," American Economic Review, May reprinted in Agarwala & Singh eds. 1958
Nurkse Ragnar　1953　"Problems of Capital Formation in Underdeveloped Countries," Oxford: Basil Blackwell（土屋六郎訳　1955　『後進諸国の資本形成』厳松堂）
Nurkse Ragnar　1959　"Patterns of Trade and Development, Wicksell Lectures," Stockholm 1959（大畑弥七訳　1960　『外国貿易と経済発展』ダイヤモンド社）
OECD　1977　"Environmental Policies in Japan" OECD（環境庁国際課監修，国際環境問題研究会訳　1978　『日本の経験──環境政策は成功したか──』日本環境協会）
OECD　1998　"Open Market Matters"（『市場自由化の重要性』中央経済社）
OECD IEA　2002　"World Energy Outlook 2002"

OECD IEA "Energy Statistics of Non-OECD Countries," "Energy Statistics of OECD Countries" 各年版
OECD, "Agricultural Policies in OECD Countries" 各年版
小黒啓一　1987　『アジア諸国の現地化政策』アジア経済研究所
小野善康　1998　『景気と経済政策』岩波書店
大川一司・小浜裕久　1993　『経済発展論』東洋経済新報社
Pangestu, Mari　1994　"The Development Potential in Indonesia"
PIW, "Petroleum Intelligence Weekly"
Porter, Michael E.　1992　『国の競争優位』上・下、ダイヤモンド社
Ricardo, David　1817　"The Principles of Political Economy and Taxation,"（1987　『経済学および課税の原理』上・下巻、岩波文庫、岩波書店）
リピエッツ、アラン　2000　『政治的エコロジーとは何か』緑風出版
Robinson, Joan　1936　"Disguised Unemployment," *Economic Journal*, June
Romer, Paul M.　1994　"The Origins of Endogenous Growth," Journal of Economic Perspectives, Vol.8, No.1 (Winter)
Romer, Paul M.　1986　"Increasing Returns and Long Run Growth," Journal of Political Economy, Vol. 94, No. 5, Oct., pp. 1002-37
Rostow, W. W.　1952　"The Process of Economic Growth," W. W. Norton & Company, Inc.（酒井正三郎・北川一雄訳　1955　『経済成長の過程』東洋経済新報社）
Rostow, Walt W.　1960　"The Stages of Economic Growth: A Non-Communist Manifesto," 2nd ed., Cambridge University Press
Rosenstein-Rodan, P. N.　1943　"Problems of Industrialization of Eastern and South-Eastern Europe," Economic Journal, 1943
佐久間充　2002　『山が消えた、残土・産廃戦争』岩波新書789、岩波書店
作本直行　2003　『アジアの環境政策と法』アジア経済研究所、2003年7月4日、夏期公開講座：コース3資料、pp. 9-10
作本直行編　2002　『アジアの経済社会開発と法』アジア経済研究所、経済協力シリーズ196
斉藤文彦　2005　『国際開発論　ミレニアム開発目標による貧困削減』日本評論社
斉藤優　1995　『国際開発論、開発・平和・環境』有斐閣
Samuelson, Paul A.　1967　"Foundations of Economic Analysis," Harvard Univ. Pr.（佐藤隆三訳　1986　『経済分析の基礎』勁草書房）
佐藤寛編　1996　『援助研究入門』アジア経済研究所
佐藤寛　2001　『援助と社会関係資本――ソーシャルキャピタル論の可能性』アジア経済研究所、経済協力シリーズ194
Schultz, Theodore W.　1961　"Investment in Human Capital," American Economic Review, Vol. 51, No. 1 March
Schultz, Theodore W.　1964　"Transforming Traditional Agriculture," New Heaven: Yale University Press（逸見謙三訳　1969　『農業近代化の理論』東京大学出版会）
Schultz, Theodore W.　1987　"Tensions between Economics and Politics in Dealing with Agriculture," in Meier ed. "Pioneers in Development: Second Series," Oxford University Press.
Schumpeter, Joseph A.　1912　"Theorie der Wirtschaftlichen Entwicklung,"（中山伊知郎・東畑精一共訳　1951　『経済発展の理論』岩波書店）
シュナイダー、ベルトラン　1996　『国際援助の限界 ローマクラブ・リポート』朝日新聞社

世界銀行　1986　『インドネシア年次レポート』
世界銀行　"World Development Indicators"
Sen, Amartya 1992 "Inequality Reexamined,"（1999 『不平等の再検討』岩波書店）
Sen, Amartya　1981　"Poverty and Famines: An Essay on Entitlement and Deprivation," Clarendon Press, Oxford（黒崎卓・山崎幸治訳　2000　『貧困と飢餓』岩波書店）
Sen, Amartya　1999　"Development As Freedom," Alfred A. Dnopf, New York（石塚雅彦訳　2000　『自由と経済開発』日本経済新聞社）
セン, アマルティア　2002　『貧困の克服』集英社新書
生源寺眞一　2003　『新しい米政策と農業・農村ビジョン』家の光協会
Smith, Adam　1776　"An inquiry into the nature and causes of the wealth of nations," London（松川七郎訳『諸国民の富』岩波文庫，水田洋訳『国富論』河出書房）
Solow Robert M.　1956　"A Contribution to the Theory of Economic Growth," Quarterly Journal of Economics 70, Feb. 1956: pp. 65-94
Solow Robert M. 1970 "Growth Theory: An Exposition, Second Edition,"（福岡正夫訳　2000 『成長理論』第2版，岩波書店）
Stiglitz, Joseph. E.　1986　"The New Development Economics," World Development, Vol. 14, No. 2
Stiglitz, Joseph. E.　2000　"Formal and Informal Institutions," in Dasgupta, P. and I. Serageldin, *Social Capital: A Multifaced Perspective*, Washington, D. C.; The World Bank
Stiglitz, Joseph. E.　2002　"Globalization and its Discontents" W. W. Norton & Company, Inc.
末廣昭　2000　『キャッチアップ型工業化論』名古屋大学出版会
末廣昭　2003　『進化する多国籍企業』岩波書店
末廣昭　2004　「企業家と革新」第9章，『開発経済学』有斐閣
鈴木宣弘　2003　『WTOとアメリカ農業』筑波書房ブックレット14
鈴木宣弘　2004　『FTAと日本の食糧・農業』筑波書房ブックレット27
鈴木宣弘　2005　『FTAと食料』筑波書房
鈴村興太郎・後藤玲子　2001　『アマルティア・セン，経済学と倫理学』実教出版
高杉晋吾　1991　『産業廃棄物』岩波新書182，岩波書店
高橋一生編　1998　『国際開発の課題』財団法人国際開発高等教育機構
武石ほか　2002　『森林バイオマス』川辺書林
武田邦彦　2000　『リサイクルしてはいけない』青春出版社
寺尾忠能　2002　「開発と環境の政治経済学をめぐって」『「開発と環境」の政策過程とダイナミズム』第1章，pp. 9-36　アジア経済研究所，研究双書 No. 527
田代洋一　2004　『WTOと日本農業』筑波書房ブックレット16
谷口誠　2004　『東アジア共同体』岩波新書919，岩波書店
Todaro, Michael P., & Stephen C. Smith　2006　"Economic Development," Ninth edition, Pearson Education Limited
UNCTAD　2002　"World Investment Report"
UNDP　2005　"Human Development Report," United Nations Development Programme http://hdr.undp.org/reports/global/2005/
United Nations　2000　"Human Development Report"
宇沢弘文・田中廣滋　2000　『地球環境政策』中央大学出版部
U. S. Department of Commerce　1998　*"The U. S. Environmental Industry"* Office of Technol-

ogy Policy
若杉隆平　2001　『国際経済学』岩波書店
Wilson, Rodney　1995　"Economic Development in the Middle East," Routledge, 1995
World Bank　1993　"East Asian Miracle," Oxford University Press（白鳥正喜監訳　1994　『東アジアの奇跡——経済成長と政府の役割』東洋経済新報社）
World Bank　1999　"Global Economic Prospects and the Developing Countries 1998/99: Beyond Financial Crisis," Washington D. C.
World Bank　2002　"World Development Indicator"
World Bank & IMF　2002　"Review of the Poverty Reduction Strategy Paper," International Development Association and International Monetary Fund
World Commission on Environment and Development　1987　"Our Common Future", Oxford University Press（大来佐武郎監修　1987　『地球の未来を守るために』福武書店）
柳原透　2003　『「PRSP体制」の背景と日本の経験』JICA・アジア経済研究所共同公開講座（2003年10月7日）
山元栄治著，西村閑也編集　2002　『国際通貨と国際資金循環』日本経済評論社
山本博史　2004　『FTAとタイ農業・農村』筑波書房ブックレット
山澤逸平・平田章編　1987　『発展途上国の工業化と輸出促進政策』研究双書，アジア経済研究所
山澤逸平　1993　『国際経済学』第2版，東洋経済新報社
山澤逸平　2001　『アジア太平洋経済入門』東洋経済新報社
米本昌平　1994　『地球環境問題とは何か』岩波書店

索引

欧文

AFTA（アセアン自由貿易地域）　108
AFTA（アラブ自由貿易地域）　89
ALADI（ラテンアメリカ統合連合）　106
APEC（アジア太平洋経済協力会議）　104
BHN（最低限の充足）　186
BOO（Build, Own, Operate）　163, 184, 201
BOT（Build, Operate, Transfer）　163, 184, 201
BRICs　25〜27
CACM（中米共同市場）　106
CAN（アンデス共同体）　107, 109
CARICOM（カリブ共同体）　106
CBO（Community Based Organization）　153
CDM（クリーン開発メカニズム）　130, 133, 014, 158, 173〜175
CEMAC（中部アフリカ経済通貨共同体）　107
CIS（独立国家共同体）　107, 109
COMESA（東南部アフリカ共同市場）　107
COP（気候変動枠組み条約締約国会議）　142
EAC（東アフリカ共同体）　107
ECOWAS（西アフリカ経済通貨共同体）　107
EFTA（欧州自由貿易連合）　88, 106
EPA（経済連携協定）　104, 105
EPR（Expended Producers Responsibility：拡大生産者責任）　171
Fungibility（資金の転用可能性）　190
GATT（関税と貿易に関する一般協定）　9, 18, 32, 97, 109, 110, 114〜117, 216
GATT／WTO体制　4, 18, 32, 97, 110, 114〜117, 216
GCC（Gulf Cooperation Council：湾岸協力会議）　86, 88〜90, 107, 109

HS（Harmonized System）コード　125
ILO（International Labor Office：国際労働機関）　41
ISO（International Organization for Standardization：国際標準化機構）　148
ISO14000（環境管理規格）　149, 156
LCA（ライフサイクル・アセスメント）　148, 156, 196, 199
MFN（最恵国待遇）　87
Moral Authority（モラルオーソリティ論）　193
NAFTA（北米自由貿易協定）　87, 88, 104, 107
Natural Capital（自然資本）　215, 219
NGO（非政府組織）　137, 138, 140, 152〜154, 190, 191
NIES（新興経済工業地域：韓国，香港，シンガポール，台湾）　5, 6, 14, 17, 24, 25, 40, 66, 98, 188
NPO　153, 154
ODA（政府開発援助）　120, 143, 152, 154, 172, 173, 192, 194, 201, 202
PFI（Private Finance Initiative）　153, 163
PRSP（Poverty Reduction Strategy Paper：貧困削減戦略文書）　128, 191, 197
PRTR（Pollutant Release and Transfer Register：有害物質排出・移動登録制度）　156
RTA（地域（協力）協定）　106, 109, 114, 116, 117
SADC（南部アフリカ開発共同体）　107
SAPTA（南アジア特恵貿易協定）　108
SITC（Standard International Trade Classification）コード　125
Social Capital（社会関係資本）　215, 219
SPARTECA（南太平洋地域貿易経済協力協定）　108
UNCED（地球サミット）　137, 142

227

UNDP（国連開発計画）　44, 211
WTO（世界貿易機関）　4, 9, 179, 185, 186, 216

ア行

アジア経済危機　102, 215
アジア経済圏　103, 104, 203
アジア通貨バスケット　103
アジェンダ21　137〜139, 141
アセアン・プラス3（日中韓）　103, 198
アセアン自由貿易地域（AFTA）　109
アセアン諸国　5, 14, 18, 25, 103, 116, 179, 188, 189
アラブ自由貿易地域（AFTA：Arab Free Trade Agreement）　89
アロー（ケネス）　11
アンデス共同体（CAN）　107, 109
アンブレラ方式　182
イスラーム諸国　65, 73, 74, 98
イノベーション　24, 97
インターネット　207〜210
ウルグアイラウンド　118
エコツアー　163
エッジワース　2
エンタイトルメント（権原）　129
エンパワーメント　192
オイルマネー　65
オープン・リージョナリズム（開かれた地域主義）　97, 104, 123

カ行

カップ（Kapp）　19
ガバナンス論　197
カリブ共同体（CARICOM）　106
キャッチアップ型工業化　97
キンドルバーガー（Kindleberger）　38〜40
グリーンエイドプラン（GAP）　200
グリーン調達制度　184, 185
クルーグマン（Krugman）　10
ケアンズグループ　117
ケインズ　1〜4, 12, 32, 33
コメ政策　121

コンディショナリティ（政策変更条件）　15, 17, 41, 101, 192, 197
コンテスタビリティーの理論　154

サ行

サポートインダストリー　104, 214
サミュエルソン　3, 11
シームレス化　177
シャリア裁判　198, 205
シュナイダー　154
ジェボンズ　2, 36
シュルツ（Schultz）　14, 40
シュンペーター　1
スーク（Souks）エコノミー論　74
ストリーテン（P.）　13
スミス（アダム）　1, 14, 31
セーフティーネット　151, 187, 215
セン（アマルティア, Sen）　9, 43〜44
センシティブ品目　118, 120
ソーシャル・セーフティネット　187
ソフトインフラ　187, 201
ソフトな援助　154
ソフトロー　185
ソローモデル（Solow）　37

タ行

ツーギャップモデル　36
デポジット制度　182
トップランナー方式　179, 180, 201

ナ行

ヌルクセ（ラグナー）　12, 28, 34
ノース（North）　41

ハ行

ハーシュマン（A. O. Hirschman）　13, 35
ハードロー化　185
ハーモナイゼーション方式　114, 118
バイオマス　63, 64, 173, 175, 218
バウアー（Bauer）　36

バザール・エコノミー論　74
バラッサ（Balassa）　14
パレート限界外部性　161, 205
ハロッド・ドーマー理論（Harrod および Domar）　33, 37
ピークオイル　19, 28
ピグー　2
ヒックス（Hicks）　11
ヒューム　31
ファシリテーター　191
フレームワーク方式　182
ブレトンウッズ　4
プレビシュ　13, 34
プレビシュ・シンガー命題（Prebisch-Singer Thesis）　34
ベーシック・ニーズ・アプローチ　186
ヘクシャーオリーンの定理　69
ペットボトル　167, 183
ポーター（マイケル, Porter）　214
ホワイト　4

マ行

マーケットフレンドリー・アプローチ　14
マーケティングローン制度　116, 117
マーシャル　2
マクロ調整　102
マハラノビス　13
マルサス（T. R. Malthus）　32, 146
マルサスのわな　35, 146
マルチモーダル（多元輸送機関）　196
ミニマムアクセス　118, 121, 133
ミル（J. S.）　2
ミレニアム開発目標（Millennium Development Goals：MDGs）　44, 211
ミント（Myint）　12, 21, 25, 35
メンガー　2, 36
モビリティの拡大　207
モラルオーソリティ論（Moral Authority）　193
モラルハザード　167

ヤ行

ユーラシア経済共同体　107

ラ行

ライフサイクル・アセスメント（LCA）　148, 156, 196, 199
ラテンアメリカ統合連合（ALADI）　106
ラル（ディーパク）　14
リカード　2, 14, 32
リサイクル　164, 165, 167〜171, 182〜184, 199, 204
リサイクル施設　167
リスト（フリードリヒ）　2
リターナブル・ビン　183
ルイス（アーサー, Lewis）　12, 35
ルワンダ　41, 44
レスポンシブル・ケア（化学物質の総合的管理制度）　156
ローゼンスタインロダン　12
ローマー（ポール, Romer）　42, 69
ローマクラブ　136, 140, 144
ロストウ　4, 5, 33

ワ行

ワシントンコンセンサス　17
ワルラス　2, 36

あ行

硫黄酸化物（SOx）　158, 159
移行経済　15, 16, 27, 213
一般廃棄物　168, 170
円借款　154, 172, 173, 200
援助哲学　154
援助理念　185, 192
汚染税の徴収　161
汚染対策としての補助金支給　161

か行

外交カード　193

開発経済学　5, 12, 128, 214
外部不経済　161
顔の見える援助　193
学習の効果（Learning by doing）　42
拡大生産者責任（EPR：Expended Producers Responsibility）　171
為替変動リスクへの保険付保　201
環境アセスメント　141, 156, 181, 182
環境ODA　143
環境関連法制　181, 182
環境技術ネットワーク（ENTA：Environmental Technology Network for Asia）　195
環境基準作り　201
環境産業　157〜205
環境産業連関表　185
環境資源勘定　185
環境と開発に関する国連会議（地球サミット：United Nation Conference on Environment and Development：略称UNCED）　137, 142
環境と開発に関する世界委員会（WCED：World Commission on Environment and Development, 通称ブルントラント委員会）　145
環境ネガティブラベル相互認証　185
環境負荷　127, 141, 157, 161, 176, 177, 179, 182, 184, 188, 204, 217, 218
環境プラント産業　162
環境ラベル相互認証　185
環境立国宣言　198
関税同盟　88, 105, 107, 109
企業内分業　104
気候変動に関する政府間パネル（IPCC：Intergovernmental Panel on Climate Change）　28
気候変動枠組み条約（地球温暖化防止条約）　139
基準認証制度整備　201
規制の輸出　201
偽装失業（disguised unemployment）　12, 35, 40, 44
機能（functionings）　43, 128
共通効果特恵関税　90

共同市場　90
共同実施（JI）　140
京都議定書　19, 20, 28, 29, 130, 140
共有地の悲劇（Hardin）　146
均整成長（balanced growth）　12, 35
近代化論　4, 5, 33, 45, 214
金融危機　15, 16, 18, 42, 48, 58, 59, 100, 102, 150, 187, 214
国の競争優位　215
経済成長モデル　219
経済同盟　10, 107
経済発展論　1, 2
限界の克服（Growth of Limits）　149
限界革命　2, 36
権原（entitlement）　129
原産地規則　186
公共財　158, 160, 161
航空貨物輸送量　207〜209
構造主義　10, 12〜14, 33〜36, 38, 40
構造調整プログラム　41, 101
後発性の利益　97, 211
国際稲作研究所（IRRI）　40
国際収支　11, 15, 65, 67
国際収支パターン　65
国際通貨基金（IMF）　4, 11
国際標準化機構（ISO：International Organization for Standardization）　148
国富論　1, 31
国連人間環境会議　136
国連ミレニアムサミット　44, 128, 211
古典派　2, 3

さ行

最恵国待遇（MFN：Most favored nation）　87, 90
最終処分場　167〜169
最低限の充足（BHN：Basic Human Need）　42, 186
裁判外での紛争処理制度（ADR：Alternative Dispute Resolution）　198
参加型開発　197
産業革命　32, 139
産業政策　45, 46, 93, 98〜100, 203, 217

産業廃棄物　167, 168
産業別マスタープラン　203
酸性雨　139, 158, 159
資金の転用可能性（Fungibility）　190
資源循環　20
事後的環境浄化コスト　178
市場の失敗　32, 112, 144, 146, 147
市場メカニズム　10, 98, 170
自助努力　154
自然環境保全審議会　143
自然資本（Natural Capital）　215, 219
持続可能な開発　135～142, 145, 148～156, 203～205
持続可能な開発委員会 （Commission on Sustainable Development：略称CSD）　138
持続性のある技術（Sustainable Technology）　148
持続的発展のための産業界会議（BCSD：the Business Council for Sustainable Development）　148
社会関係資本（Social Capital）　192
重債務国（HIPC：Highly indebted poor countries）　128
重商主義　1～3, 31
自由貿易協定（FTA）　87～92
循環型社会　167, 170, 171, 184, 198, 199, 203, 204
食料自給率　121, 122
所得格差　25, 93, 115, 208
新国際経済秩序（NIEO）　5
新古典派　2, 3, 10～14, 19, 20, 36～43, 74, 101, 147
新古典派の定常解（steady state solution）　38
新自由主義（Neo-liberalism）　17
水処理関連市場　174, 175
垂直統合　104
水平分業　104
生産者価格　121, 122
成長の限界　136, 140
制度の輸出　201
生物多様性条約　139
世界銀行（World Bank）　5, 9, 12, 14, 17, 33, 41, 42, 47, 99, 101, 102, 114, 128, 186, 192, 197, 215
絶対的貧困　126, 131
潜在能力（capability）　41, 43, 44, 128, 215

た行

大気汚染　146, 158～160, 162, 165, 166, 175
多元輸送機関（マルチモーダル）　196
多国間環境戦略　185
脱硫設備　162, 175, 179
地域協定（RTA）　87, 106～110, 114
地域研究　150, 194, 203
地域住民共同体　217
地域条約　185
地球サミット　137～142, 148
知的財産権への保険制度　201
中央公害対策審議会　143
中間処理施設　167～170
中山間地　123, 125
中東産油国の経済発展　45, 59～96
中部アフリカ経済通貨共同体（CEMAC）　107
中米共同市場（CACM）　106
直接支払い制度　122, 123
直接投資　66, 67, 102, 143
追加性（Additionality）　174
通貨危機　42, 65, 66, 99, 102
通貨同盟　90
通商協定　90
低水準均衡（low income equilibrium）　28
適正技術　173, 186
転用可能性（Fungibility）　190
投資協定　90
東南部アフリカ共同市場（COMESA）　107
独立国家共同体（CIS）経済同盟　107, 109

な行

内国民待遇　87, 90
内生的成長モデル　42, 43
南々格差　16
南部アフリカ開発共同体（SADC）　107
南米南部共同市場（メルコスール）　107,

231

109
南北格差　16, 136
西アフリカ経済通貨共同体（ECOWAS）　107
日本貿易保険　201
人間開発指数（指標）（HDI：Human Development Index）　44, 94, 95
人間的発展　43
人間の安全保障　187
農業就業人口　122

は行

廃棄物　159, 160, 164～171, 173～175, 181, 199, 202, 204, 218
排出権取引　140, 177
排出権の設定　161
発展経路（Path Dependence）　187
発展の見取り図　203
比較生産費　32
比較優位説　38
東アジア共同体　104, 105, 132
東アジアの奇跡　5
東アフリカ共同体（EAC）　107
非関税障壁　90, 91, 119, 161, 185
一人当たり GDP　6～9, 25～27, 189
非農産品に関する関税率（貿易加重平均譲許税率）　114
貧困削減戦略文書（ペーパー）（PRSP：Poverty Reduction Strategy Paper）　128, 191, 197
貧困の悪循環（vicious circles of poverty）　4
貧困比率　127, 128
不均整成長論（unbalanced growth）　13, 35
物質循環　20
不法投棄　167～170
米国国際開発庁（USAID：The United States Agency for International Development）　194

辺境化（marginalization）　45
包括的経済協力　97
貿易マトリックス　77
貿易開放度指数　75
貿易特化係数　178
北米自由貿易協定（NAFTA）　87, 88, 104, 107
補償コスト　178

ま行

緑の革命　14, 40
緑の党　195～197
南アジア特恵貿易協定（SAPTA）　108
南太平洋地域貿易・経済協力協定（SPARTECA）　108
身分の正規化　196
民間委託　153
民間活力　1
無償援助　172, 173, 200
無制限労働供給　12

や行

有害物質排出・移動登録制度（PRTR）　156
輸出結合度指数　82, 83, 85, 87
輸出信用保証制度　201
輸出促進政策　98
輸入結合度指数　82, 84, 86, 87
輸入代替政策　34, 98
余剰の捌け口（vent for surplus）論　21
予防措置先行投資コスト　178

ら・わ行

歴史学派　2
割引率　145, 146
湾岸協力会議（GCC）　86, 88～90, 107, 109

あとがき

　本書は，筆者が長年温めてきた途上国の発展というテーマに取り組んだものであり，国際開発論の議論のあるべき方向性を問う内容となっている。資源・環境制約が働いていることを強く意識しながら途上国の発展を考えることが，結局は，望ましい発展の方向性を指し示すことになるとの立場を本書はとっている。

　筆者は，中東産油国であるサウジアラビアへの4年間の駐在という機会を得て，途上国の発展というテーマに強い関心を持つこととなった。中東産油国という，石油産業以外には強い産業基盤を持たない経済が，いかにすれば望ましい発展を国民に提供することができるようになるのかが，開発論に取り組むにあたっての最初の関心事であった。

　その後も，㈶日本エネルギー経済研究所，㈶石油開発情報センター，㈱富士通総研・経済研究所という研究機関で，研究員として研鑽を積む機会を得ることができ，アジア，中東，欧米等，様々な出張と調査・研究を行うことができた。

　その上，中東からの帰国後，幸いにも，法政大学の大学院修士課程で開発経済学の勉強の機会を得ることができ，絵所秀紀先生および柳原透先生からの直接のご指導を受けることができた。さらに，早稲田大学の大学院博士課程でアジア経済につき浦田秀次郎先生よりご指導を頂く機会を持つことができ，大変に恵まれた勉学環境を維持させて頂いた。

　また，筆者が中東で働き始めて以降，折にふれてご教示頂いてきた唐沢敬先生（立命館大学名誉教授）にも大変お世話になった。

　諸先生方から頂いた学恩に些かなりとも本書で報いることができたとすれば，また，諸先生方が日頃なされている議論の入り口まで当方も達することがもしできているとするならば，いずれも筆者にとって望外の喜びとするところである。記して感謝申し上げたい。

　また，本書を手にとって頂いた方々からの本書に対するご意見・コメント

を伺うことができれば誠にありがたく存じ上げる。

　最後になってしまったが，出版の企画・制作の労をとってくださった石油文化社の佐々木勇社長，そして幸書房の桑野知章社長には，種々ご配慮頂いたこと，心から御礼申しあげたい。

　　　2006年9月

　　　　　　　　　　　　　　　　　　　　　　　　　　武石　礼司

武石礼司（たけいし　れいじ）

富士通総研・経済研究所主席研究員，東京国際大学講師，学術博士（早稲田大学）。
1952年東京生まれ。東北大学法学部卒業後，アラビア石油（サウジアラビア駐在），㈶日本エネルギー経済研究所，立命館大学アジア太平洋大学非常勤講師などを経て現職。
主要著書：共著『環境保全と企業経営』(2002) 東洋経済新報社，共著『石油危機から30年』(2003) エネルギーフォーラム社，共著『森林バイオマス』(2003) 川辺書林，共著『天然ガス産業の挑戦』(2004) 専修大学出版会，共著『湾岸アラブと民主主義』(2005) 日本評論社，『アジアの産業発展と環境』(2006) 石油文化社，ほか。

国際開発論──地域主義からの再構築
2006年9月30日発行

著　者　　武石　礼司
企画・制作　　石油文化社
〒103-0014　東京都中央区日本橋蛎殻町1-19-4
西島ビル
TEL 03(5643)2071　FAX 03(5643)2072
E-mail oilbunka@gol.com

発行者　　桑野　知章
発　行　　幸　書　房
〒101-0051　東京都千代田区神田神保町3-17
TEL 03(3512)0165　FAX 03(3512)0166
E-mail saiwai@mtj.biglobe.ne.jp

印刷　倉敷印刷㈱

Printed in Japan　ⓒTakeishi Reiji 2006
落丁本・乱丁本はお取り替えいたします。
ISBN4-7821-0270-4　C3033